# Sistemas de Información para Arqueología

## Teoría, metodología y tecnologías

César A. González Pérez

BAR International Series 1015
2002

Published in 2019 by
BAR Publishing, Oxford

BAR International Series 1015

*Sistemas de Información para Arqueología*



ISBN 9781841712956 paperback
ISBN 9781407323978 e-book

DOI https://doi.org/10.30861/9781841712956

A catalogue record for this book is available from the British Library

This book is available at www.barpublishing.com

BAR Publishing is the trading name of British Archaeological Reports (Oxford) Ltd. British Archaeological Reports was first incorporated in 1974 to publish the BAR Series, International and British. In 1992 Hadrian Books Ltd became part of the BAR group. This volume was originally published by Archaeopress in conjunction with British Archaeological Reports (Oxford) Ltd / Hadrian Books Ltd, the Series principal publisher, in 2002. This present volume is published by BAR Publishing, 2019.

BAR
PUBLISHING

BAR titles are available from:

BAR Publishing
122 Banbury Rd, Oxford, OX2 7BP, UK
EMAIL info@barpublishing.com
PHONE +44 (0)1865 310431
FAX +44 (0)1865 316916
www.barpublishing.com

*A Isabel,*
*que ya ha hecho mucho*
*y todavía tiene mucho por hacer*

# Tabla de Contenido

# Agradecimientos

La tesis que aquí se expone ha surgido de mi trabajo en el Laboratorio de Arqueología y Formas Culturales[1] a partir de Octubre de 1992. He de agradecer pues, en primer lugar, a Fausto Infante el haberme puesto en contacto con dicho laboratorio, y a Felipe Criado, director del mismo, el haber confiado en mí desde el primer momento, como informático y como persona.

Desde mis primeros días en el LAFC hasta hoy, numerosas situaciones y compromisos han contribuido a que, poco a poco, haya sido capaz de visualizar y comprender de un modo global e integrador muchos de los condicionantes involucrados en la aplicación de las tecnologías de la información a la gestión de recursos culturales. Debo agradecer a Suso Amado, Paula Ballesteros, David Barreiro, Mar Bóveda, Isabel Cobas, Felipe Criado, Manolo Díaz, Matilde González, Elena Lima, Mar López, Mariqui Martínez, Fidel Méndez, Carlos Otero, César Parcero, Yolanda Porto, Pilar Prieto, Sofía Quiroga, Anxo Rodríguez, Lolo Santos y Victoria Villoch su paciencia, comprensión y aguante para soportar a un positivista redomado y convertirlo en aprendiz de arqueólogo.

Por supuesto, debo especial gratitud a mis compañeros del que un día se denominó Grupo de Tecnologías de la Información del LAFC, que a lo largo de los años han trabajado a mi lado en proyectos comunes: José Blanco, Mar Bóveda, Javier Cancela, Roberto Gómez, Jesús del Río, David Suárez, Eva Villanueva y Luis Manuel Villaverde. Gracias a todos. Los cuatro gatos que se han unido a mí en el proyecto Neco también merecen mención especial: Javier Cancela, Pablo Criado, Roberto Gómez y Alfonso Saavedra, gracias por vuestro apoyo e ilusión.

Gracias también a todos aquellos que han leído y revisado borradores de este trabajo: Juan Barceló, Isabel Cobas, Pablo Criado y Yolanda Gamallo. Me habéis ayudado a ser un poco más crítico conmigo mismo. Además, otras personas me han mostrado sus sistemas informáticos, proporcionado información, invitado a charlas fructíferas y, en general, ayudado de un modo indirecto pero no menos importante. Gracias a Emilio Álvarez, Andreas Beck, Robin Boast, Richard Bradley, Nieves Brisaboa, Mario Brito, Cuca Braña, Sole Campo, César González Mazaira, Fausto Infante, Pablo Nascimento, Mª Oliva Pérez, Alberto Proença, José Mª Requejo, Marta Requejo, Guillermo Rojo, y otras personas cuyos nombres no recuerdo o no he llegado a conocer. Y ya que les he robado ciertas ideas, debo gracias muy especiales a Felipe Criado, Roberto Gómez, Pablo Nascimento y, sobre todo, Pablo Criado.

Tampoco podría faltar una nota de reconocimiento a personajes tan queridos y cotidianos de este trabajo como han sido los demonios de la red, la rata del Tanatorio[2], los encargados de la merienda y demás coordinadores y alguacilillos diversos.

Finalmente, debo agradecer, de un modo muy personal, el respaldo sincero que he recibido de Isabel Cobas, *my significant other*. Sin ti, nadie querría leer esto, ni yo escribirlo.

[1] Anteriormente denominado Grupo de Investigación en Arqueología del Paisaje, y perteneciente al Instituto de Investigaciones Tecnológicas de la Universidad de Santiago de Compostela.

[2] Obsérvese el plural en "*los* demonios de la red" frente al singular de "*la* rata del Tanatorio". ¿No son estos aparentes contrasentidos signos inequívocos de la existencia de mitos entre nosotros?

# Prólogo

*Si merece la pena hacer una cosa,*
*merece la pena hacerla mal.*
G. K. Chesterton, en "Las Paradojas de Mr. Pond"

Como se explica en *Objetivos*, pág. 2, este trabajo pretende desarrollar una *tecnología para el diseño y construcción de sistemas de información aplicados a la gestión de recursos culturales*. La inclusión de términos como →tecnología←, diseño, →sistemas de información←, gestión, y recursos culturales en la misma frase, y hacer de ésta el objetivo principal de una tesis implica, como mínimo, abordar el trabajo desde un punto de vista multidisciplinar, autocrítico, y humilde. De este modo, este trabajo se mete de lleno en disciplinas tales como la gestión de recursos culturales o la →informática← teórica; toca de cerca otras tales como los estudios de la interacción entre máquinas y humanos; y hace uso somero de alguna más, como la filosofía o el desarrollo de software.

Al mismo tiempo, y en parte como consecuencia de esto, este trabajo prescinde a menudo de la indagación profunda en aras de la integración de conceptos, o de la búsqueda de la fundamentación primera de una idea para centrarse sin embargo en cómo esta idea puede utilizarse en nuevos campos. No debe considerarse esto superficialidad ni falta de rigor, sino un modo alternativo de trabajar, que prima la amplitud del estudio en vez de la profundidad.

Además, se ha intentado desligar este trabajo de productos comerciales concretos, para aumentar así su tiempo de validez y su aplicabilidad a diferentes entornos y situaciones específicas, aunque sabemos que es muy probable que lo que aquí se dice quede completamente obsoleto en pocos años.

Como nota final, es importante dejar claro que, durante las primeras fases de este trabajo, el objetivo principal del mismo se refería al diseño y construcción de un sistema de información para arqueología, que pudiese dar soporte al trabajo cotidiano de un laboratorio como el LAFC. Sin embargo, las labores de estudio e investigación necesarias para acometer la realización de dicho proyecto nos mostraron nuevas áreas de trabajo, conduciéndonos a través de terrenos no explorados hasta entonces y concluyendo en un resultado mucho más teórico, informático y completo de lo que en un principio habíamos previsto. Aunque el trabajo inicial se centraba en la arqueología, creemos que es posible extrapolar gran parte de su contenido al más amplio campo de los recursos culturales, dado el parentesco entre ambas disciplinas y reivindicando tal vez algo de imperialismo arqueológico.

## Estructura del Trabajo

El capítulo I, *Introducción*, plantea los objetivos de la tesis y repasa el estado de la cuestión en la actualidad, discutiendo también cuáles son las direcciones de trabajo que se pueden tomar para mejorar la situación actual. Se incluye una revisión crítica de varios sistemas de información existentes, así como análisis teórico-metodológicos y tecnológicos de los mismos.

El capítulo II, *Propuesta Teórico-Metodológica para el Dominio de Aplicación*, expone nuestra propuesta teórica y metodológica para la práctica de la gestión de recursos culturales, tratando por separado la fundamentación teórica y la metodología propuesta. Se presenta también una posible estructura de la realidad arqueológica.

El capítulo III, *Propuesta Teórico-Metodológica para el Dominio Informático*, explica nuestra propuesta teórica y metodológica para la construcción de sistemas de información aplicados a la gestión de recursos culturales.

El capítulo IV, *Modelos de Información*, muestra los modelos de información obtenidos a partir del contenido del capítulo II.

El capítulo V, *Propuesta Tecnológica*, explica las tecnologías que pueden utilizarse para implementar las propuestas teórico-metodológicas de los capítulos anteriores. Algunas de estas tecnologías existen hoy, y este capítulo describe cómo pueden ser utilizadas. Otras, por el contrario, han de ser todavía elaboradas en menor o mayor grado, explicándose posibles vías de investigación y desarrollo que lleven a ellas.

El capítulo VI, *El Sistema de Información Arqueológica*, describe un sistema de información desarrollado por el autor de este trabajo, existente y en uso, y lo utiliza como ejemplo para contrastar las argumentaciones de los dos capítulos anteriores. Se incluyen análisis teórico-metodológico y tecnológico, que sirven a su vez como punto de partida para una crítica constructiva de dicho sistema de información.

El capítulo VII, *Consecuencias*, presenta las consecuencias del trabajo, centrándose en las necesidades tanto de investigación básica como tecnológicas cara a un futuro próximo.

Finalmente se incluye una lista de la bibliografía citada en el texto, y una serie de apéndices de consulta con tablas de abreviaturas y un glosario.

## Convenciones Utilizadas

A lo largo del texto se utilizan las siguientes convenciones:

- Las palabras o expresiones enmarcadas mediante los símbolos → y ← en su primera aparición se hallan recogidas en el glosario final.
- Las palabras o expresiones "entre comillas" hacen referencia al **término** que expresan; las palabras o expresiones *en cursiva* hacen referencia al **concepto**.

# I. Introducción

Esta introducción expone primeramente los objetivos de la tesis, describiendo a continuación el estado actual de la cuestión y las direcciones de trabajo propuestas para mejorarlo.

## I.1. Objetivos

El objetivo principal de esta tesis es *desarrollar una tecnología para el diseño y construcción de sistemas de información aplicados al campo de la gestión de recursos culturales.*

Podemos definir una tecnología como un segmento concreto de conocimiento, disponible comercialmente, a menudo en forma de productos o servicios, que nos permite llevar a la práctica diseños teóricos. Esta definición implica tener en cuenta componentes teóricos, metódicos, metodológicos, y contextuales a la hora de desarrollar dicha tecnología:

- Teóricos, porque cualquier tecnología madura necesita de fundamentos que la respalden, más allá del éxito comercial o de su grado de aplicabilidad.
- Metódicos, que permitan ratificar la coherencia y adecuación del discurso ante los objetivos propuestos.
- Metodológicos, porque son los que permiten poner en práctica la tecnología, aplicándola a problemas para obtener soluciones.
- Contextuales, ya que es necesario considerar el entorno de desarrollo y aplicación de una →metodología← para que ésta funcione.

La tecnología propuesta sirve para diseñar y construir sistemas de información, es decir, conjuntos de herramientas especializados en tratar con información acerca de un campo o disciplina muy concreta y, en especial, en obtener *información* a partir de →*datos*←.

No pretendemos en este trabajo aportar grandes novedades relativas al diseño y construcción de sistemas de información, sino observar cuál es el resultado de estos procesos, y en qué medida dicho resultado cubre las necesidades que en su momento empujaron a su diseño. Nuestro punto de vista es, en este caso, fuertemente crítico, incluso autocrítico: el capítulo VI, *El Sistema de Información Arqueológica*, presenta un sistema de información desarrollado por el autor, que se utiliza como referencia y contraste del discurso teórico de esta tesis.

El ámbito de aplicabilidad o →dominio de aplicación← de la tecnología propuesta es el de la gestión de recursos culturales. Esto conlleva muchas más implicaciones de las que se podría pensar en principio y, de hecho, *la aplicación adecuada de sistemas de información a disciplinas de humanidades* constituye el cuerpo principal de este trabajo, tanto por su volumen como por la innovación que creemos que supone, y de este modo puede tomarse como objetivo subyacente y abstracto de esta tesis.

## I.2. El Estado de la Cuestión

No podemos decir que no existan sistemas de información aplicados a disciplinas de humanidades; de hecho, existen numerosas aplicaciones prácticas, funcionales y exitosas, de sistemas informáticos a la gestión de recursos culturales[3]. Es necesario tener en cuenta que la adecuada informatización de las disciplinas de humanidades es especialmente difícil (González 1995). Los primeros →usuarios← de herramientas informáticas, hace algunas décadas, fueron los propios expertos informáticos que las desarrollaban. El conocimiento implícito y *a priori* del dominio de aplicación, así como el hecho de que éste fuese el propio dominio informático, ocultó la necesidad de estudiar la disciplina del usuario de la futura herramienta como paso previo al diseño de ésta. Con el tiempo, las enormes ventajas de estas herramientas hicieron que los entornos científicos, financieros y tecnológicos creasen la necesidad de utilizarlas, y de este modo, hoy en día encontramos una abundante variedad de →software← especializado para ingeniería, diseño o banca, además de una enorme oferta de →sistemas horizontales← que tratan de ajustarse a las necesidades del usuario medio[4].

Ahora nos encontramos con la posibilidad de construir herramientas informáticas para disciplinas de humanidades, un campo radicalmente diferente a las disciplinas técnicas o "de ciencias", y aparecen, más claramente que nunca, las diferencias entre las epistemologías científica o positivista y humanista o de connotaciones más subjetivistas. La asociación de un experto en informática que conozca las tecnologías adecuadas para construir sistemas de información con un experto en el dominio de aplicación que conozca en profundidad la →estructura← de la realidad a la que se desea aplicar dicho sistema es entonces inevitable, por ser dicho dominio de aplicación fundamentalmente diferente al dominio informático. Es necesario contemplar ambos dominios, tanto a nivel teórico como práctico, si esperamos de nuestro esfuerzo un sistema de información sólido y funcional.

Los esfuerzos de desarrollo de sistemas de información aplicados a disciplinas de humanidades no son pocos. Sin embargo, creemos que se realizan, en su inmensa mayoría, en la dirección equivocada, con herramientas poco adecuadas, e ignorantes de una fundamentación teórico-metodológica muy necesaria. Los apartados que siguen describen algunos de los sistemas de información para gestión de recursos culturales existentes o en desarrollo, así como los mecanismos que se emplean o han empleado para su construcción.

### I.2.1. Productos Estudiados

Este apartado describe algunos sistemas de información aplicados al campo de los recursos culturales que existen en la actualidad. Se han revisado todos y cada uno de ellos en cuanto a los siguientes factores:

- Número de ámbitos de información abarcados, es decir, la *amplitud* del sistema.
- Número de niveles de →abstracción← y/o →clasificación← diferentes contemplados, es decir, la *profundidad* del sistema.
- *Magnitud* del proyecto en general, en cuanto a presupuesto, número de personas u organizaciones involucradas, o cantidad de tiempo invertido en el desarrollo.
- *Innovación* teórico-metodológica y tecnológica del sistema.

Hemos considerado importante tener en cuenta la amplitud del sistema porque los sistemas muy específicos pueden a menudo resolverse mediante uno de los dos enfoques que, como se verá en *Tecnologías*, pág. 7, han sido y continúan siendo tradicionales: el uso de aplicaciones comerciales, o la construcción de herramientas *ad-hoc*. Solo un sistema lo suficientemente amplio necesita de fundamentos teóricos y metodológicos que suministren una alta cohesión interna.

[3] Una de las más antiguas conocidas por el autor, el sistema MALOC, puede verse descrita en Infante y Fernández 1991.

[4] Véase Gates 1999, figura en pág. 469, para una explicación detallada acerca del modelo comercial "horizontal" reinante hoy día en la industria informática.

Por otro lado, la profundidad de un sistema es un buen indicador tanto de la complejidad cognitiva de la →realidad observada← que modela, como del esfuerzo y riqueza expresiva que el equipo humano que lo ha desarrollado ha puesto en él. Integrar más de un →nivel de abstracción← o clasificación en el mismo sistema es una tarea altamente compleja y con implicaciones muy ramificadas, como explicaremos en *Bases de Datos Orientadas a Objetos*, pág. 115.

A mayores, nos hemos fijado en la magnitud del sistema según el parámetro más convencional de recursos invertidos. La industria del software actual se caracteriza por la escasa correlación que a menudo aparece entre la cantidad de recursos invertidos en el desarrollo de un sistema y la calidad de los resultados que se obtienen, por lo que este parámetro ha de ser tratado siempre con un amplio margen de error.

Finalmente, nos ha parecido adecuado tener en cuenta la innovación teórico-metodológica y tecnológica que un sistema incorpora por dos motivos: primero, la innovación tecnológica a menudo permite resolver problemas más complejos con menor cantidad de recursos, por lo que la magnitud de un sistema por sí sola, tal y como se describe en el párrafo anterior, no es totalmente fiable como indicador de la complejidad subyacente. De todos modos, tampoco es infrecuente que esta rentabilización de la innovación se obtenga solamente después de una fase inicial de "maduración". En segundo lugar, y como se verá en *Propuesta Teórico-Metodológica para el Dominio de Aplicación*, pág. 9, y *Propuesta Tecnológica*, pág. 109, las mayores carencias actuales en los procesos de diseño e →implementación← de sistemas de información aplicados a disciplinas de humanidades se refieren, precisamente, a la falta de fundamentos teórico-metodológicos adecuados y tecnologías habilitadoras[5].

Somos conscientes de que la total comprensión de los conceptos utilizados para definir los cuatro factores explicados no es posible sin tener en cuenta el contenido de capítulos posteriores de este trabajo. Creemos que, en este punto, deben considerarse tales factores como indicadores válidos, cuya fundamentación completa se encontrará más tarde.

Es necesario dejar claro que los parámetros descritos son solamente indicativos, y nunca han de tomarse como medidas exactas, debido al alto componente subjetivo de las premisas en las que se basan. Por ejemplo, la amplitud del sistema se cuantifica contando el número de ámbitos de información diferentes que se contemplan durante el desarrollo del mismo, pero la definición de →*ámbito de información*← es altamente subjetiva, y a menudo no es fácil decidir si dos conceptos relacionados pertenecen a ámbitos de información diferentes (pero cercanos) o bien al mismo. De cualquier modo, los ámbitos de información más comunes que se esperaban encontrar en los sistemas evaluados son los siguientes:

- Cartografía y análisis geográfico
- Educación y formación
- Excavaciones arqueológicas
- Gestión del patrimonio
- Gestión de proyectos y actuaciones
- Inventario y catalogado
- Rentabilización y explotación turística

La enumeración de estos ámbitos "esperados" no ha de impedir, en ningún caso, considerar otros ámbitos no contemplados *a priori* y que, sin embargo, pueden aparecer asociados a algún producto. En el caso que nos ocupa, sin embargo, y como se verá, ninguno de los productos inicialmente estudiados mostró ámbitos de información no recogidos en esta lista.

El recuento de niveles de abstracción y/o clasificación de un producto presenta una problemática diferente. En general, podemos decir que un sistema muestra un único nivel de abstracción si ninguno de los conceptos que maneja es un *subtipo* de cualquier otro. Por el contrario, un sistema que involucre dos conceptos relacionados mediante una →*relación*← *supertipo-subtipo*, incluirá al menos dos niveles de abstracción diferentes. En teoría, no hay nada en contra de que un sistema muestra más de dos niveles de abstracción; siguiendo con el razonamiento anterior; el supertipo de la relación supertipo-subtipo podría a su vez ser una subtipo de otro supertipo de nivel aún

[5] Se ha optado por la traducción literal del inglés *enabling technologies* dada su gran expresividad.

más elevado. Puede verse una discusión profunda de las implicaciones de las relaciones supertipo-subtipo en *Generalizaciones*, pág. 47.

De modo similar, un sistema muestra un único →nivel de clasificación← si ninguno de los conceptos que maneja es una →*instancia*← de cualquier otro. El paralelismo en cuanto a lo explicado en el párrafo anterior acerca de subtipos es total. Puede verse una discusión profunda de las implicaciones de las relaciones tipo-instancia en *Instanciaciones*, pág. 48.

Dada la característica dual de este factor, es necesario aclarar que, en la práctica, el recuento de niveles de abstracción y/o clasificación se realiza sumando el número de niveles de abstracción con el número de niveles de clasificación del sistema a evaluar.

Los recursos invertidos en un sistema solo pueden conocerse si se dispone de información técnica del proyecto que ha dado lugar al sistema en cuestión. Esto nos ha llevado a solicitar dicha información a los responsables de cada proyecto en aquellos casos en que no fuese pública de antemano.

Finalmente, el recuento de conceptos, métodos, o tecnologías utilizados que no aparecen habitualmente en →sistemas verticales← comercialmente disponibles, es decir, la cuantificación de la innovación del sistema, constituye probablemente el parámetro de más difícil apreciación, ya que solo es accesible desde un conocimiento no superficial (aunque tampoco muy profundo necesariamente) del proceso de concepción, gestación, diseño y construcción del sistema en cuestión. Es necesario insistir en que nuestro parámetro de innovación teórico-metodológica y tecnológica es, fundamentalmente, un parámetro *interno*, es decir, relativo a la estructura y funcionamiento interno de los sistemas, y nunca referido a su aspecto exterior o funcionalidad cara a usuarios finales. La dificultad de evaluar este parámetro nos ha llevado, una vez más, a solicitar la información correspondiente a los responsables de los proyectos en cuestión.

De un modo similar al caso de los ámbitos de información, elaboramos una lista de fundamentos teórico-metodológicos y tecnologías que se esperaban encontrar en los sistemas evaluados, y dividimos dicha lista en dos partes: la primera, conteniendo elementos habituales en sistemas verticales comerciales:

- Acceso vía Internet
- Bases de datos relacionales
- →Interfaces de usuario← basados en ventanas
- Métodos de desarrollo estructurados
- →Servidores← de archivos

Y la segunda, conteniendo elementos poco o nada habituales en sistemas verticales comerciales:

- Bases de datos orientadas a objetos
- Desarrollo en →ciclo de vida evolutivo←
- Fundamentación teórica tomada del dominio de aplicación
- Gestión documental y de flujos de trabajo
- Métodos de desarrollo orientados a objetos
- Sistemas →cliente←/servidor
- Sistemas de información geográfica

De modo similar al caso de los ámbitos de información contemplados, la enumeración de estos fundamentos teórico-metodológicos y tecnologías "esperadas" no impidió, en ningún caso, la consideración de otros elementos no contemplados en estas listas y que, sin embargo, pueden aparecer asociados a algún producto. Una vez más, ninguno de los productos inicialmente estudiados mostró fundamentos teórico-metodológicos o tecnologías no recogidas en estas listas.

Es necesario resaltar que lo que en este estudio se consideró *innovación*, puede ser muy discutido. En concreto, ha de situarse el término *innovación* en el contexto apropiado, es decir, en el de sistemas verticales comerciales. En este contexto, el uso de arquitecturas cliente/servidor (por ejemplo) es fuertemente innovador, aunque no lo sería si se evaluasen productos horizontales, no comerciales, experimentales, o desarrollos de universidades o centros de I+D.

Los productos revisados fueron los siguientes:

| Producto | Responsable del proyecto |
|---|---|
| A4 Xunta de Galicia | Secretaría Xeral e do Patrimonio, Consellería de Economía, Xunta de Galicia |
| Archivo Digital del Registro Arqueológico (ADRA) | Laboratorio de Arqueología y Formas Culturales, Universidade de Santiago de Compostela |
| Banca Dati ICCD y Banca Dati Inventariale DESC | Istituto Centrale per il Catalogo e la Documentazione (Italia) |
| CABINET | Museum of Archaeology & Anthropology, Cambridge (UK) |
| Censimento dei Beni Culturali Lungo l'asse del Fiume Po | Istituto Centrale per il Catalogo e la Documentazione (Italia) |
| Documentación Asistida de Colecciones (DAC) | (desconocido) |
| Endovellicus | Instituto Português do Património Arquitectónico e Arqueológico / Chiron (Portugal) |
| Projecto Geira | Universidade do Minho / Universidade de Trás-os-Montes e Alto Douro (Portugal) |
| Gestão integrada de Bibliotecas (GiB) | Daltran Informática, Desenvolvimento e Serviços, Lda. (Portugal) |
| InArte | Sistemas do Futuro, Lda. (Portugal) |
| Report Apollo, Report Mercurio y Progetto IconClass | Istituto Centrale per il Catalogo e la Documentazione (Italia) |
| Sistema de Información del Patrimonio Histórico Andaluz (SIPHA) | Instituto Andaluz del Patrimonio Histórico, Junta de Andalucía |
| Sistema Integral de Bases de Datos Relacionales sobre Información Arqueológica (SIBDRIA) | ArqueoData, S. L. |
| Thesaurus Multilingue | Istituto Centrale per il Catalogo e la Documentazione (Italia) |

Tabla I-1. Productos considerados inicialmente para su estudio.

Estos productos son muchos de los que el autor ha conocido a lo largo de cinco años de investigación en el campo de los sistemas de información aplicados a la gestión de recursos culturales. No queremos significar, en ningún caso, que no existan otros productos, más modernos, de mayor capacidad, o completamente diferentes, sino que los que aquí se muestran son aquellos cuya existencia ha llegado hasta nosotros. Este hecho, además, pone de manifiesto un componente comercial clásico, en absoluto ausente en la industria informática, y cada vez menos en el campo de la gestión de recursos culturales: la difusión de resultados. El hecho de que conozcamos varios sistemas italianos y ninguno —por poner un caso— alemán, nos lleva a pensar en condicionantes relativos a la difusión de resultados de investigación y no a la ausencia de productos.

## I.2.2. Análisis Teórico y Metodológico

En general, la mayor parte de los sistemas examinados presentan las siguientes características teórico-metodológicas:

- La amplitud del sistema es pequeña o media, nunca grande. En proyectos grandes se han construido varios sistemas menores con interconexiones varias. No pretendemos decir que esta opción sea inadecuada, pero hemos echado un falta la presencia de sistemas de mayor amplitud.
- La profundidad del sistema es casi siempre mínima, contemplándose la información a un único nivel de abstracción y clasificación.
- La magnitud del sistema suele ser mediana o grande; aunque existen proyectos que han sido llevados a cabo por una sola persona, la mayor parte de los sistemas han involucrado a equipos de hasta decenas de personas. Al mismo tiempo, los proyectos más voluminosos han contado con cuantiosas ayudas financieras de carácter público. El tiempo empleado en los desarrollos también ha sido, en general, alto.
- Finalmente, el grado de innovación teórico-metodológica de los sistemas es altamente variable, según la naturaleza del mismo y las líneas de actividad del grupo responsable, mientras que el grado de innovación tecnológica es prácticamente nulo.

La ausencia de sistemas de gran amplitud lleva a productos localistas, que pueden resolver muy bien una problemática específica en tiempo, espacio y temática (por ejemplo, el estudio de los túmulos megalíticos del noroeste peninsular) pero no se orientan a resolver problemas globales. Esta distancia puede acortarse mediante el uso de técnicas de abstracción, lo cual necesitaría de sistemas con mayor profundidad.

Estos hechos contrastan con el alto tamaño medio de los sistemas revisados. Creemos que esta disparidad puede explicarse por la ausencia de una metodología de desarrollo de software formalizada, que permita al equipo de desarrollo definir y planificar el sistema deseado antes de acometer su construcción. La ausencia de innovación tecnológica en prácticamente todos los sistemas revisados corrobora que los equipos humanos encargados de los proyectos más pequeños están formados por especialistas en gestión de recursos culturales, con una casi total ausencia de personal informático.

A partir de la información expuesta, nuestra lectura es clara: *en general, los desarrollos de sistemas software para recursos culturales están siendo acometidos por personal no especializado y con escaso soporte metodológico, obteniéndose de este modo proyectos que, al margen de su éxito o fracaso, demandan cantidades excesivas de tiempo, personal y financiación.*

## I.2.3. Tecnologías

Desde un punto de vista tecnológico, los sistemas examinados poseen dos características antitéticas: algunos están construidos en torno a productos disponibles en el mercado, ampliamente difundidos y ocasionalmente obsoletos. Otros, sin embargo, constituyen herramientas específicamente construidas para una utilidad concreta y sin apenas posibilidad de extensión o integración.

La utilización de →aplicaciones← comerciales horizontales como infraestructura de productos verticales constituye una práctica fuertemente promovida por algunas empresas vendedoras de software y, en muchos aspectos, presenta enormes ventajas frente a enfoques más tradicionales, que tratan de construir prácticamente todo el sistema desde cero. La industria del software parece estar de acuerdo en que el *desarrollo basado en componentes*[6] en la adecuada vía del medio.

Por otro lado, el desarrollo de numerosas herramientas centradas en resolver sendos problemas o funciones específicos, sin más integración que la que proporciona estar diseñadas por el mismo equipo en el mismo contexto de trabajo, revela la ausencia de metodologías capaces de facilitar la concepción de marcos infraestructurales genéricos que puedan albergar estructuras amplias y profundas sobre las cuales se implementen posteriormente diferentes aplicaciones e interfaces de usuario.

[6] De hecho, existe una línea de acción denominada *Component-based Software Engineering* dentro del programa *Information Society Technologies* del V Programa Marco de I+D de la Unión Europea.

# I.3. Direcciones de Trabajo

Como conclusión preliminar, podemos decir que el desarrollo de software para recursos culturales necesita:

- Un marco teórico amplio que permita incorporar, a un nivel de abstracción medio, los ámbitos de trabajo de diferentes profesionales de los recursos culturales, tanto estructural como funcionalmente.
- Un aparato metodológico capaz de apoyar los procesos de diseño y construcción de sistemas de información aplicados a humanidades.
- Múltiples desarrollos tecnológicos, que puedan dar soluciones a los problemas de índole práctica con los que el profesional de los recursos culturales se encuentra a diario.

Este trabajo tratará de desarrollar los tres puntos enumerados, profundizando en cada uno en mayor o menor medida, pero ofreciendo al final una propuesta integral que pueda servir de punto de partida para desarrollos directamente aplicables. Además, se apoyará esta propuesta con resultados de diversos proyectos y sistemas de información construidos de acuerdo con las premisas elaboradas.

# II. Propuesta Teórico-Metodológica para el Dominio de Aplicación

El término "dominio de aplicación" denota la disciplina a la cual se aplican las tecnologías de la información, o lo que es lo mismo, sobre la cual trabaja un sistema de información determinado. En este trabajo, el dominio de aplicación es siempre la gestión de recursos culturales.

De este modo, este capítulo presenta y explica nuestra propuesta teórica y metodológica para permitir el acercamiento a la gestión de recursos culturales desde un punto de vista informático. Cabe plantearse la cuestión de por qué es necesario basar esta práctica en ciertos fundamentos teóricos y metodológicos, o si el hecho de elegir unos fundamentos u otros puede condicionar la aplicación de tecnologías de la información a la misma. No pretendemos profundizar en la primera de las cuestiones, dado que, además de exceder el ámbito temático de este trabajo, constituye un aspecto tratado y resuelto por numerosos autores[7]. La segunda cuestión sí nos concierne, sin embargo, y su respuesta será explicada en la primera sección de este capítulo.

[7] Entre otros, Foucault, Vattimo y Bermejo.

# II.1. El Modo de Teorizar

Desde la aparición de los trabajos de los primeros teóricos del positivismo[8] sabemos que la producción de conocimiento no es independiente de la teoría en la que se funda, de los métodos que aplica, ni de los procedimientos de observación que utiliza. La crítica postpositivista[9] nos ha permitido ver al mismo tiempo que tampoco es independiente de la forma de ver el mundo ni de las condiciones objetivas de producción del conocimiento que rodean al proceso de trabajo. En concreto, la arqueología teórica (o la historia teórica, véanse por ejemplo Bermejo 1987 o Bermejo 1994) ha resaltado la necesidad de que la práctica arqueológica se base en teorías y →modelos←, que van a determinar en gran medida la naturaleza y el alcance del conocimiento producido.

Como consecuencia, creemos que el modo de teorizar sobre la gestión de recursos culturales puede determinar el grado de aplicabilidad de tecnologías de la información para construir sistemas de información especializados. De este modo, consideramos fundamental una base teórico-metodológica para la práctica de la gestión de recursos culturales, la cual se utilizará como punto de partida para el diseño y construcción de la fundamentación también teórico-metodológica del dominio informático, tal y como se explica en el capítulo III, *Propuesta Teórico-Metodológica para el Dominio Informático*. De hecho, el modelado de información que subyace a la construcción de cualquier sistema de información tiene como objetivo reflejar fielmente la *estructura* de aquella porción de la realidad observada que se considera de interés, y esta estructura viene dada en una gran proporción por la fundamentación teórica y metodológica sobre la que se apoye dicha realidad observada.

Cualquier práctica de la gestión de recursos culturales que utilice los fundamentos que se describen en este capítulo queda automáticamente habilitada para ser objeto de sistemas de información basados en los fundamentos descritos en los capítulos siguientes. Visto en sentido contrario, dichos sistemas de información son solamente aplicables a aquellas prácticas de la gestión de recursos culturales que adopten los fundamentos contenidos en este capítulo. Esta situación puede expresarse como una relación de *habilitación* del planteamiento de la gestión de recursos culturales cara a la aplica-

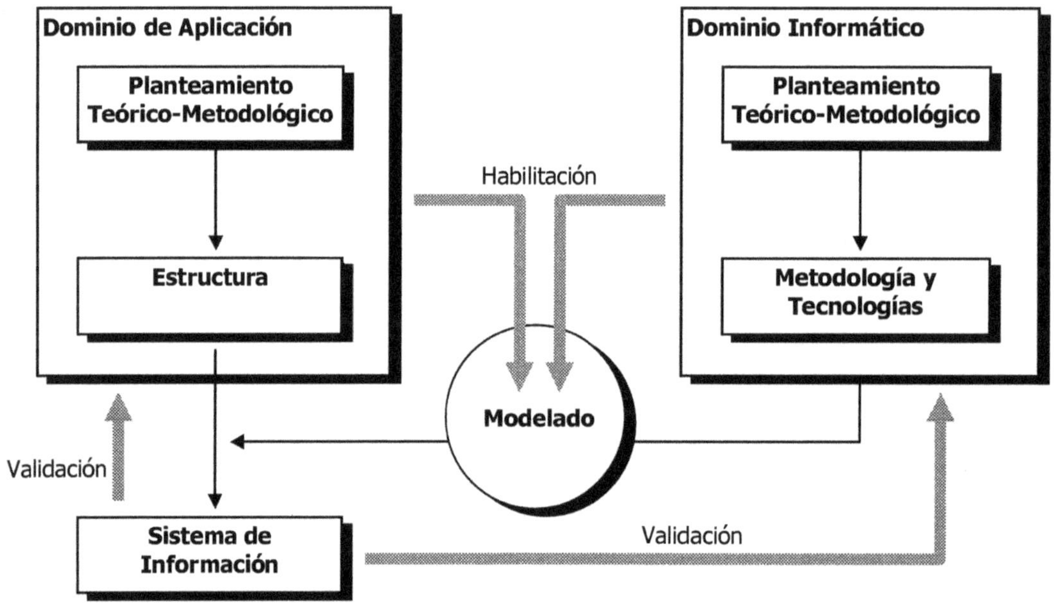


Figura II-1. Vínculo habilitación-validación entre los dominios de aplicación e informático. Los planteamientos teóricos y metodológicos de los dominios de aplicación e informático, así como la estructura del dominio de aplicación y la metodología de desarrollo y tecnologías aplicables del dominio informático, *habilitan* la construcción de sistemas de información mediante un proceso de modelado. A su vez, el sistema de información resultante *valida* los elementos mencionados de ambos dominios.

[8] Aunque apenas hemos accedido directamente a sus trabajos, Russell, Whitehead, Popper, o el primer Wittgenstein han tenido mucho que ver en nuestro discurso.

[9] Foucault, el segundo Wittgenstein.

ción de tecnologías informáticas, y como una relación de *validación,* en dirección opuesta, de las tecnologías de la información sobre el planteamiento de la gestión de recursos culturales. Este *vínculo de habilitación-validación* entre dominios y sistemas de información, mostrado en la Figura II-1, será de crucial importancia a la hora de diseñar sistemas de información, como se verá en *La Realidad Observada,* pág. 30. De hecho, creemos que la existencia de este vínculo entre dominios constituye una manifestación palpable de una *tecnología,* y dado que la elaboración de una tecnología es el objetivo principal de este trabajo, asumiremos la Figura II-1 como mapa integrador de las diferentes partes de este trabajo.

Queda, sin embargo, un aspecto por aclarar. El recuadro titulado "Sistema de Información" en la Figura II-1 no deja ver que cualquier sistema de información, además de recoger y reflejar la estructura del dominio de aplicación sobre el que trabaja, ha de proporcionar cierta *funcionalidad* que haga de él una herramienta útil. Esta funcionalidad, o conjunto de funciones posibles, tendrá lugar en el seno de la mencionada estructura capturada por el sistema de información, teniendo lugar ciertas relaciones entre una y la otra. En general, podemos afirmar que la →función← necesita de la estructura para su mera existencia, al mismo tiempo que la estructura permite la función, como muestra la Figura II-2.

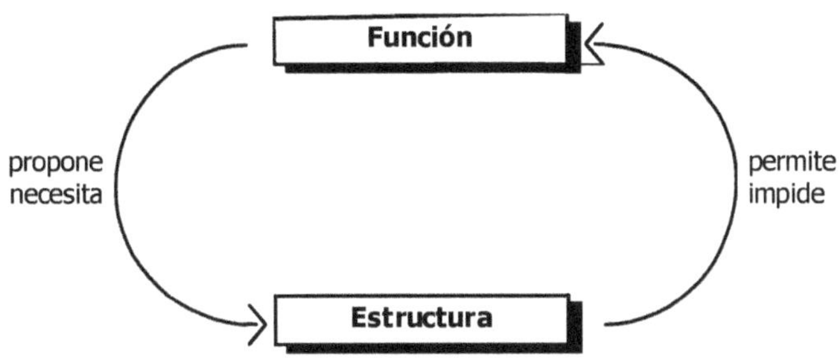


Figura II-2. Relaciones entre estructura y función. Una estructura permite o impide ciertas funciones; una función propone o incluso necesita de una estructura.

Téngase en cuenta que las relaciones estructura/función forman un bucle de realimentación resultante en[10] la interdeterminación de estructura y función, pero este bucle no es igual de poderoso en ambos sentidos: si bien podemos decir que ciertas estructuras pueden permitir o impedir tajantemente ciertas funciones, y que ciertas funciones pueden "recomendar" ciertas estructuras, la estructura puede ser preexistente a la función, mientras que ésta nunca puede preexistir a la estructura. En general, es posible construir una estructura polivalente sin pensar en función alguna, pero *es imposible diseñar una función concreta independiente de toda estructura.* Denominaremos a esta afirmación *Principio de la Estructura Preexistente.* Puede encontrarse una interesante consecuencia de este principio en Hohmann 1997, que describe los entornos de resolución de problemas mediante los conceptos de *structure* (estructura), *process* (nuestra función), y *outcomes* (resultados).

A lo largo de este trabajo presentaremos los diferentes elementos componentes del diagrama mostrado en la Figura II-1 y en la Figura II-2, aunque no necesariamente por el mismo orden que dichos diagramas reflejan.

[10] La posibilidad de sustituir la proposición "en" por "de" corrobora la existencia de tal bucle.

# II.2. Fundamentación Teórica

*Esto no es más que sustituir un misterio por una palabra –dijo Wolf–. Lo que a su vez es un misterio, y nada más. Se empieza así y se termina haciendo magia.*

Boris Vian, en "La Hierba Roja"

La fundamentación teórica que proponemos desde el campo de la gestión de recursos culturales está constituida por la →*cadena valorativa*← y su consecuencia más directa, el concepto de →*representación*←. En los apartados que siguen se discute a fondo la cadena valorativa y el concepto de representación, se realiza una crítica de los mismos, y se estudian las diferentes dimensiones del concepto de representación. Estos elemento se encuadran en el recuadro titulado "Planteamiento Teórico-Metodológico" del dominio de aplicación en la **Figura II-1**.

## II.2.1. La Cadena Valorativa

Según Criado (Criado 1993, pág. 42),

> ...el registro arqueológico se puede definir [...] como el conjunto de elemento formales originados por la acción social pretérita, que restan después del efecto sobre ellos de procesos deposicionales y postdeposicionales de carácter natural y/o cultural, y que resultan accesibles al arqueólogo a través de una operación de análisis realizada dentro de un determinado contexto social e institucional...

De este modo, y continuando con la elaboración de Criado, en la formación del →registro←[11] intervienen tres instancias: una sociedad pretérita, ciertos procesos deposicionales y postdeposicionales, y un contexto social e institucional actual. De este modo, podemos decir que el registro no preexiste a la percepción que lo genera, sino que se construye mediante una serie de procesos interpretativos ("...una operación de análisis...") encuadrados en contextos específicos ("...un determinado contexto social e institucional..."). Dicho de otro modo, un →elemento del registro←, antes de ser descubierto, observado, captado e interpretado por un especialista, *no es un elemento del registro,* sino solamente un elemento originado en una sociedad pretérita y que sobrevive hasta nuestros días. Solo el proceso de análisis que menciona Criado puede convertirlo en parte de lo que entendemos por *registro.*

A grandes rasgos, la *cadena valorativa* constituye *un instrumento de normalización y normativización de los principales procesos interpretativos necesarios para la gestión de recursos culturales.* Este instrumento ha sido descrito en profundidad en Criado 2000, y solamente enunciaremos aquí sus fundamentos para que sirvan de base a desarrollos posteriores. El proceso de análisis que convierte a un elemento todavía existente pero proveniente de una sociedad pretérita (→*elemento pretérito persistente*←) en un *elemento del registro* se denomina →*valoración*←, y persigue dos objetivos a la vez: por un lado, intenta descubrir el valor original de un elemento pretérito persistente[12]; por otro, trata de estimar el valor actual de dicho elemento como tal elemento pretérito. Es necesario insistir en que este "valor actual" es siempre un valor académico, de investigación, y no un valor económico, social o patrimonial. Así, el resultado del proceso de valoración es, en efecto, un elemento del registro.

A su vez, es posible realizar un proceso ulterior de análisis y estudio sobre este elemento del registro, que intente calcular el valor actual de dicho elemento desde un punto de vista patrimonial. Este proceso de denomina →*evaluación patrimonial*←, y convierte a los elementos del registro en *elementos patrimoniales.* Ha de ser conducido forzosamente después de haber realizado una valoración adecuada del elemento pretérito persistente, ya que en caso contrario, la información disponible acerca del elemento no será suficiente como para obtener el grado de →intersubjetividad← necesario que

[11] Criado habla del caso concreto del *registro arqueológico;* nosotros extendemos su discurso a cualquier tipo de registro cultural, sea arqueológico, etnográfico, artístico o histórico.

[12] Criado dice que el proceso de valoración "...intenta descubrir o estimar el *valor original* de un elemento del registro arqueológico"; nosotros, sin embargo, creemos que el mencionado elemento del registro arqueológico no existe todavía (al menos hasta que se descubra su valor original y actual y, de este modo, se complete el proceso de valoración), por lo que preferimos definir el proceso de valoración en función del elemento pretérito persistente.

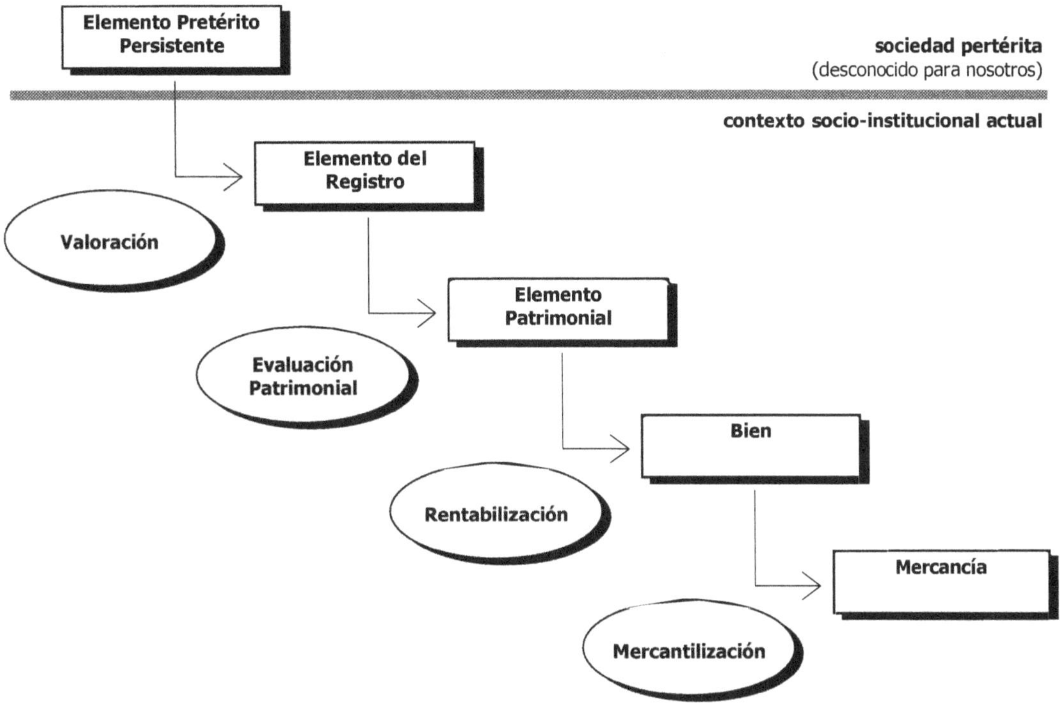


Figura II-3. Procesos interpretativos necesarios en la gestión de recursos culturales. Los recuadros indican tipos de entidades, mientras que los óvalos representan procesos que tienen lugar sobre dichas entidades.

garantice la validez del proceso de evaluación patrimonial.

Un proceso posterior, o →*revalorización*←, llevado a cabo sobre un →elemento patrimonial←, puede convertir a éste en un →*bien*← si es capaz de generar alternativas que permitan la rentabilización socio-cultural del mismo. En este punto discrepamos ligeramente de la tesis de Criado, que afirma que dicho proceso de revalorización amplía el valor original del elemento en cuestión; nosotros creemos que no lo amplía, sino que lo modifica, ya que el valor original del elemento viene dado por la sociedad pretérita que lo ha creado, mientras que la revalorización del mismo tiene lugar en el seno del contexto socio-institucional presente. No podemos asumir que las interpretaciones realizadas dentro de éste llevarán siempre la misma dirección que las que tuvieron lugar en aquél; por eso decimos que el proceso de revalorización modifica el valor global de un elemento patrimonial, dotándolo de valor socio-cultural, eso sí, pero no necesariamente en la misma dirección que su valor original (el cual quizás nunca lleguemos a conocer).

Finalmente, es posible producir un cuarto proceso de interpretación, tomando como base un bien, para producir →*mercancías*←. Este proceso se denomina →*mercantilización*←, y dota a cada bien de un valor económico determinado y lo introduce en el mercado de modo que la explotación del bien pueda generar beneficios económicos que, deseablemente, han de repercutir positivamente sobre la conservación y difusión del mismo. La Figura II-3 muestra un esquema de la sucesión de los cuatro procesos descritos.

Hemos de insistir en que los cuatro procesos descritos constituyen prácticas interpretativas, que tratan de producir nuevo conocimiento a partir del existente. En consecuencia, cada uno solo puede tener lugar tomando como base el producto del anterior, ya que de otro modo, los resultados no serían adecuados (véase Criado 2000 para una discusión completa de este tema). De este modo, la concatenación de los cuatro procesos interpretativos mediante los productos correspondientes constituye lo que denominaremos, a partir de ahora, cadena valorativa. Avanzando lo que desarrollaremos en profundidad en el apartado siguiente, hemos de decir que cada uno de los productos o tipos de entidades descritos, representados mediante recuadros en la Figura II-3, no son más que representaciones de los elementos pretéritos persistentes. De este modo, podemos decir, por ejemplo, que un elemento pretérito es un bien si sobre él se ha realizado un proceso de rentabilización, lo cual a su vez implica procesos previos de valoración y

valoración y evaluación patrimonial. Cada etapa de la cadena valorativa, en este sentido, constituye un "estado" que diferentes elementos pretéritos pueden adquirir mediante las prácticas interpretativas correspondientes.

## II.2.2. El Concepto de Representación

*...reality is in the eyes of the beholder.*

Bertrand Meyer, en "Object-Oriented Software Construction" 2nd edition

Cada estado diferente de un elemento pretérito persistente a lo largo de la cadena valorativa constituye lo que vulgarmente se denomina una *representación* de dicho elemento[13]. En este apartado mostraremos la importancia del concepto de representación, e introduciremos una terminología para manejar este concepto y otros conceptos relacionados.

### II.2.2.1. Representaciones, Entidades, Referentes y Sustratos

Utilizando la terminología del habla vulgar, podemos decir que una representación es *algo que existe y actúa en vez de otra cosa*[14]. Sin embargo, esta definición plantea dos problemas: el objeto al que se aplica (¿qué es ese *algo*?), y la confusión que puede producirse entre el término "representación" como algo que existe y actúa en vez de otra cosa, y el mismo término utilizado para denotar el proceso de crear o construir ese *algo*.

El primer problema se soluciona introduciendo el concepto de →*entidad*←. A partir de este punto y en adelante, denominaremos entidad a *cualquier porción de la realidad observada cuyo* →*grado de autocontención*← *es suficiente como para presentar* →*identidad*← *propia*. A su vez, podemos definir *realidad observada* como aquella realidad aparente a un individuo, y el *grado de autocontención* como la relación entre la cohesión interna de un trozo de esta realidad observada y la intensidad de su relación con otras fracciones; a mayor cohesión interna y menor intensidad de relación, mayor autocontención. De este modo, cada individuo percibe su entorno como una *realidad observada* discontinua, en la que se delimitan *entidades*. Estas entidades son las que pueden ser objeto de representaciones[15]. En este sentido, es necesario tener en cuenta que la delimitación de entidades que cada individuo realiza de forma automática dentro de su realidad observada puede enmascarar la continuidad de una posible realidad continua[16]. Es esta delimitación perceptiva la que nos permite desenvolvernos en un mundo de "objetos" concretos y palpables, y la que incluso nos puede llevar a confundir la realidad observada con una posible realidad platónica preexistente. No debe olvidarse, sin embargo, que la delimitación de entidades constituye un proceso subjetivo y mutable, que puede por tanto rendir resultados diferentes según el individuo y el momento en que se realice. Por ejemplo, el ordenador con el que escribo este texto es percibido por mí como un objeto concreto, posiblemente divisible en algunos componentes, pero con cierta identidad[17]. Sin embargo, una persona anciana que haya vivido la mayor parte de su vida en el medio rural gallego lo percibe como un televisor (el monitor) estropeado que necesita ser arreglado (de ahí que yo me pase tantas horas ante el teclado). Mi ordenador y su televisor estropeado son entidades diferentes, pero que corresponden a una misma evidencia material; nuestras realidades observadas difieren. A lo largo de este trabajo, utilizaremos el término "realidad observada" para referirnos a la delimitación de entidades que realiza un individuo en un momento dado, y no pretenderemos, en ningún caso, distinguir diferentes

[13] Una interpretación es, en efecto, un tipo concreto de representación.

[14] O según la definición de *signo* de Eco 1977, pág. 46, y con ciertas reservas que se explicarán, *alguna cosa que está en lugar de otra*.

[15] Hasta este momento, y a la espera de dilucidar la solución al segundo problema planteado por la definición vulgar de *representación*, hemos jugado con la ambigüedad de este término, teniendo en cuenta que cualquier aplicación que se ha hecho del mismo es válida para cualquiera de sus dos posibles significados.

[16] Es posible identificar dicha realidad continua con una realidad (más o menos platónica) preexistente, independiente de y anterior a toda percepción. Como se verá en *Realidad y Subjetividad*, pág. 16, no asumiremos que ésta existe, pero sí partimos de la suposición de que, si existiese, sería continua. Por supuesto, este punto de vista es totalmente criticable dado que constituye una hipótesis difícilmente demostrable.

[17] De hecho, posee nombre propio.

realidades accesibles por los individuos al mismo tiempo[18].

El segundo problema se resuelve utilizando solamente el término "representación" para denotar el *proceso* de construcción o generación de una entidad que exista y actúe en vez de otra entidad. La entidad así generada se denominará →*referente*←, y la entidad a la que se refiere, →*sustrato*←. La Figura II-4 muestra un esquema de estos conceptos y las relaciones entre ellos. El individuo aparece dentro de su realidad observada dado que se percibe a sí mismo como integrante de la misma.

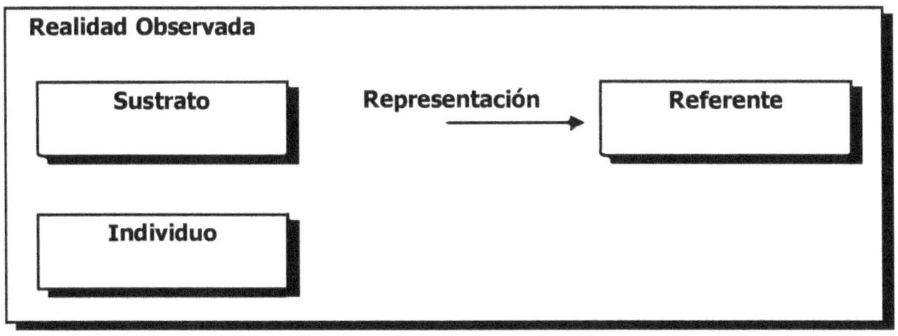


Figura II-4. Representaciones, referentes y sustratos en la realidad observada de un individuo.

Podemos definir *representación*, entonces, como *un proceso que genera un referente a partir de un sustrato*. En este sentido, nuestro concepto de *referente* se acerca al de *signo* de Saussure citado en Eco 1977, pág. 43-44[19], o al de *representación* de Sloman 1996, pág. 123-124. De todos modos, Saussure distingue signos intencionales por un lado, y manifestaciones naturales y no intencionales (que no son signos) por otro, pero nosotros no podemos mezclar manifestaciones no intencionales con manifestaciones naturales fuera de toda mente humana (los síntomas de una enfermedad son un ejemplo clásico). Al contrario, nuestro punto de vista mete en el mismo cajón los signos de Saussure y sus manifestaciones no intencionales, y les llama referentes, dejando fuera de este concepto, eso sí, a las manifestaciones naturales. Al mismo tiempo, tampoco podemos ampliar la definición de referente al sentido de Peirce (también en Eco 1977, pág. 45-47[20]) porque, como se verá en *El Contexto de Representación*, pág. 18, consideramos necesaria la intervención humana, intencional o no, para la generación de un referente a partir de un sustrato.

La mera representación gráfica de los términos recién introducidos, como se ve en la Figura II-4, suscita dos cuestiones nuevas: ¿qué representan los recuadros?, y ¿son sustratos y referentes distintas cosas?

Los recuadros, por supuesto, representan entidades, ya que el mero hecho de hablar acerca de sustratos, referentes, individuos y realidades observadas implica la presencia de tales conceptos a nivel perceptivo; es decir, percibimos estas ideas como integrantes de la realidad que observamos. Por otra parte, los recuadros mismos son también entidades, como es fácil comprender. *Todo es entidad.*

Respecto a la segunda cuestión, y como se ha dicho en párrafos anteriores, sustratos y referentes son entidades que juegan roles distintos. De hecho, la calificación de una entidad como sustrato o como referente solo tiene sentido en el contexto de un proceso de representación determinado, o posteriormente en caso de que se mantenga la ligazón producida por tal proceso. Por esta razón, una entidad concreta no es un sustrato ni un referente *per se*, sino que puede jugar el →rol← de uno u otro, simultáneamente o no, y repetidas veces, en diferentes contextos. Por ejemplo, y como muestra la Figura II-5, podemos decir que un mapa es un referente de la geografía que podemos observar a través de la ventana, y esta geografía es su sustrato. A su vez, el recuerdo que una persona mantiene del mapa en ausencia del mismo es un referente de dicho mapa, y el mapa es su sustrato. Como puede verse, una misma entidad, el mapa, es re-

[18] Según Doelker, por ejemplo, pueden existir realidades adicionales a la "propia realidad", como la realidad medial; véase Doelker 1982, pág. 9.

[19] *...consideraba implícitamente el signo como artificio comunicativo que afectaba a dos seres humanos dedicados intencionalmente a comunicarse y a expresarse algo* (Eco 1977, pág. 44).

[20] *...todo lo que, a partir de una convención aceptada previamente, pueda entenderse como alguna cosa que está en lugar de otra* (Eco 1977, pág. 46).

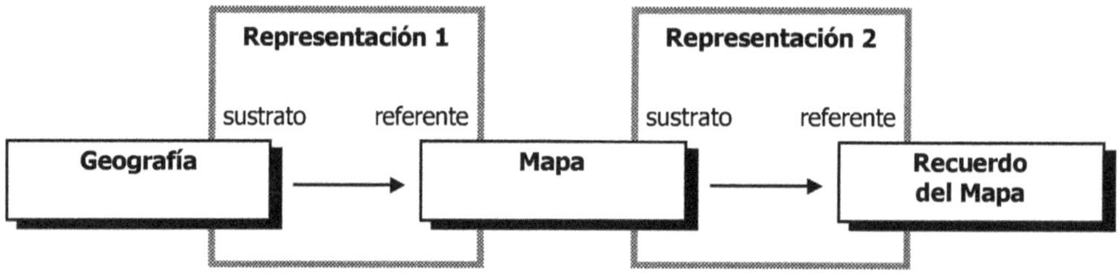


Figura II-5. Entidades con roles de referente y sustrato. En el contexto de la representación 1, el mapa es referente de la geografía, que es su sustrato. En el contexto de la representación 2, el mapa es sustrato del recuerdo del mapa, que es su referente. Geografía, mapa, y recuerdo del mapa son todas ellas entidades.

ferente y sustrato a la vez, pero en diferentes contextos.

Este hecho permite la existencia de cadenas de entidades vinculadas mediante relaciones de representación, a lo largo de las cuales cada entidad es a menudo referente y sustrato de diferentes representaciones. En este sentido es adecuado introducir el concepto de →*nivel de representación*←: una entidad se encuentra a un nivel de representación inmediatamente inferior a otra si es un sustrato de ésta, y ésta es su referente.

## Realidad y Subjetividad

De todos modos, todavía queda una cuestión pendiente: ¿de dónde provienen las entidades de la realidad observada? O, puesto de otro modo, ¿qué significa "observada" en la expresión "realidad observada"? Como se ha dicho al comienzo de este apartado, la realidad observada es aquella realidad aparente a un individuo, es decir, lo que este individuo percibe como real. De este modo, diferentes individuos se moverán en diferentes realidades observadas, percibiendo por lo tanto diferentes entidades. Sin embargo, es obvio que los individuos nos comunicamos y compartimos ideas. En principio, nuestro esquema encaja perfectamente con la *tesis del sustituto fuerte* de Dartnall 1996, pág. 167, ya introducida por Descartes y Locke, en la que los objetos de experiencia no son cosas del mundo real, independiente de los individuos que lo perciben, sino ideas en la mente. ¿Cómo podemos entonces saber algo acerca del mundo real? Porque estas ideas tienen conexión, en mayor o menor medida, con los objetos reales que representan. Denominaremos a estos objetos reales →*entes*←. De todos modos, la alternativa es tentadora: la *tesis del sustituto débil* (Dartnall 1996, pág. 167) plantea que las ideas en la mente no median entre nosotros y el mundo, sino que simplemente son necesarias para los procesos cognitivos, y no corresponden a entes algunos. De hecho, y según dice Meyer (Meyer 1997, pág. vi),

> The tradition of information systems modeling usually assumes an "external reality" [...]; for the [...] developer, such a notion is meaningless, as the reality does not exist independently of what you want to do with it. (More precisely whether it exists or not is an irrelevant question, as we only know what we can use, and what we know of something is defined entirely by how we can use it.)

Estas dos posiciones encontradas se corresponden con las opciones referencialista y no referencialista que encontramos en los paradigmas positivista y hermenéutico, respectivamente. No pretendemos llevar a cabo un examen detallado de ninguno de los dos[21], y mucho menos caer en un platonismo retórico, sino plantear la posibilidad de escoger una vía intermedia, como han propuesto Criado en Criado 1999 o Peterson en Peterson 1996, pág. 13. Partiendo de la base de la existencia de comunicación entre individuos, podemos deducir que ha de haber algún tipo de *intersubjetividad* que permita a un grupo de individuos diferentes compartir ideas. Este externalismo cognitivo[22] obedece a que las →subjetividades← de diferentes individuos pueden ser iguales a cierto nivel, coincidentes en los aspectos necesarios para alcanzar una comunicación. No discutiremos si existen o no entes en el mundo real, más allá de toda percepción humana; como dice Meyer, es irrelevante.

[21] Puede verse una discusión de las implicaciones de estos paradigmas en Criado y González 2000.

[22] El término "externalismo cognitivo" está tomado de Peterson 1996, pág. 8.

Aunque no pretendemos resolver la contradicción epistemológica entre objetivismo y subjetivismo, es necesario en este punto introducir los conceptos de →concepción← y →concepto←: una *concepción* es una idea o percepción que un individuo posee acerca de una entidad. Martin define *concepción* como *...privately held ideas or notions* (Martin y Odell 1992, pág. 236). Una concepción es siempre privada, ligada a la subjetividad individual que la crea y la mantiene. De este modo, la *subjetividad* de un individuo puede definirse como el conjunto de concepciones del mismo. Por el contrario, un *concepto* es una concepción compartida por un número suficiente de individuos, de tal modo que es posible presumir su comprensión generalizada en cierto ámbito. Martin dice que un concepto es *...an idea or notion we share that applies to certain objects in our awareness* (Martin y Odell 1992, pág. 233). Por supuesto, "un número suficiente" es un término relativo, no carente de imprecisión, pero adecuado en este caso, ya que la manipulación de un concepto solo tiene sentido en un contexto intersubjetivo determinado y, como caso concreto, en la totalidad social.

En general, el capítulo 15 de Martin y Odell 1992 es una buena introducción a los conceptos de concepto, concepción y objeto, aunque creemos necesario realizar algunas puntualizaciones. En primer lugar, tanto conceptos como concepciones son "ideas o nociones" según las definiciones de Martin, lo cual nos revela que su naturaleza es similar. En efecto, y aunque en principio pueda parecer que los conceptos son, en general, un tipo específico de concepciones[23], un análisis en profundidad muestra que el término "concepto" expresa un rol o papel que pueden jugar algunas concepciones concretas en momentos concretos. Es decir, *concepto* y *concepción* no son conceptos autónomos, al mismo nivel, ligados por una relación de →especialización←, sino que *cada concepción concreta puede ser calificada de concepto cuando se da la circunstancia de que es compartida entre varios individuos. Concepción* es un concepto; *concepto* es un rol que las concepciones pueden tomar[24]. Al mismo tiempo, Martin define *concepto* desde un punto de vista parcialista a nuestro modo de ver, ya que solo lo hace corresponder con formalizaciones abstractas de entidades, pero no con cada una de estas entidades individuales. Sin embargo, cada individuo posee ideas o nociones acerca de entidades individuales de su realidad observada, así como acerca de formalizaciones abstractas de dichas entidades. De este modo, existen *concepciones de entidad* y *concepciones clasificatorias;* las primeras corresponden a ideas o percepciones que un individuo posee acerca de entidades de su realidad observada, considerando dichas entidades individualmente, mientras que las segundas corresponden a ideas o percepciones que un individuo posee acerca de las mismas entidades, pero vistas como casos o instancias concretas de formalizaciones abstractas. Por ejemplo, la concepción de la silla en la que uno se sienta a diario para trabajar es una →concepción de entidad←, ya que hace referencia a una entidad específica; la concepción de *silla,* como tal, es una →concepción clasificatoria←, ya que se refiere a una formalización abstracta que no tiene reflejo *a priori* en la realidad observada. De todos modos, el mero hecho de elaborar una concepción clasificatoria e integrarla en el acervo cognitivo individual, hace de ésta parte de la realidad observada, y por tanto constituye *a posteriori* una nueva entidad, con lo cual la definición inicial de *concepción* sigue siendo válida.

En general, los mecanismos de orden y clasificación que imperan en toda mente humana nos empujan a generar concepciones clasificatorias a partir de concepciones de entidad similares, que compartan características y pueden ser objeto de procesos de abstracción los cuales, eliminando detalles y peculiaridades, den como resultado ideas genéricas, difusas y aplicables a colectivos de entidades. De este modo, podemos decir que toda concepción clasificatoria modela a una o más concepciones, sean éstas de entidad o clasificatorias a su vez. Por ejemplo, la concepción clasificatoria de *silla* de un individuo concreto modela a todas y cada una de las concepciones de entidad que dicho individuo posea acerca de entidades similares, con ciertas características que éste considere suficientes para clasificarlas como sillas. A su vez, la concepción clasificatoria de *mueble* del mismo individuo modela a la concepción clasificatoria de *silla* y posiblemente a alguna concepción más, de cualquier tipo. Este individuo podría conocer

---

[23] Desde el punto de vista de la relación "es un tipo de" que se explicará en *Relaciones*, pág. 45.

[24] Una vez más, es necesario recordar que *todo es entidad*, es decir, concepciones y subjetividades constituyen parte de nuestra realidad observada, y son entidades por lo tanto.

muebles "inclasificables", tan extraños que no pudiese encuadrarlos en ninguna de sus concepciones *silla, armario, mesa,* etc., y que solo pudiese clasificar como *mueble*. A su vez, la concepción clasificatoria *mueble,* junto con otras, podría ser modelada por una concepción de nivel de abstracción superior.

¿Podríamos encontrar concepciones de entidad no modeladas por ninguna concepción clasificatoria? Martin dice que los conceptos constituyen dispositivos de reconocimiento y pruebas de realidad (Martin y Odell 1992, pág. 234-235); nosotros creemos que las concepciones lo son. Los individuos utilizamos concepciones clasificatorias para enfrentarnos al mundo que percibimos, para razonar acerca de él y desenvolvernos en nuestra vida cotidiana. El mecanismo de clasificación de nuestras mentes es tan fuerte[25] que cualquier concepto de entidad inclasificable que generemos es asignado de inmediato a alguna concepción clasificatoria, generada *ex profeso* si es necesario. Téngase en cuenta de todos modos que las concepciones clasificatorias de un individuo, las concepciones de entidad asociadas a ellas, y las relaciones entre todas, conforman una red difusa y en constante cambio.

#### II.2.2.2. El Concepto de Representación, Revisitado

Una vez introducidos los conceptos de *concepto* y *concepción,* nos encontramos en condiciones de revisar el concepto de *representación*. Como se dijo en *Representaciones, Entidades, Referentes y Sustratos,* pág. 14, una representación es un proceso que genera un referente a partir de un sustrato. Por otra parte, *referente* y *sustrato* son roles que diferentes entidades pueden tomar en diferentes momentos. Además, y como hemos visto, las concepciones, como ideas existentes y manipulables en el contexto de la subjetividad individual, constituyen entidades por sí mismas, y las concepciones pueden tomar el rol de conceptos cuando son compartidas por un número suficiente de individuos. De estos hechos se desprende que diferentes concepciones pueden también asumir roles de sustratos y referentes, relacionándose mediante procesos de representación. En el caso particular de las concepciones[26], podemos decir que una representación es un proceso que genera una concepción referente a partir de una concepción sustrato o, asumiendo cierta intersubjetividad, que *una representación es un proceso que genera un concepto referente a partir de un concepto sustrato.* En efecto, los roles de sustrato y referente, así como la relación de representación, pueden desplazarse arriba y abajo en la escala de abstracción, desde entidad hasta concepto, sin perder validez.

Como se verá en *El Objeto de las Preguntas,* pág. 61, y cara al diseño y construcción de sistemas de información, son los *conceptos* los que nos preocupan y los que se convertirán en auténticos protagonistas de desarrollos ulteriores. En este sentido, será la última definición de representación la que usaremos.

### II.2.3. Dimensiones del Concepto de Representación

Hemos introducido en el apartado anterior varios conceptos fundamentales, pero el concepto de *representación* es probablemente el más importante de todos ellos, ya que posibilitará el punto de vista de *sistemas de representaciones* que describiremos en *Propuesta Teórica y Terminológica,* pág. 53. Este apartado introduce el concepto de →*contexto de representación*←, y discute las diferentes dimensiones que el concepto de representación presenta.

#### II.2.3.1. El Contexto de Representación

Hemos definido una representación como un proceso que genera un referente a partir de un sustrato, y hemos visto que referentes y sustratos son roles que entidades, concepciones o conceptos pueden tomar. El proceso de representación no tiene lugar de un modo aséptico y objetivado, sino que sucede en el marco de lo que denominaremos un *contexto de representación*. Podemos definir el contexto de una representación como el en-

---

[25] De hecho, constituye uno de los pilares fundamentales de la mente humana según Lévi-Strauss.

[26] Se trata de un caso particular ya que las concepciones son un caso particular de entidades.

torno semántico en el que ésta se produce. Es un entorno porque no forma parte del proceso de representación en sí, pero afecta a su producto, y es semántico porque incluye información cuyo significado también puede afectar (y a menudo afecta) a dicho producto.

Como primera caracterización del concepto de *contexto de representación*, podemos decir que una representación siempre es producida en el seno de una subjetividad individual o bien de grupo, dando lugar a un referente subjetivo o intersubjetivo, respectivamente. Téngase también en cuenta que el modo indirecto, determina el resultado del proceso de representación.

Finalmente, una representación se produce en un momento determinado en el tiempo, y el referente así generado queda marcado por tal hecho. El paso del tiempo altera la realidad observada, cambiando entidades, concepciones y conceptos. De hecho, dos referentes generados a partir del mismo sustrato por la misma subjetividad en dos momentos diferentes pueden ser diferentes. El tiempo también altera el entorno socio-cultural en el seno del cual tiene lugar al proceso de representación, así como la pro-

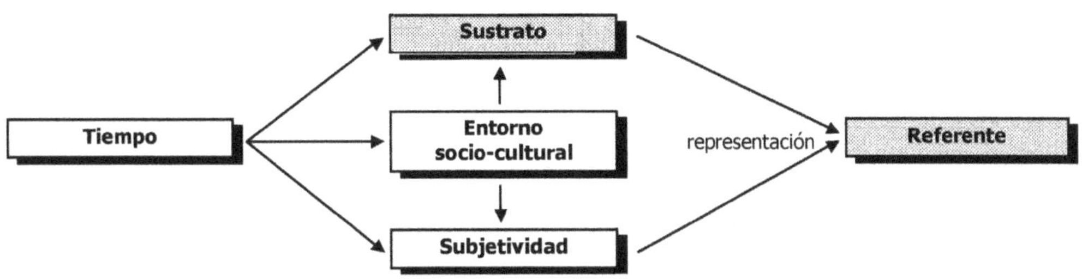


Figura II-6. Sustrato y referente de una representación, junto con los factores que influyen en ellos: tiempo, entorno socio-cultural, y subjetividad. Obsérvense las relaciones de dependencia entre estos elementos.

sustrato de partida también puede variar en su grado de subjetividad, facilitando o dificultando de este modo la externalización cognitiva del referente resultado de la representación. Estas subjetividades, en mayor o menor grado, pueden conllevar un *propósito* de representación, mediante el cual la instancia individual o de grupo que ejecuta el proceso de representación puede ajustar el resultado del mismo a sus necesidades. Estas subjetividades pueden conllevar también unas *preferencias* personales que, sin afectar a la utilidad del referente generado para el propósito en cuestión, van a dotarlo sin embargo de cierta "personalidad" o características distintivas frente a referentes generados por otras subjetividades diferentes. En este sentido, discrepamos completamente de enfoques como el planteado por Korfhage, en el que *data can be organized independently of individual users* (Korfhage 1997, pág. 8); creemos que incluso los "datos" de Korfhage, por sencillos que sean, han sido generados en un contexto subjetivo inevitable.

En segundo lugar, una representación se produce en el seno de cierto entorno socio-cultural, el cual a menudo condiciona fuertemente la subjetividad o intersubjetividad creadoras del referente, y por lo tanto, de

pia subjetividad de los individuos que autores del mismo. Es necesario resaltar que la influencia del paso del tiempo sobre entornos socio-culturales y subjetividades se produce a menudo a dos escalas muy distintas; los primeros cambian muy lentamente, mientras que las segundas pueden mutar muy rápidamente. Confróntese este hecho con lo expuesto en el párrafo anterior acerca de la influencia del entorno socio-cultural sobre las subjetividades que en su seno de desenvuelven. La Figura II-6 muestra un diagrama de esta red de relaciones.

*Subjetividad, entorno socio-cultural* y →*temporalidad*← conforman, por lo tanto, lo que hemos denominado contexto de representación. De este modo, y ante cualquier proceso de representación, quién lo lleva a cabo y cuándo lo lleva a cabo son factores que enmarcan, caracterizan, y condicionan tanto el sustrato como el referente involucrados, *seleccionando* el sustrato y *parametrizando* el referente. El contexto de representación selecciona el sustrato porque diferentes subjetividades, en diferentes momentos, tienen acceso a diferentes sustratos, sean éstos entidades, concepciones, o conceptos. Cada contexto de representación concreto, es decir, cada subjetividad, entorno socio-cultural y temporalidad específicos, delimitan el conjunto de sustratos a partir de los cuales se pueden generar referentes. Por otra parte, el contexto de representación parametriza el referente resultante porque diferentes variaciones en dicho contexto, sean de subjetividad, de entorno socio-cultural, de temporalidad, o cualquier combinación de éstas, pueden producir variaciones también distintas en el referente que se genere. Podemos ver, de este modo, el proceso de representación como una *síntesis*, en el sentido estricto del término síntesis, es decir, como la creación de una nueva entidad a partir de dos o más entidades originales. La nueva entidad que se crea es el referente, y las dos entidades originales son el sustrato y el contexto de representación, como se puede ver en la Figura II-7.

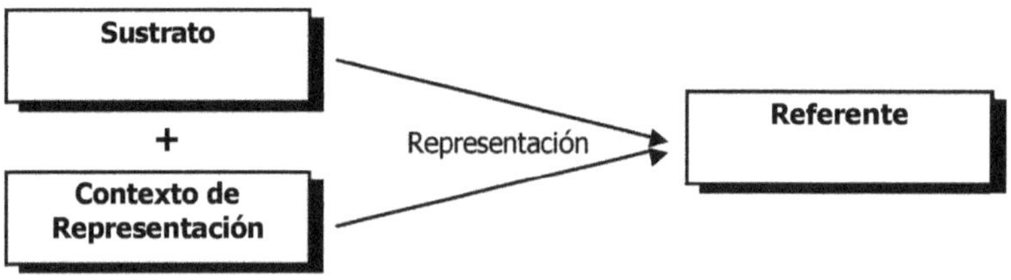


Figura II-7. El proceso de representación como síntesis.

## II.2.3.2. Dimensiones

La variabilidad introducida en el apartado anterior, inherente a cualquier proceso de representación, nos conduce a examinar detenidamente las diferentes dimensiones de un espacio imaginario en el cual tienen lugar dichos procesos de representación. De este modo, consideramos a cada dimensión como un eje independiente de los demás, cruzando un *espacio de representaciones* cuyos puntos son condiciones únicas de representación. El hecho de que las dimensiones sean independientes implica que cada una es totalmente independiente de las demás, pudiéndose dar, al menos en principio, cualquier combinación de valores a lo largo de todos y cada uno de los ejes. Veremos, de todos modos, que esto no es así en la práctica, ya que, como se ha visto, el contexto de representación produce un efecto de selección sobre los sustratos disponibles.

Varios autores han caracterizado el concepto de representación en cuanto a sus dimensiones; en los apartados siguientes, utilizaremos principalmente las ideas de Peterson 1996 como punto de referencia, aunque nuestra tesis identifica solamente dos dimensiones: contenido y subjetividad. Véanse *El Entorno Socio-Cultural*, pág. 22, y *La Temporalidad*, pág. 22, para una explicación acerca de cómo se relaciona los componentes restantes del contexto de representación con estas dimensiones.

### Dimensión Contenido

La dimensión contenido liga un referente con el sustrato que le ha servido como base, y se corresponde con lo que Peterson denomina *ontology-fit* (Peterson 1996, pág. 9-10): *A FOR is a pairing of a notation and an ontology*. Para Peterson, una "FOR" (*form of representation*) es una formalización de los resultados de procesos de representación similares: *A form of representation is a notation together with an interpretation of the notation* (Peterson 1996, pág. 7). Clasificar los referentes en FORs puede resultar muy útil para ciertos cometidos, pero no profundizaremos en ello ahora. Sin embargo, sí es de destacar que la visión de Peterson es sustancialmente diferente a la nuestra. Como él mismo afirma, *Our theme invites a process-oriented conception of knowledge* (Peterson 1996, pág. 7); además, deja claro que la dimensión que denomina *task-fit* es la primera en importancia (Peterson 1996, pág. 9). Por el contrario, el punto de vista sostenido en este trabajo opta por colocar la dimensión ontológica, o de contenido, en el centro, ya que nuestro principal objetivo es caracterizar el concepto de representación en cuanto a su estructura estática. Preferimos este enfoque

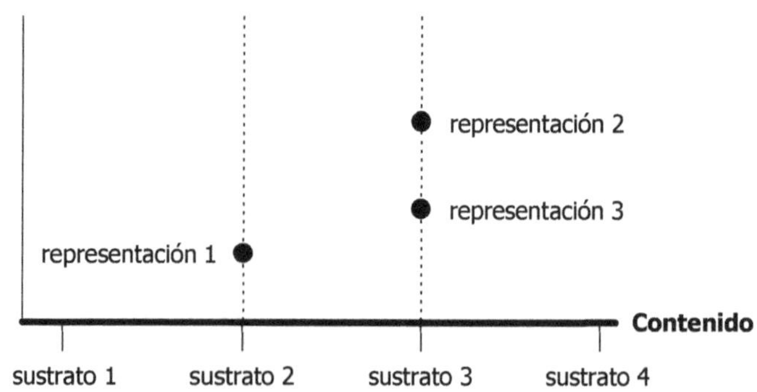


Figura II-8. La dimensión contenido del espacio de representaciones, mostrando diferentes sustratos. La representación 1 se basa en el sustrato 2; las representaciones 2 y 3 se basan en el sustrato 3.

estructural[27] frente al más procesual de Peterson.

Como ejemplo, la Figura II-8 muestra el espacio de representaciones con su eje contenido destacado, y algunos sustratos a lo largo del mismo. Cada sustrato define una línea de posibles representaciones, dentro del cual pueden variar la dimensión subjetividad.

## Dimensión Subjetividad

*E logo, ¿non traballa a televisión?*
Divina Fernández, comunicación personal

La dimensión subjetividad liga un referente con la subjetividad o intersubjetividad en el marco de la cual ha sido generado. De nuevo, podemos encontrar una correspondencia en el trabajo de Peterson, concretamente en su dimensión de *user-fit* (Peterson 1996, pág. 10). Peterson describe esta dimensión en términos de la mejor o peor adecuación de una FOR para un individuo, en función de parámetros tales como capacidades cognitivas y de diferentes tipos de razonamiento, limitaciones de memoria y capacidad de proceso, nivel de experiencia y familiaridad, etc. Al mismo tiempo, deja fuera la *intención* o propósito del individuo, ya que ha considerado tales factores en su dimensión *task-fit* (Peterson 1996, pág. 9). Sin embargo, nosotros pensamos que *user-fit* y *task-fit* son una misma dimensión, y como tales, han de ser tratadas conjuntamente. Basamos este punto de vista en el hecho de que un proceso de representación no siempre se inicia para realizar una tarea: las representaciones son a menudo accidentales, multipropósito, incluso inconscientes, lo cual las aleja del enfoque procesual que, como ya hemos explicado, toma Peterson. Por el contrario, un proceso de representación *siempre* es realizado por (o en nombre de) un individuo[28], que aporta a dicho proceso su subjetividad (*user-fit*) y su intención (*task-fit* y *process-fit* cuando existe una tarea específica como objetivo de la representación).

Por supuesto, todo individuo está mediatizado por el entorno socio-cultural en el cual se desenvuelve, y por lo tanto, la dimensión subjetiva de los procesos de representación que este individuo realice reflejarán, de algún modo, este entorno, que se concretará y diluirá en lo que hemos denominado dimensión subjetividad. Separar, en esta dimensión, los componentes puramente individuales de los dictados por el entorno socio-cultural sería una tarea comparable a hacer lo mismo en cualquier otro contexto humanístico, y no pretendemos abordar tal problema[29].

La Figura II-9 muestra el espacio de representaciones con su eje subjetividad destacado, y algunas subjetividades, individuales y colectivas, a lo largo del mismo. Cada subjetividad define una línea de posibles representaciones, dentro de la cual puede variar la dimensión contenido. Obsérvese, sin embargo, que la línea de representación definida por una subje-

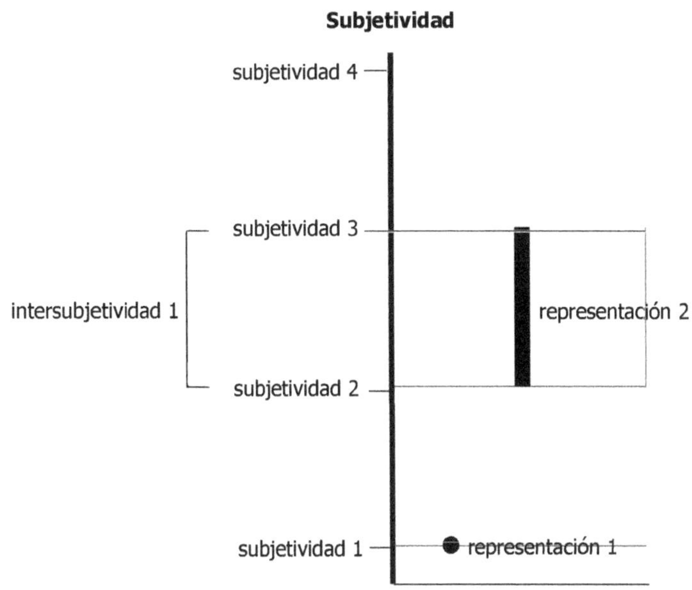


Figura II-9. La dimensión subjetividad del espacio de representaciones, mostrando diferentes subjetividades. La representación 1 es llevada a cabo por la subjetividad 1; la representación 2 es llevada a cabo por la intersubjetividad 1.

[27] Además, y utilizando a Whitby 1996 como contrapunto, las representaciones habituales no siempre son óptimas, sino accidentales (Whitby 1996, pág. 68), lo cual debilita el enfoque procesual. Hohmann 1997 también pone la estructura antes que el proceso: *structure must always come first* (Hohmann 1997, pág. 28), prolongando con ello los debates entre estructuralismo y materialismo mecanicista. También ha sido tratado el tema por Piaget 1969.

[28] Quizá sea posible que una máquina lleve a cabo prácticas representativas, en nombre de un individuo o colectivo, si se le proporciona la información necesaria en cuanto a la subjetividad y entorno socio-cultural del mismo.

[29] ¿Por qué no enunció Isaac Newton la Teoría de la Relatividad, si partía del mismo sustrato del que partió Albert Einstein más tarde? Contestaremos a esta pregunta en *El Entorno Socio-Cultural*, pág. 22.

tividad compuesta (o intersubjetividad), como en el caso de la intersubjetividad 1 en la Figura II-9, toma la forma de una "línea gruesa"; en realidad, no es una línea, sino un subconjunto del espacio de representaciones, y la representación 2 no es un punto, sino un segmento rectilíneo. De hecho, y como se verá en *El Proceso de Representación, Revisitado*, pág. 23, las representaciones no tienen por qué ser puntos en el espacio.

Retomando nuestro argumento a favor del enfoque estructural y en contra del procesual, es necesario decir que las disciplinas de humanidades, al contrario que la científicas tradicionales, no tienen la objetividad como premisa y objetivo. La validez simultánea y equilibrada de las *interpretaciones subjetivas*, o mejor, intersubjetivas, de diferentes individuos, constituye una característica clave en los estudios humanísticos, pero solo un problema a evitar en los científicos.

## El Entorno Socio-Cultural

Como ya hemos dicho, el contexto sociocultural en el que las representaciones tienen lugar pueden condicionar fuertemente el resultado de las mismas. Esta influencia se concreta en la existencia de dos *condiciones* diferentes:

- La condición funcional, constituida por herramientas y procedimientos.
- La condición estructural, que soporta a la anterior y da forma a la realidad.

La *condición funcional* de un entorno sociocultural determinado consta de todas las herramientas mentales y materiales, procedimientos formales o informales, saberes, conocimientos y, en general, modos de operar en el seno de la realidad observada, y corresponde al "sistema de saber" de Foucault. La *condición estructural*, por el contrario, consta de las estructuras mentales subyacentes a la anterior, implementadas sobre la propia naturaleza fisiológica del cerebro humano[30], y difícilmente visible para cada uno de los individuos de dicho entorno socio-cultural; puede ser comparada al "espíritu humano" de Lévi-Strauss. La condición funcional nos permite desenvolvernos en el seno de nuestra realidad observada; la condición estructural, percibirla tal y como lo hacemos. Seguramente, una sociedad con una condición estructural diferente a la típicamente occidental percibiría la realidad de otro modo, delimitaría otras entidades a partir de la realidad continua subyacente[31], vería el mundo en otra clave, viviría en otro mundo. Su condición funcional, por supuesto, sería diferente también, ya que ésta se apoya en la condición estructural en los términos establecidos por el Principio de la Estructura Preexistente[32].

¿Por qué no enunció Isaac Newton la Teoría de la Relatividad, si partía del mismo sustrato del que partió Albert Einstein más tarde? Probablemente, su entorno socio-cultural no le proporcionó las herramientas mentales ni materiales necesarias para ello, aunque seguramente ambos compartían la misma condición estructural. Ni siquiera es posible afirmar que ambos partiesen del mismo sustrato, ya que la condición funcional de Einstein, más rica y avanzada que la de Newton, le permitió observar y conocer el sustrato objeto más de cerca, con más detalle, y modelarlo con más fidelidad. En este sentido, no partían del mismo sustrato, ya que la condición funcional de cada entorno socio-cultural restringe los sustratos disponibles a los individuos que viven en su seno, tal y como se ha introducido en *El Contexto de Representación*, pág. 18.

En definitiva, podemos afirmar que el entorno socio-cultural del individuo que lleva a cabo un proceso de representación influye fuertemente en los resultados de éste, a través tanto de sus efectos sobre la propia subjetividad de dicho individuo, como de la restricción de sustratos que resulta de unas condiciones funcional y estructural determinadas.

## La Temporalidad

Del mismo modo en que referentes y subjetividades se hallan condicionados por el entorno socio-cultural en el que existen, todos y cada uno de estos tres elementos dependen del paso del tiempo. En primer lugar, los referentes cambian con el tiempo; algunos desaparecen, otros aparecen, otros se modifican. Pensemos en nuestra percepción de las entidades que nos rodean. No siempre son las mismas, ni han sido las mismas, sino que cambian a lo largo del tiempo. En segundo lugar, las subjetividades individuales (y, por

[30] Si aceptamos la premisa según la cual el cerebro es el órgano en el que reside la mente humana.

[31] Véase *Representaciones, Entidades, Referentes y Sustratos*, pág. 14, para una explicación de cómo las entidades de la realidad observada son delimitadas a partir de la realidad continua subyacente.

[32] Véase *El Modo de Teorizar*, pág. 10, para una explicación de este principio.

lo tanto, colectivas) cambian también con el tiempo. Los individuos aprenden, olvidan, acumulan experiencias, conocimientos y saber. Las capacidades cognitivas de un individuo varían notablemente a lo largo de su vida. Por último, los entornos socio-culturales cambian también a lo largo del tiempo, quizá mucho más despacio que los dos elementos anteriores, pero cambian indudablemente.

La temporalidad liga un referente con el marco temporal en el cual ha sido generado. Peterson no considera explícitamente esta dimensión, aunque podemos asumir que queda incluida y fragmentada entre sus *task-fit*, *process-fit*, y *circumstance-fit*. Sin embargo, creemos que la consideración de la temporalidad de las representaciones como dimensión en sí es fundamental en humanidades, ya que, de modo similar al caso discutido en el apartado anterior, las disciplinas científicas tradicionales también asumen la reproducibilidad como premisa y objetivo. De nuevo, el cambio temporal, las *interpretaciones iterativas e interactivas*, nunca atómicas, son fundamentales en humanidades. La historia, la arqueología, el arte, no parten de la base ni pretenden que un evento, un yacimiento o una obra de arte sean interpretados y tratados del mismo modo a lo largo del tiempo.

### II.2.3.3. El Proceso de Representación, Revisitado

Una vez expuesto el concepto de *contexto de representación*, las dimensiones del proceso de representación, y los elementos claves que influyen en él, nos encontramos en condiciones de describir el proceso de representación en función de estos conceptos.

En principio, podemos decir que una representación es un proceso que lleva a cabo un individuo, o bien algún otro sistema en nombre del individuo[33], y que genera un referente a partir de un sustrato según cierto contexto. El sustrato de partida proporciona variabilidad en cuanto al contenido de la representación, mientras que el contexto en el cual ésta se produce proporciona variabilidad en cuanto a la subjetividad así como a la disponibilidad de sustratos. Téngase en cuenta que nuestra exposición no ha sido, hasta el momento, procedimental ni cronológica; no hemos pretendido especificar cómo se construye un referente a partir de un sustrato, y mediante qué pasos. Para poder explicar esto, hemos de alterar el orden que hemos utilizado hasta ahora, del siguiente modo:

1. Un individuo en un entorno socio-cultural específico inicia el proceso de representación. El carácter subjetivo del individuo, principalmente su elenco cognitivo y su intención, si alguna, junto con la condición funcional del mencionado entorno socio-cultural, seleccionan los sustratos de los que dispone. Esta restricción no opera después de que el individuo "decida" llevar a cabo una representación, sino que es concomitante a dicha decisión.
2. El individuo elige un sustrato determinado como base del proceso de generación del referente.
3. El aparato cognitivo del individuo, utilizando las herramientas mentales y materiales disponibles, genera un referente a partir del sustrato elegido. De nuevo, el carácter subjetivo del individuo influye en el resultado de este proceso.

Obsérvese que el contexto de representación actúa en primer lugar seleccionando sustratos, y en segundo lugar, parametrizando el referente resultante. La Figura II-10 sintetiza gráficamente el proceso de representación completo.

[33] Véase la nota al pie 28, pág. 21.

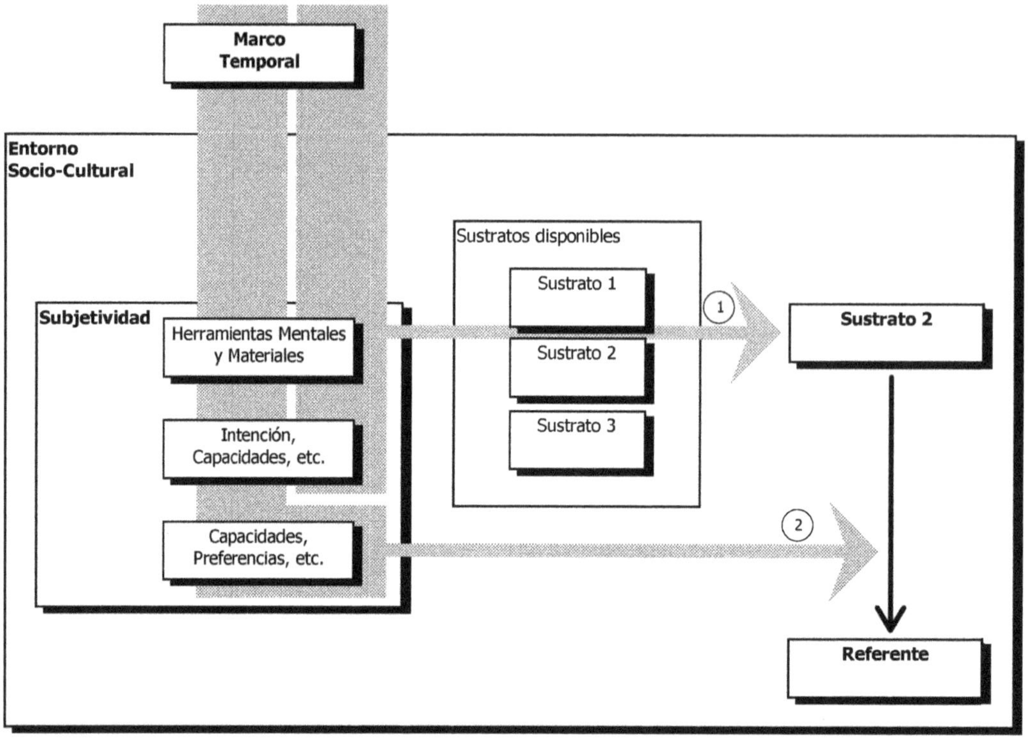


Figura II-10. El proceso de representación. Obsérvense cómo el contexto de representación (subjetividad, entorno socio-cultural y temporalidad) actúa primero para seleccionar el sustrato (1), y después para generar el referente (2). Las condiciones estructural y funcional del entorno socio-cultural esquematizado median en estos procesos.

En cuanto a las dimensiones descritas a lo largo de las cuales el proceso de representación puede variar, es preciso explicar que no todas ellas son dimensiones discretas ni matemáticamente correctas. De hecho, hemos utilizado los términos "dimensión" y "espacio" en sentido figurado, yendo más allá del puro sentido matemático de los mismos. En concreto, y como se ha introducido en *Dimensión Contenido*, pág. 20, la dimensión contenido es discreta, es decir, presenta valores concretos a lo largo de los cuales pueden encontrarse diferentes representaciones. De hecho, el *contenido* de una representación es uno u otro, pero no dos a la vez ni parcialmente uno; un referente se refiere a un sustrato concreto, no a dos ni a una parte de uno. Otra cosa será la capacidad de este referente para describir completa y fielmente a su sustrato, tema que trataremos en *Estructura y Validez*, pág. 25.

Por otra parte, la dimensión subjetividad, como se ha introducido en el apartado correspondiente (*Dimensión Subjetividad*, pág. 21), es una dimensión no discreta, en la que no siempre podremos encontrar puntos concretos, sino que a menudo aparecen segmentos o grupos de puntos indiferenciados, formando regiones continuas incluso de bordes difusos[34]. Es esta característica la que permite la existencia de referentes con validez intersubjetiva.

Un punto discreto en cualquier eje del espacio de representaciones define una línea, perpendicular a dicho eje, que contiene a todas las representaciones que toman el valor de dicho punto en la dimensión correspondiente a dicho eje. Las líneas de la Figura II-8 y la Figura II-9 muestran este hecho. En concreto, y tomando la dimensión contenido, podemos denominar a estas líneas *líneas de sustrato*, ya que indican los posibles procesos de representación que pueden tener lugar a partir de un sustrato determinado. De modo similar, tomando la dimensión subjetividad, podemos denominar a estas líneas *líneas de subjetividad*, porque muestran las representaciones posibles para una subjetividad determinadas. En este último caso, y debido a que la dimensión subjetividad es no discreta, podemos encontrarnos "líneas gruesas", que son en realidad subconjuntos del espacio de representaciones delimitados por dos líneas paralelas; estas "líneas gruesas" contienen, al igual que las líneas convencionales, los pro-

[34] Véase al respecto lo que Peters denomina *limitation* en Peterson 1996, pág. 13.

cesos de representación posibles en el seno de intersubjetividades determinadas, y resultan en general más ubicuas que las líneas convencionales dado su carácter intersubjetivo, que posibilita la comunicación.

### II.2.3.4. El Referente como Función del Sustrato

Tomándonos ciertas licencias, podemos establecer un fuerte paralelismo entre el proceso de representación y una función matemática. Las funciones matemáticas hacen corresponder un elemento de un conjunto destino (denominado *dominio*) a cada elemento de un conjunto de origen (denominado *rango*). Estas asociaciones no han de ser "uno a uno", sino que cada elemento del conjunto rango puede verse asociado a ninguno, uno, o más de un elemento del conjunto dominio; del mismo modo, cada elemento del conjunto dominio puede verse asociado a ninguno o bien a un elemento del conjunto rango. Además, las funciones pueden ser parametrizadas, es decir, modificadas en su comportamiento mediante elementos de otros conjuntos.

El paralelismo se establece cuando pensamos en el conjunto de sustratos como conjunto rango, y en el conjunto de referentes como el conjunto dominio. El proceso de representación puede ser, con las salvedades necesarias, una "función" entre ambos conjuntos. El contexto de representación, a su vez, puede jugar el papel de parámetro modificador de esta función. De este modo, sustratos, referentes, contextos de representación y procesos de representación conforman un cuarteto interconexionado e interdependiente.

¿Por qué esta elaboración? En matemáticas, es a menudo posible determinar el cuarto elemento teniendo los otros tres; por ejemplo, es posible conocer el elemento del conjunto dominio correspondiente a un elemento del conjunto rango, una función concreta, y unos parámetros específicos; también puede ser posible deducir la función necesaria para asociar un elemento concreto del conjunto rango a un elemento concreto del conjunto dominio utilizando unos parámetros concretos. En general, es posible determinar el cuarto componente del cuarteto conociendo los otros tres. De este modo, y retomando nuestro paralelismo, quizás sea posible determinar el referente que surgirá mediante un proceso de representación a partir de un sustrato conocido, en un contexto de representación determinado[35]. O el contexto de representación (subjetividad, entorno socio-cultural y temporalidad) necesario para poder obtener un referente dado de un sustrato conocido. O el sustrato que fue utilizado para obtener un determinado referente utilizando un contexto de representación conocido. Es incluso posible plantear "sistemas de ecuaciones" en los que diferentes sustratos se hallen relacionados con diferentes referentes mediante distintos contextos de representación.

Las posibilidades de este esquema de interdependencias para la investigación en prehistoria pueden ser muchas. Téngase en cuenta, sin embargo, que el paralelismo establecido es solamente una herramienta didáctica, y en ningún caso se pretende que posea la validez y el rigor del análisis matemático.

### II.2.3.5. Estructura y Validez

A lo largo de esta sección, y a lo largo de este trabajo, utilizamos el término "estructura" numerosas veces, y creemos que es conveniente definir el significado del mismo. En general, y a un nivel de representación muy bajo, podemos definir *estructura* como *el conjunto formado por las relaciones que se dan entre una serie de entidades, y los roles que éstas toman en dichas relaciones*. Aplicando esta definición, podemos decir que la estructura de la realidad observada de un individuo está constituida por la relaciones entre las concepciones de dicho individuo, más los roles que cada concepción juegue en cada relación[36]. Yendo más allá, la estructura de una realidad intersubjetiva está formada por las relaciones entre los conceptos manejados por los individuos participantes en dicha intersubjetividad, junto con los roles que estos conceptos tomen en las diferentes relaciones. A un nivel de representación muy elevado, la estructura de un modelo de clases[37] está constituida

[35] Obsérvese que, en el contexto de nuestro paralelismo, la función es siempre la misma: el proceso de representación. Si asumimos esto, el problema de interdeterminación queda reducido a tres componentes: sustratos, referentes, y contextos de representación.

[36] Está claro que hablamos de una estructura superficial, no subyacente, puesto que se refiere a entidades y no a entes.

[37] Véase *Modelos de Clases*, pág. 52, para una explicación del concepto *modelo de clases*.

está constituida por las relaciones entre las diferentes →clases←, y los roles de éstas en dichas relaciones.

Es importante resaltar que las propias entidades, concepciones, conceptos o clases, según sea el caso, se hallan fuera de la definición de estructura. En este sentido, la estructura está "vacía", es un esqueleto que puede soportar *contenidos*, pero que no los determina en ningún caso. Algunos autores denominan "estructura" al conjunto formado por una estructura (en nuestro sentido) determinada, junto con unos contenidos que encajan en ella. Por ejemplo, Hohmann mantiene que *Structure defines the form and contents of outcomes...* (Hohmann 1997, pág. 25); podemos aceptar que la estructura define la forma de los resultados, pero no su contenido.

La introducción del concepto de *contexto de representación* pone de manifiesto un problema contundente: si sustratos y referentes pueden variar a lo largo del tiempo, de las subjetividades y de los entornos socioculturales, ¿cómo podemos determinar si un referente construido en un contexto de representación determinado es válido? Puesto de otro modo: ¿qué entendemos por →validez← del referente?

De forma intuitiva, está claro que un plano que trate de representar un edificio de planta cuadrada pero muestre un dibujo circular no es válido. Para que lo fuese, debería existir, como mínimo, cierto paralelismo entre lo que muestra el plano (el referente) y el edificio observado (el sustrato). Este "paralelismo", que podemos denominar validez, constituye una característica cuantitativa; es decir, un referente puede ser más o menos válido respecto a su sustrato. En general, podemos definir *validez del referente* como *la igualdad entre las estructuras del referente y su sustrato*. De este modo, si uno y otro presentan estructuras idénticas (es decir, los mismos roles y relaciones), la validez es total. Cuanto más difieran estas estructuras, menor será la validez del referente. Esta definición invita a plantear que, ante un referente válido, el sustrato al que representa es comprensible en términos del primero y, consecuentemente, es posible la acción positiva sobre uno desde el otro.

Esta definición, por otra parte, nos lleva a la siguiente reflexión: la estructura de un sustrato, tal y como la percibe un individuo determinado, depende de la condición estructural reinante (que dirige la generación de la realidad observada de cada individuo), de la condición funcional (que permite conocer e investigar dicha realidad observada), y de la subjetividad del individuo en cuestión (modelada por ambas condiciones, es decir, su entorno socio-cultural, pero variable dentro de ciertos rangos). El cambio en cualquiera de estos dos factores (entorno socio-cultural y subjetividad), a menudo introducido en relación con el factor tiempo, puede implicar un cambio en la estructura del sustrato, lo cual ocasionará una pérdida de validez de los referentes que sobre él puedan existir, a no ser que éstos varíen a la vez.

Al mismo tiempo, es posible tomar la definición de validez desde el extremo contrario: una entidad de la realidad observada es un referente válido de otra si sus estructuras coinciden, ya sea debido a un proceso de representación intencional, no intencional, o a la casualidad más fortuita que nos podamos imaginar. Las constelaciones celestes, obviamente, no han sido creadas para representar carros, guerreros y otros objetos; sin embargo, sí son a menudo utilizadas como referentes de éstos. Sirva este hecho como ejemplo de lo que podemos denominar *validez accidental*.

### II.2.3.6. La Sencillez Científica

Como se ha introducido en apartados anteriores, las disciplinas científicas tradicionales asumen dos principios que simultáneamente se convierten en objetivos[38]: objetividad y reproducibilidad. En un sentido estricto, defendido seguramente por numerosos científicos a ultranza, dos procesos de representación que se lleven a cabo en un contexto científico, y que tomen como base el mismo sustrato, han de producir referentes idénticos. Esto garantiza objetividad y reproducibilidad, ya que si los referentes así generados fuesen distintos, estaríamos presenciando los efectos de la variabilidad subjetiva o temporal.

Por lo tanto, los procesos de representación en un contexto científico sólo pueden variar a lo largo de la dimensión contenido, es de-

[38] Lo cual no beneficia la credibilidad de tales principios como axiomas del método científico.

cir, todos ellos se encuentran contenidos en una misma línea de subjetividad[39]. Además, el factor tiempo no ha de variar los resultados de dichos procesos. Y, por supuesto, solo se contempla un único entorno sociocultural[40], o ni siquiera se plantea su existencia (que es lo mismo). La existencia de un *punto fijo* en cuanto a los contextos de representación posibles nos permite eliminar los mismísimos contextos de representación, y concluir en última instancia que *los procesos de construcción de representaciones en el contexto del saber científico pueden ser expresados como un subconjunto restringido de su contrapartida humanística*. Llamaremos a esta afirmación *Principio de Sencillez Científica*.

Asumiendo lo expuesto en los párrafos anteriores, un referente generado y manejado en un contexto científico es considerado válido si hace referencia al sustrato que se espera. Se asume y persigue que este referente sea válido a lo largo del tiempo indefinidamente, y ante los ojos de cualquier individuo[41]. Por el contrario, la *validez* de un referente en un contexto de humanidades está continuamente sometida a pruebas más exhaustivas; el referente ha de referirse al sustrato que se espera, naturalmente, pero ha de hacerlo en un contexto subjetivo y temporal adecuado para el individuo y momento en el que se pretende utilizar. Si la subjetividad del individuo que accede al referente no encaja con el segmento del eje subjetividad dentro del cual se ha generado dicho referente, éste no es válido. De modo similar, si el momento en que el individuo accede al referente no pertenece al segmento temporal dentro del cual se ha generado el referente, éste tampoco es válido. Como se ha introducido en apartados anteriores, los segmentos que aparecen a lo largo de las dimensiones no discretas presentan bordes difusos, es decir, no comienzan ni terminan súbitamente. Esto se refleja en una *pérdida de validez paulatina* por parte de los referentes de entornos humanísticos, según éstos se mueven hacia contextos subjetivos y/o temporales[42] que quedan más o menos fuera de los segmentos contemplados. En el caso de entornos científicos, por el contrario, la pérdida de validez es siempre repentina, ya que no hay dimensión que presente segmentos con bordes difusos.

[39] Que podríamos denominar "intersubjetividad positivista total".

[40] Que podríamos denominar "positivista-occidental-moderno".

[41] Es muy significativo el discurso de Coates al respecto: *So while there is one domain analysis,...* (Coates 1998, pág. 1).

[42] También socio-culturales, aunque sea difícil encontrar ejemplos.

# II.3. Metodología

Los elemento discutidos en esta sección se encuadran en el recuadro titulado "Planteamiento Teórico-Metodológico" del dominio de aplicación en la **Figura II-1**.

## II.3.1. La Gestión Integral del Patrimonio Cultural

El carácter bidimensional del patrimonio cultural, vestigio y producto de un pasado desvanecido, y materia y recurso de un presente contradictorio, requiere articular estrategias de gestión que consideren de forma integral su problemática histórica y actual. Esto implica ofrecer respuestas prácticas que atraviesen y reúnan los principales ámbitos de actuación en relación con el patrimonio cultural:

- Catalogación, localización, situación, delimitación y documentación de bienes culturales: solo se protege lo que se conoce.
- Evaluación, estudio y comprensión de la significación histórica y de la realidad actual de los bienes culturales: sólo se conoce lo que se comprende.
- Intervención, protección y engrandecimiento de bienes culturales: sólo se comprende lo que se analiza.
- Rentabilización, recuperación y rehabilitación de bienes culturales: sólo se analiza lo que se valora.

Nuestra filosofía de trabajo se basa en el reconocimiento de una complementariedad esencial entre la investigación básica y la investigación aplicada, intentando profundizar en el estudio del pasado mediante una metodología arqueológica y, al mismo tiempo, buscando soluciones prácticas a los problemas actuales que presenta el patrimonio cultural. Para conseguir esto, tenemos entre sus principales objetivos contribuir al desarrollo de los procedimientos, criterios y especificaciones que permitan reconvertir la metodología arqueológica en una tecnología de gestión del patrimonio cultural. Nuestros desarrollos se ensayan en diferentes proyectos de investigación contratada y de servicios que el Laboratorio de Arqueología y Formas Culturales realiza para diferentes clientes. A continuación se enumeran los principales ejes de esta oferta de servicios.

- Catalogación:
  - Realización de inventarios de patrimonio cultural.
  - Prospección superficial del subsuelo con técnicas magnéticas, químicas y eléctricas.
  - Situación, delimitación y levantamiento planimétrico de sitios utilizando tecnología GPS (posicionamiento por satélite) y topografía convencional.
- Evaluación:
  - Evaluación de la significación histórica del patrimonio cultural.
  - Valoración de la problemática patrimonial de los bienes culturales.
  - Estudio, diagnóstico y conservación de cultura material.
- Intervención:
  - Estudios de impacto arqueológico para evaluación de impacto ambiental.
  - Corrección de impacto arqueológico en proyectos de construcción.
  - Realización de sondeos y excavaciones arqueológicas.
- Rentabilización:
  - Diseño de proyectos de puesta en valor del patrimonio cultural.
  - Programas de rentabilización de bienes culturales como recursos turísticos; diseño de rutas e itinerarios histórico-culturales.
  - Elaboración de publicaciones, exposiciones y otras acciones divulgativas del patrimonio cultural.
- Tecnologías de la información aplicadas al patrimonio cultural:
  - Investigación básica y aplicada en informática teórica para humanidades.
  - Diseño y construcción de sistemas de información aplicados al patrimonio cultural.
- Servicios auxiliares y complementarios:

    - Topografía convencional y mediante GPS con corrección diferencial.
    - Dibujo de bienes culturales; digitalización de dibujos y planimetrías.
    - Restauración y consolidación de materiales arqueológicos.
- Publicaciones propias:
    - Línea editorial completa, integrada por una serie de monografías (MAPA), una de convenciones y criterios metodológicos (CAPA) y una de resultados (TAPA).

# II.4. La Realidad Observada

Como hemos dicho en *El Modo de Teorizar*, pág. 10, es necesario plantear una estructura concreta para la porción de la realidad observada que consideramos de interés si deseamos construir sistemas de información adecuados sobre ella. La fundamentación teórica y metodológica propuesta a lo largo de este capítulo condiciona fuertemente los resultados de dicha estructura, y ésta, a su vez, se relacionará con la propuesta informática del capítulo siguiente mediante un vínculo de habilitación-validación.

Esta sección describe la estructura del dominio de aplicación, correspondiente al recuadro titulado "Estructura" de la **Figura II-1**, y constituye por lo tanto una *propuesta estructural*, que amplía y profundiza sobre las propuestas teórica y metodológica de secciones anteriores[43]. Para su desarrollo, hemos optado por comenzar con una breve discusión teórica en torno al concepto de estructura, seguida de un proceso *bottom-up*, o de abajo hacia arriba, que refleja adecuadamente los trabajos de análisis y síntesis que el autor de este trabajo y Mª del Mar Bóveda López comenzaron en 1995[44], y que todavía se encuentra en desarrollo. La información que se presenta a continuación es la obtenida en el seno del Laboratorio de Arqueología y Formas Culturales de la Universidad de Santiago de Compostela, y puede no ser válido fuera de tal contexto. Además, se limita al aspecto arqueológico dentro del amplio concepto de *recursos culturales*. De modo similar, ha sido obtenido en un marco temporal muy concreto, y aunque se ha mantenido válida a lo largo de varios años, es necesario considerar su parcialidad. De todos modos, creemos que esta información puede ser un primer paso cara a un conjunto de términos y conceptos comunes que sirvan de canal de comunicación a diferentes grupos de arqueólogos, informáticos, y otros especialistas.

[43] Es necesario dejar claro que hemos preferido simplificar el modelo resultante para conseguir una mayor rentabilidad del esfuerzo invertido.

[44] Una visión sintética y superficial de los resultados de este trabajo ha sido publicada en González y Bóveda 1998.

## II.4.1. Conceptos Básicos

Una vez trabajando en el seno de un equipo de arqueólogos, fue muy clara desde el primer momento la necesidad de manipular los conceptos de registro arqueológico y actuación arqueológica, llegándose a las siguientes definiciones[45]:

- **Registro Arqueológico**: conjunto de elementos originados en el seno de una sociedad pretérita pero manipulados en el seno de nuestra sociedad presente.
- **Actuación Arqueológica**: trabajo realizado sobre elementos del Registro Arqueológico.

Como posibles componentes del registro arqueológico aparecieron muchos tipos diferentes de elementos, principalmente: piezas, estructuras, yacimientos, conjuntos patrimoniales, y unidades estratigráficas. Se obtuvieron las siguientes definiciones:

- **Pieza**: elemento tangible y mueble del Registro Arqueológico.
- **Estructura**: elemento tangible e inmueble del Registro Arqueológico.
- **Unidad Estratigráfica**: porción de suelo con interés arqueológico.
- **Yacimiento**: lugar en el que aparecen evidencias de presencia humana pretérita.
- **Punto Arqueológico**: punto del espacio en el que se documente la existencia de elementos arqueológicos, independientemente de la naturaleza de éstos y del carácter de su presencia.
- **Conjunto Patrimonial**: grupo de elementos del Registro Arqueológico con importancia patrimonial.

Al mismo tiempo, se vio claramente que las actuaciones arqueológicas no tienen lugar de forma aislada, sino que se llevan a cabo en el seno de cierta estructura organizativa. De este modo, aparecieron los conceptos Programa, Plan, Recurso y Persona:

[45] Todas estas definiciones han surgido del debate prolongado entre especialistas en arqueología, gestión de recursos culturales, y modelado de información. Una buena fuente de referencia es LAFC 1997.

- **Programa**: unidad de trabajo sin necesidad de fechas específicas, con posibilidad de pluralidad de tipo de acción, intención, y objeto de trabajo.
- **Plan**: unidad de trabajo habitualmente dentro de un Programa, que se lleva a cabo entre dos fechas concretas aunque no se conozcan desde el principio, con unicidad de tipo de acción e intención.
- **Recurso**: bien susceptible de ser empleado en la realización de tareas.
- **Persona**: individuo dentro del LAFC.

Estas definiciones llevaron, a su vez, a definir el concepto de Tarea y a redefinir el de Actuación Arqueológica:

- **Tarea**: unidad de trabajo atómica, que habitualmente consume Recursos y en la que participan Personas.
- **Actuación Arqueológica (2)**: unidad de trabajo que incide sobre el Registro Arqueológico, habitualmente dentro de un Plan, a menudo definida legalmente, con fechas de inicio y final conocidas desde el principio, y con unicidad de tipo de acción, intención, y objeto de trabajo.

Por otra parte, se vio que el Registro Arqueológico es a menudo descrito y documentado de diversas formas, entre las cuales surgieron:

- **Mapa**: representación de un fragmento del terreno junto con los elementos del Registro Arqueológico que sobre él se localizan.
- **Documento**: entidad que describe un elemento o elementos del Registro Arqueológico.
- **Fotografía**: imagen obtenida automáticamente, que representa a un elemento o elementos del Registro Arqueológico.
- **Muestra**: porción de un elemento del Registro Arqueológico que puede aportar información acerca de dicho elemento, y destinada a su estudio en este sentido.
- **Condiciones Ambientales**: descripción del contexto ambiental de un elemento del Registro Arqueológico.

Los tres primeros conceptos corresponden a referentes cuyos sustratos son elementos del Registro Arqueológico, y conllevan por tanto un interés arqueológico indirecto. Los dos últimos conceptos enumerados, si bien no corresponden a referentes, pueden portar información acerca de dichos elementos, con lo cual su interés es, de nuevo, indirecto.

Por otra parte, el trabajo en el campo de la evaluación y corrección de impacto arqueológico de obras públicas puso de manifiesto los siguientes conceptos adicionales:

- **Valoración Arqueológica**: descripción estimativa acerca del valor, tanto original como actual, de un elemento del Registro Arqueológico.
- **Evaluación Patrimonial**: descripción del valor de un elemento del Registro Arqueológico desde un punto de vista patrimonial.
- **Situación Patrimonial**: descripción del estado de conservación de un elemento del Registro Arqueológico.
- **Evaluación de Impacto**: valoración del resultado de una agresión puntual, directa y presente al Registro Arqueológico, a menudo con carácter anticipado.
- **Medidas Correctoras**: estrategia dirigida a mitigar y corregir los efectos sobre el Registro Arqueológico anticipados por una Evaluación de Impacto.

## II.4.2. Relaciones Básicas

Al mismo tiempo que se encontraron los conceptos explicados en el apartado anterior, surgieron también las relaciones[46] que a continuación se enumeran:

[46] Estas relaciones surgen a menudo como implicaciones directas de las mismas definiciones de los conceptos (por ejemplo, "las Tareas consumen Recursos" está implícita en la definición de Tarea). De todos modos, es necesario especificarlas por separado como tales relaciones, ya que al hacerlo así será posible después refinarlas y ajustarlas según las necesidades. De hecho, es muy recomendable mantener cierta independencia entre la definición de un concepto y su adscripción a las relaciones en las que participa.

- Piezas, Estructuras, Unidades Estratigráficas, Yacimientos, Puntos Arqueológicos y Conjuntos Patrimoniales **son elementos componentes del** Registro Arqueológico.
- Las Actuaciones Arqueológicas **se realizan sobre** elementos del Registro Arqueológico.
- Las Actuaciones Arqueológicas **se componen de** diferentes Tareas.
- Las Tareas **involucran** Personas.
- Las Tareas **consumen** Recursos.
- Cada Actuación Arqueológica **tiene lugar en el seno de** un Plan.
- Cada Plan **se desarrolla dentro de** un Programa.
- Mapas, Documentos y Fotografías **describen** elementos del Registro Arqueológico.
- Muestras y Condiciones Ambientales **proporcionan información analítica acerca de** elementos del Registro Arqueológico.
- Valoraciones Arqueológicas, Evaluaciones Patrimoniales y Situaciones Patrimoniales **valoran** elementos del Registro Arqueológico.
- Las Evaluaciones de Impacto **valoran el impacto** que diferentes factores pueden producir sobre elementos del Registro Arqueológico.
- Cada Medida Correctora **explica cómo puede mitigarse** un impacto determinado, descrito en una Evaluación de Impacto.

### II.4.3. Implicaciones y Conexión con los Fundamentos

Además de los conceptos y relaciones explicados en las secciones anteriores, también se detectaron algunos otros cuya introducción mostró implicaciones profundas en la estructura observada, inicialmente simple. Estos conceptos fueron los siguientes:

- **Dibujo**: imagen obtenida manualmente, que representa a un elemento o elementos del Registro Arqueológico.
- **Diario**: secuencia de notas y apuntes que una Persona realiza acerca de sus observaciones del Registro Arqueológico.
- **Zona**: área geográfica que engloba elementos del Registro Arqueológico.

La introducción del concepto de Dibujo puso de manifiesto la existencia de elementos documentales con un alto componente subjetivo y, por lo tanto, variable. Así como una Fotografía o un Mapa tratan de ofrecer una imagen lo más objetiva, fiel y aséptica posible, la realización de un Dibujo conlleva cierta dosis de práctica interpretativa que no podemos olvidar[47]. De este modo, se hizo patente la necesidad de contemplar el *versionado documental* como herramienta imprescindible para una adecuada gestión de recursos culturales.

De modo similar, la introducción del concepto de Diario, además de reforzar la necesidad de contemplar el carácter subjetivo de muchas representaciones, añadió un matiz de temporalidad, dada la naturaleza cronosecuencial de un diario. Las notas que un arqueólogo toma acerca del registro son subjetivas, por supuesto, y además pueden variar a lo largo del tiempo, debido principalmente a dos factores:

- Realización de prácticas interpretativas y/o de investigación acerca de los elementos del registro arqueológico involucrados, lo cual lleva a un enriquecimiento cognitivo por parte del observador.
- Detección, estudio y consideración de nuevos elementos del registro arqueológico relacionados con los inicialmente involucrados, que pueden complementar, matizar, revocar, o de cualquier otro modo modificar las interpretaciones iniciales.

De todos modos, y dado el carácter habitualmente hipotético del mencionado enriquecimiento cognitivo, no es conveniente

[47] De hecho, un dibujante puede realizar un dibujo con o sin intención de dotarlo de carga interpretativa. En el primer caso, el dibujo debería ser modelado por lo que denominaremos un Objeto Valorativo (véase *Objetos Valorativos*, pág. 103), mientras que en segundo caso, deberíamos utilizar un Objeto Descriptivo (véase *Objetos Descriptivos*, pág. 101).

desechar automáticamente las valoraciones que inicialmente se hayan realizado acerca de los elementos del registro arqueológico observados tras obtener algunas nuevas. Más bien al contrario, creemos que *una buena práctica interpretativa demanda el mantenimiento de un historial completo y organizado del cambio valorativo* que debido a los dos factores de cambio mencionado se produce, ya que permitirá reconstruir el "flujo de pensamiento" que el observador ha seguido en cada caso para alcanzar unas conclusiones determinadas, incluyendo vueltas atrás, saltos y vías sin salida. Como hemos dicho, y como han puesto de manifiesto la introducción de los conceptos de Dibujo y Diario, este cambio valorativo posee una dimensión de subjetividad y un carácter da validez temporal que encaja perfectamente con lo expuesto en *Dimensiones del Concepto de Representación*, pág. 18.

Por otra parte, y en otro ámbito de información, la introducción del concepto de Zona mostró claramente la necesidad de trabajar con entidades geográficas que fuesen más allá de las inocentes simplificaciones geométricas tan abundantes en los sistemas GIS actualmente disponibles. La complejidad geográfica y espacial del estudio arqueológico y, en general, en gestión de recursos culturales, demanda mecanismos de modelado que permitan tratar a cada entidad geográfica concreta de un modo u otro según sea necesario. Por ejemplo, a cierta escala de trabajo, un yacimiento es un *punto*, pero a otras escalas, se convierte en un *área*. En general, cualquier estudio arqueológico que se realice desde un punto de vista centrado en torno a la arqueología del paisaje, necesita de herramientas conceptuales específicas para tratar el problema del "efecto zoom"[48] que se produce al estudiar las mismas entidades a diferentes escalas espaciales[49], en el amplio sentido del término "espacial". Discutiremos en profundidad las implicaciones tecnológicas de este problema en *Modelos del Paisaje*, pág. 128.

[48] Véase Criado 1999 para una explicación del concepto *efecto zoom*.

[49] Puede verse Villoch 1995 para una excelente presentación de los planteamientos relativos a este tipo de estudios.

## II.5. Recapitulación

Este capítulo ha presentado los fundamentos teóricos y metodológicos que creemos adecuados para trabajar en el dominio de aplicación de la gestión de recursos culturales desde el punto de vista de las tecnologías de la información. También hemos delineado la estructura de la realidad observada, basándonos en dichos fundamentos.

En concreto, la cadena valorativa, el concepto de representación, sus dimensiones (contenido y subjetividad) y los factores que en ellas influyen (entorno socio-cultural y temporalidad), y la gestión integral de los recursos culturales desde una óptica basada en la arqueología del paisaje, constituyen los pilares básicos de las construcciones que realizaremos en el siguiente capítulo. Es necesario recordar, una vez más, que si bien el objetivo principal de este trabajo se refiere a la gestión de recursos culturales, creemos que los principios fundamentales que en él se plantean son extrapolables a cualquier otra disciplina de humanidades, tal y como se ha explicado en *Objetivos*, pág. 2.

# III. Propuesta Teórico-Metodológica para el Dominio Informático

Este capítulo presenta y explica nuestra propuesta teórica y metodológica para las tecnologías de la información aplicables a la gestión de recursos culturales, que permitirá construir sistemas de información adecuados a partir de la estructura de la realidad observada descrita en el capítulo anterior. Es necesario tener en cuenta que la industria informática evoluciona muy rápidamente en nuestros días, y aunque los aspectos teóricos de la misma son, por regla general, mucho más estables y longevos que sus concreciones prácticas, es posible que el contenido de este trabajo al respecto se considere obsoleto en pocos años.

Además, la inercia comercial de la industria informática, maximizada debido al mencionado rápido ritmo de cambio, implica un distanciamiento sustancial entre los desarrollos teóricos de universidades y centros de investigación y los productos o tecnologías disponibles en el mercado; somos perfectamente conscientes de que una propuesta teórica y metodológica, por muy correcta y razonada que sea, puede encontrar serios problemas a la hora de ser llevada a la práctica. El capítulo V, *Propuesta Tecnológica,* describe y profundiza en las tecnologías específicas que pueden convertir nuestra propuesta teórica y metodológica en productos reales.

Como nota final, creemos importante reseñar que la disciplina conocida hoy como "ingeniería de software" utiliza una buena dosis de teoría implícita o, lo que es lo mismo, de sentido común, a la hora de razonar acerca de la realidad observada. Esta ausencia de un aparato teórico extendido y aceptado lleva a situaciones de parcialidad en el diseño de soluciones y a serios problemas de transporte de las mismas entre dominios de aplicación cercanos. Por todo esto, creemos que es fundamental desarrollar un componente teórico sólido en el que se puedan apoyar desarrollos futuros.

# III.1. Fundamentación Teórica

El objetivo principal de este trabajo es desarrollar una tecnología para el diseño y construcción de sistemas de información aplicados al campo de la gestión de recursos culturales, tal y como se expone en *Objetivos*, pág. 2. Es por tanto necesario introducir, en primer lugar, el concepto de sistema de información tal y como lo entendemos, y examinar a continuación sus implicaciones.

Tras esto, se propone el *paradigma orientado a →objetos←*[50] como fundamentación teórica de dicha tecnología desde el campo de la informática. En los apartados que siguen se describe a fondo este paradigma, se realiza una crítica del mismo, y se discuten las relaciones entre dicho paradigma y la gestión de recursos culturales.

Todos estos elemento se encuadran en el recuadro titulado "Planteamiento Teórico-Metodológico" del dominio informático en la **Figura II-1**.

## III.1.1. Sistemas de Información

Un sistema de información es, en esencia, un conjunto de herramientas especializadas para trabajar en un dominio de aplicación concreto, herramientas que a menudo toman la forma de →programas← de ordenador. La necesidad de manipular información relativa a un dominio de aplicación específico demanda que estos sistemas de información modelen dicho dominio fielmente, permitiendo al individuo usuario del sistema *transferir el conocimiento* que posee acerca de la realidad observada (el dominio de aplicación) hacia el uso del sistema de información[51]. En esencia, la situación se puede expresar del siguiente modo:

La Figura III-1 refleja una compleja red de implicaciones condicionadas, que podemos resumir diciendo que, partiendo de un sistema de información determinado que trabaja sobre un dominio de aplicación específico, *si el sistema de información contiene un modelo que representa al dominio de aplicación, entonces un individuo que conozca tal dominio puede utilizar dicho sistema.*

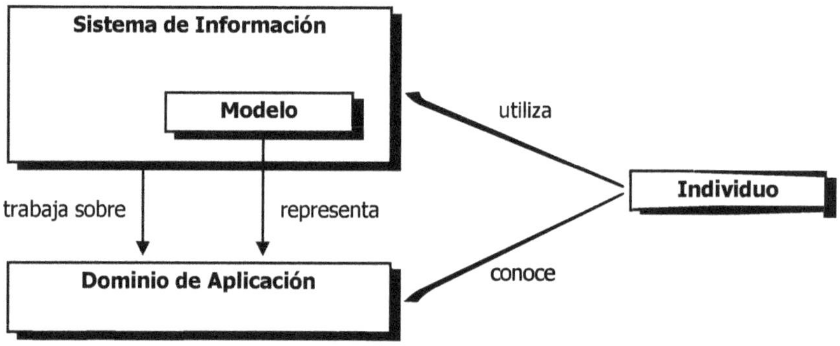


Figura III-1. Un sistema de información ha de modelar el dominio de aplicación sobre el cual trabaja para que los individuos que conocen éste puedan utilizar aquél.

Por supuesto, las acciones "trabaja sobre", "representa", "conoce" y "utiliza" no son absolutas, sino que aceptan grados: por ejemplo, un modelo puede representar a un dominio de aplicación más o menos fielmente, y un individuo puede conocer mejor o peor dicho dominio. Este hecho nos obliga a introducir cierta relatividad en la afirmación del párrafo anterior, convirtiéndola en: *la capacidad de un individuo para utilizar un sistema de información que trabaja sobre un dominio de aplicación conocido está determinada en gran medida por la fidelidad del modelo que dicho sistema alberga sobre dicho dominio.* Denominaré esta afirmación *Principio de Usabilidad.*

Las diferencias entre modelo y dominio de aplicación solo pueden entorpecer la transferencia de conocimiento que el individuo realiza desde el dominio de aplicación hacia el sistema de información. De este modo, la tendencia natural del individuo a utilizar "conocimiento en la cabeza" ha de ser complementada con la utilización de "conocimiento en el mundo"[52], que a menudo to-

[50] De aquí en adelante, utilizaremos la abreviatura OO para referirnos a "lo orientado a objetos", sea esto el paradigma, una tecnología, un método de desarrollo, etc.

[51] Puede verse una discusión completa acerca de la posibilidad de transferir conocimiento entre objetos en Norman 1988, pág. 81 y ss., y en Peterson 1996, pág. 29 y 67.

[52] *Knowledge in the head, knowledge in the world,* son expresiones tomadas de Norman 1988.

mará la forma de instrucciones explícitas acerca de cómo usar el sistema de información. La elaboración de este conocimiento en el mundo por parte de los diseñadores del sistema de información, su distribución, y posterior interpretación y asimilación por parte de los individuos usuarios del sistema, constituyen tareas costosas que en general pueden sustituirse consiguiendo que los usuarios del sistema de información utilicen mayores dosis de conocimiento en la cabeza. Podemos denotar con la expresión $K_h$ la cantidad de conocimiento en la cabeza que un individuo utiliza para usar un sistema de información, y con $K_w$ la cantidad de conocimiento en el mundo que el mismo individuo necesita utilizar. De este modo, el cociente $K_h/(K_h+K_w)$ ofrece la proporción de conocimiento en la cabeza frente al total de conocimiento que un individuo utiliza para enfrentarse a un sistema de información[53]. Para conseguir un valor máximo de $K_h/(K_h+K_w)$, la vía razonable viene dada por la construcción de *modelos de alta calidad*, es decir, que representen fielmente el dominio de aplicación[54]. De todos modos, no es extraño observar en numerosos desarrollos informáticos como este principio se traiciona buscando un alto cociente $K_h/(K_h+K_w)$ mediante la modificación del dominio de aplicación según lo dictado por un modelo de baja calidad. Este efecto de *inversión de modelado* es nefasto, porque obliga a los individuos especialistas en un dominio de aplicación a *cambiar* la realidad observada que manipulan, en el mejor de los casos, o a actuar como si ésta fuese otra, en el peor, sin que la razón de estos cambios nazca del propio dominio de aplicación.

Como ejemplo, sirvan las palabras de Bob Bemer en Swaine 1998, pág. 116, siendo entrevistado acerca del problema del año 2000[55]:

> **Entrevistador:** So we are in this mess all because a bunch of Cobol programmers wanted to save a few bytes of memory?
>
> **Bob Bemer:** No. Everybody blames the programmers, but it wasn't their fault. *It was people* [like managers, customers]. They were happy they didn't have to use the 19s. There were international standards, [but people wanted to use] month-day-year instead of year-month-day, *like computers had to have it*.[56]

En primer lugar, culpar a los usuarios finales de un sistema, como *managers, customers*, de un fallo en el software, es en sí mismo un reconocimiento de un diseño mediocre. Del mismo modo que un ingeniero no permite que los futuros usuarios de sus productos tomen parte activa en el diseño técnico de los mismos, un desarrollador de software no puede permitir que los usuarios del sistema establezcan criterios de diseño del mismo. Los usuarios no poseen (en general) la formación técnica necesaria para ello, ni tienen por qué poseerla. Bob Bemer trata de convencernos de que los ordenadores necesitan la información de un modo determinado (*like computers had to have it*), y los usuarios han de suministrársela de ese modo, pasando por alto la realidad en la que dichos usuarios se encuentran inmersos, y produciendo una inversión de modelado cuando el diseño del sistema de información (fechas año-mes-día) produce cambios en el dominio de aplicación (que utiliza fechas mes-día-año)[57].

En resumen, el Principio de Usabilidad de los sistemas de información nos empuja a buscar modelos de alta calidad y a evitar siempre el efecto de inversión de modelado.

[53] No pretendemos ofrecer un sistema de medida de conocimiento, ni mucho menos, sino cuantificar en abstracto los conceptos tratados.

[54] Siguiendo la terminología de Norman 1988, pág. 16, fig. 1.10, es la imagen del sistema (*system image*) la que ha de poseer una alta calidad, para que el modelo del usuario (*user's model*) sea fiel al sistema (*system*) real observable.

[55] El "problema del año 2000" viene dado por la carencia de mecanismos adecuados por parte de numerosos sistemas de información para manejar fechas más allá de dicho año. Existen numerosas obras acerca del tema, pero un buen monográfico acerca del mismo es Dr. Dobb's 1998.

[56] La cursiva ha sido añadida. El esquema de fecha mes-día-año es el habitual en Estados Unidos.

[57] En este caso, el sistema se construyó siguiendo los requisitos de los usuarios, pero los desarrolladores no fueron capaces de aislar dichos requisitos del diseño interno del sistema.

## III.1.2. El Paradigma Orientado a Objetos

*Born in the ice-blue waters of the festooned Norwegian coast; amplified (by an aberration of world currents, for which marine geographers have yet to find a suitable explanation) along the much grayer range of the Californian Pacific; viewed by some as a typhoon, by some as a tsunami, and by some as a storm in a teacup – a tidal wave is reaching the shores of the computing world.*

Bertrand Meyer, en "Object-Oriented Software Construction" 1st edition

El paradigma orientado a objetos, tifón, tsunami o montaña de un grano de arena, comenzó siendo un modo de programar ordenadores. Es necesario revisar la evolución de los →lenguajes de programación← durante las últimas décadas para comprender la posición y el legado que el paradigma OO recoge hoy en día.

### III.1.2.1. Lenguajes de Programación e Ingeniería de Software

Un programa de ordenador es, en esencia, una secuencia de órdenes que pueden dirigir a un ordenador para llevar a cabo una tarea específica (Parsons y Oja 1996, p. 2·4). Estas órdenes son habitualmente muy sencillas, y expresan simplemente operaciones básicas sobre datos simples, tales como sumar dos números, realizar una comparación, o repetir una secuencia de órdenes un número determinado de veces. Escribir un programa largo y complejo, que trabaje sobre conceptos a su vez amplios y complejos (como los que solemos manejar en nuestra vida cotidiana), utilizando órdenes de estas características constituye una tarea prácticamente imposible. De hecho, desde los años 50 existen los denominados lenguajes de programación de alto nivel[58] (Parsons y Oja 1996, 14·22), que nos permiten escribir programas de ordenador utilizando órdenes más complejas y potentes, que actúan sobre datos más complejos como textos, listas de números, o grupos de otros datos. Los ordenadores no pueden comprender estas órdenes tal y como las personas las escribimos (el denominado →*código fuente*←), pero existen programas especiales, denominados intérpretes o compiladores, que traducen este código fuente a órdenes directamente comprensibles por los ordenadores, o →*código ejecutable*←.

Los numerosos lenguajes de programación que se han diseñado desde mediados de los años 50 hasta nuestros días pueden clasificarse según la naturaleza de las órdenes que emplean. La mayor parte de estos lenguajes (y los más utilizados en la industria informática desde siempre) son los denominados lenguajes procedimentales[59], cuyas órdenes expresan *cómo* han de realizarse las diferentes tareas. Existen otros tipos de lenguajes, como los funcionales o declarativos, pero su utilización fuera de las universidades y centros de investigación es muy reducida. Puede verse un resumen de las características de los lenguajes más comunes en Parsons y Oja 1996, 14·28-14·29.

#### Lenguajes "Tradicionales"

Los lenguajes de cualquiera de estos tipos, que denominaremos "tradicionales", se caracterizan por operar directamente sobre *datos relativamente sencillos*, tales como números, cadenas de texto, valores lógicos, →símbolos←, o agregados simples de otros tipos de datos, principalmente listas. Al haber heredado su forma de trabajar de los antiguos lenguajes de bajo nivel, los lenguajes hasta ahora descritos obligan al programador a separar totalmente *datos* y *procedimiento*, es decir, información y manipulación de la misma. Un lenguaje "tradicional" expresa las acciones que ha de llevar a cabo el ordenador mediante imperativos o declaraciones, pero acciones en cualquier caso. Por ejemplo, un fragmento de programa escrito en Pascal, un lenguaje típicamente procedimental, podría expresar la suma de dos números del siguiente modo:

```
var
   a, b, resultado: integer;

begin
   write('Primer número a sumar: ');
   readln(a);
   write('Segundo número a sumar: ');
   readln(b);
   resultado := a + b;
   writeln('La suma es ', resultado);
end.
```

[58] Así denominados en contraposición a los lenguajes de bajo nivel, que utilizan órdenes directamente comprensibles por los ordenadores.

[59] *Procedural languages* en inglés.

La mayoría de las líneas del código fuente mostrado (de hecho, las que se encuentran entre las líneas `begin` y `end`) constituyen órdenes directas que instruyen al ordenador a llevar a cabo ciertas operaciones; por ejemplo, la primera línea tras `begin` resulta en que el ordenador muestre el mensaje "Primer número a sumar: " en la pantalla. La línea antes de `begin`, bajo la línea `var`, indica qué datos se van a manipular en el programa, y de qué tipo son.

Es necesario resaltar que un programa de ordenador construido con un lenguaje como este se puede caracterizar, en el mejor de los casos[60], por su →*modularidad*← *funcional*, es decir, se encontrará estructurado en una serie de →módulos← funcionales, cada uno de los cuales podrá llevar a cabo una función o procedimiento determinado. Demostraremos más adelante que este tipo de modularidad[61] dificulta fuertemente la construcción de software de buena calidad (véase *Modularidad Estructural*, pág. 59). Por ejemplo, no todos los procedimientos son adecuados para cualquier tipo de datos (no se pueden sumar dos cadenas de texto), ni todos los tipos de datos son válidos para un procedimiento determinado, pero sí algunos: el procedimiento `writeln` de Pascal que se puede ver en el ejemplo anterior acepta números, textos, y otros tipos de datos, en múltiples combinaciones y ordenaciones. El programador que utilice lenguajes "tradicionales" ha de asegurarse manualmente de que se suministran datos válidos a todos y cada uno de los procedimientos de su programa, ya que de haber un conflicto entre datos suministrados y datos aceptables, el programa no funcionaría de forma adecuada[62].

La filosofía subyacente a la programación mediante lenguajes "tradicionales" puede ser resumida mediante la siguiente frase de Preece: *Processes take data as input and produce (different, hopefully more useful) data as output* (Preece et al. 1994, pág. 388).

## Ingeniería de Software y Programación OO

Por otro lado, y cada vez más a partir de los años 60, los lenguajes de programación fueron utilizados para resolver problemas más y más complejos, exigiendo de los programadores un esfuerzo que pronto se hizo inviable. Dos tecnologías surgidas inicialmente en esta década y mejoradas sustancialmente desde entonces han servido para hacer de las tareas de programación de ordenadores una disciplina viva en un mundo de una complejidad nunca imaginada hace treinta años: la ingeniería de software, y el paradigma orientado a objetos.

La ingeniería de software, como tal ingeniería, trata de buscar soluciones a problemas, utilizando para ello un *corpus* de conocimiento teórico, metodológico y contextual determinado. A lo largo de los años 70 y 80 se desarrollaron técnicas de programación, metodologías de →análisis← y →diseño←, paradigmas de modelado para bases de datos, y otras técnicas auxiliares que, si bien han contribuido enormemente a lo que la ingeniería de software es hoy, no pudieron en ningún momento desprenderse del legado del pasado, y continuaron separando datos y procedimiento, información y manipulación. De hecho, muchos autores se niegan a aceptar los términos "ingeniería de software" o "ciencias de la computación" por considerarlos contradicciones en sí mismos. Para estos autores, programar ordenadores, diseñar software y analizar la realidad observada para modelarla y confeccionar sistemas de información aplicables a ella, son un arte o un oficio, pero nunca una ingeniería ni una ciencia[63].

Al mismo tiempo que se producían los desarrollos iniciales en el campo de la ingeniería de software, los noruegos Ole-Johan Dahl y Kristen Nygaard crearon en torno a 1967 un lenguaje de programación multipropósito pero orientado especialmente a la simulación de procesos que denominaron Simula (Dahl y Nygaard 1966). Este lenguaje influyó fuertemente en desarrollos posteriores, como el que durante los años 70 encabezaron Alan Kay,

[60] Un caso peor sería aquél en el que no hubiese modularidad de ningún tipo. Puede verse una justificación de la necesidad de realizar diseños altamente modulares en Meyer 1997, cap. 3.

[61] La modularidad basada en funciones dio lugar, durante los años 70, a lo que se denominó "programación estructurada", acerca de la cual se pueden consultar Knuth 1974, Yourdon y Constantine 1979 y Yourdon 1989.

[62] El "mal funcionamiento" podría manifestarse de muchos modos: desde la imposibilidad de traducir el programa de alto nivel a instrucciones de bajo nivel que el ordenador pueda entender (en el mejor de los casos), hasta la producción de resultados incorrectos o la finalización imprevista y catastrófica del programa.

[63] En este sentido, y como ejemplo, Schach 1996, cap. 1; y Henderson-Sellers 1992, pág. 39 y ss., defienden y explican una "ingeniería de software". Esta es la postura más frecuente hoy en día, aunque no faltan autores que, de modo más o menos tímido, expresan lo contrario.

Adele Goldberg y Daniel Ingalls en el centro de investigación de Xerox en Palo Alto, que concluyó con el diseño y construcción del lenguaje Smalltalk (Ingalls 1978) a principios de la década de los 80. Los conceptos innovadores presentes en estos lenguajes, que los caracterizan como *orientados a objetos*[64], fueron más tarde incorporados a lenguajes procedimentales preexistentes, como el lenguaje C, obteniéndose lenguajes "híbridos" como C++ (Stroustrup 1986). Durante los años 90 han surgido nuevos lenguajes puramente orientados a objetos, como el lenguaje Eiffel desarrollado por Meyer (Meyer 1991), máximo exponente de la orientación a objetos pura y teóricamente fundamentada.

El hecho de que la ingeniería de software y la *programación* orientada a objetos floreciesen al mismo tiempo, ayudado por las características intrínsecas subyacentes al enfoque OO, permitió que lo que en un principio se consideró un modo de programar se convirtiese, poco a poco, en un paradigma de desarrollo de software, e incluso, como dice Brian Henderson-Sellers, en *...a way of thinking, [...] merely a mindset...* (Henderson-Sellers 1992, pág. 6). Desde los comienzos de la ingeniería de software apareció con claridad la necesidad de que el proceso de *programación* estuviese respaldado por un proceso previo de *diseño*, y éste a su vez por un proceso aún anterior de *análisis*. De este modo, los mecanismos y construcciones típicos de los lenguajes de programación OO fueron *transferidos* al dominio del diseño y del análisis, surgiendo así los campos de análisis orientado a objetos y diseño orientado a objetos. La aparición de *Object-Oriented Software Construction* de Meyer (Meyer 1988) en 1988 marcó un punto de inflexión a partir del cual se han publicado docenas de obras[65] genéricas, especializadas, teóricas, prácticas, y de toda índole, referidas a la nueva disciplina de las *tecnologías de la información orientadas a objetos,* que incluso se aplica a dominios fuera de lo estrictamente informático como la gestión (y "re-ingeniería") de empresas[66].

### III.1.2.2. Conceptos Básicos de OO

¿Qué caracteriza a un lenguaje de programación orientado a objetos, o más genéricamente, al paradigma de desarrollo de software orientado a objetos? En el nombre radica la respuesta, y a modo ilustrativo, retomaremos el caso de los lenguajes de programación para mostrarla.

Un programa de ordenador realizado con un lenguaje procedimental típico, como Pascal, se estructura en torno a módulos funcionales, que aceptan datos de entrada, los procesan, y devuelven resultados. La secuencia *entrada-proceso-salida* ha sido enseñada en libros de texto durante décadas, y aunque básicamente es válida en muchos casos, no es adecuada como espina dorsal de sistemas de información que modelen un dominio de aplicación complejo y cambiante. Para un observador humano, la realidad de un dominio de aplicación concreto está compuesta por *entidades* que se relacionan entre sí, cambian a lo largo del tiempo, se comportan de modos específicos y, en su conjunto, conforman dicha realidad observada. Si este observador humano busca modelar dicha realidad observada para representarla en un programa de ordenador, y ya que los lenguajes procedimentales "tradicionales" basan su modularidad en unidades funcionales, se verá obligado a *traducir* una red conceptual de entidades (observable en el dominio de aplicación) a una red conceptual de funciones (comprensible por los ordenadores)[67]. La necesidad de este proceso de traducción y su enorme dificultad intrínseca han sido excusa durante las últimas décadas de numerosas investigaciones en el campo de la ingeniería de software, orientadas hacia la búsqueda de técnicas y métodos que permitiesen traducir de forma más o menos automática entidades a funciones. Los éxitos han sido pocos y de escasa aplicabilidad, como demuestra la realidad dominante hoy en día en el campo del desarrollo de software: planificaciones que no se cumplen, presupuestos que se exceden, especificaciones que no se alcanzan. Esta "crisis del software" ha sido documentada por numerosos autores, como Schach 1996, pág. 5-6.

---

64 El término *orientado a objetos* nació durante el desarrollo del lenguaje de programación Smalltalk.

65 Algunas de ellas, con diferentes calidades y orientaciones, son Rumbaugh et al. 1991, Henderson-Sellers 1992, Jacobson et al. 1992, Martin y Odell 1992, Meyer 1994, Gamma et al. 1995, Meyer 1997.

66 Véanse al respecto Meyer 1995 y Partidge 1996.

67 La técnica de *descomposición funcional* es clave en el análisis y diseño estructurado.

## Objetos y Clases

Ante la enorme dificultad de traducir entre redes conceptuales, los diseñadores de lenguajes como Simula o Smalltalk decidieron perseguir un objetivo revolucionario: que los ordenadores pudiesen trabajar directamente con entidades en vez de funciones. Es decir, que los programas de ordenador se estructurasen alrededor de módulos no funcionales que correspondiesen a las entidades de la realidad observada. En efecto, los programas escritos en lenguajes orientados a objetos (como Simula o Smalltalk, por ejemplo) se basan en la *existencia e interacción entre objetos*, y no en la ejecución de diferentes funciones sobre diferentes datos, de ahí su denominación como "lenguajes orientados a objetos". Estos lenguajes están orientados hacia la descripción y manipulación de *objetos*, es decir, referentes software de cualquier entidad real observada, abstracta, o de cualquier otro tipo. Algunas definiciones del término "objeto" en este contexto son:

- *anything to which a concept applies* (Martin y Odell 1992, pág. 241)
- *just about anything you can name* (Computer Associates 1997, pág. 2·1)
- *a concept, abstraction, or thing with crisp boundaries and meaning for the problem at hand* (Rumbaugh et al. 1991, pág. 21)
- *any thing, real or abstract, about which we store data and those methods that manipulate the data* (Martin y Odell 1992, pág. 16)
- *at run-time, a single instantiation of the class template* (Henderson-Sellers 1992, pág. xiii)
- *a run-time data structure made of zero or more values, called fields, and serving as the computer representation of an abstract object. Every object is an instance of some class* (Meyer 1997, pág. 1198)

Como se puede ver, diferentes autores tienen diferentes opiniones acerca de lo que es un objeto, o diferentes capacidades de definirlo según sus concepciones. Las definiciones mostradas arriba se han ordenado de más amplia y abstracta a más restringida y concreta[68]. La definición de Martin de la página 241 es escasamente útil, porque en ella tienen cabida todas las entidades de la realidad observable, ya que todas ellas son manipuladas mediante concepto[69]. Las definiciones de Computer Associates, Rumbaugh, y Martin de la página 16 introducen algunas propiedades de los objetos: han de ser claramente *delimitables* en su entorno y de cada uno podemos guardar *datos* y →*métodos*←[70] que manipulan dichos datos. En efecto, el hecho de que los objetos posean límites precisos que los diferencien de otros objetos y de su entorno es uno de los pilares fundamentales del paradigma OO. Es importante resaltar que datos y funciones (métodos) residen dentro de cada objeto, es decir, cada objeto es portador de datos acerca de sí mismo y de funciones capaces (y restringidas a) manipular dichos datos. Este hecho es la base de otro de los pilares fundamentales del paradigma OO, la →encapsulación←.

La definición de Henderson-Sellers introduce el concepto de *clase*. Es más, define el concepto objeto en función del de clase, y confiere a éste un papel de "plantilla" o "molde" a partir del cual se pueden crear instancias, siendo cada instancia un objeto; al mismo tiempo, los diferentes objetos pueden *clasificarse*, es decir, es posible determinar la clase a la que pertenece cada objeto. Es importante resaltar que esta →*instanciación*← o generación de objetos a partir de clases solo se produce en →tiempo de ejecución←, es decir, cuando el programa de ordenador construido en →tiempo de diseño← se utiliza para obtener un →proceso← que es ejecutado en un ordenador. Es digno de mención el paralelismo entre las relaciones clase-objeto y programa-proceso:

---

68 En general, amplia no implica abstracta (ni viceversa), ni restringida implica concreta, pero nuestro caso sí presenta tal correspondencia.

69 Véase *Representaciones, Entidades, Referentes y Sustratos*, pág. 14, para una discusión completa de los conceptos *entidad* y *concepto*, entre otros.

70 Por el momento, es suficiente decir que un *método* es una función capaz de actuar sobre los datos del objeto dentro del cual reside.

La Figura III-2 muestra el hecho de que un programa describe clases, y un proceso contiene objetos; al mismo tiempo, un proceso es una instancia de un programa, mientras que cada objeto es una instancia de una clase. De este modo, programas y clases solo existen como "plantillas" cuya misión es crear entidades vivas en el seno de un ordenador. De hecho, programas y clases pueden residir escritos sobre una hoja de papel, en la mente de un programador, o en cualquier otro tipo de soporte físico, mientras que procesos y objetos solamente tienen lugar en la memoria de un ordenador[71]. Como dice Meyer en Meyer 1997, pág. 166, *The software texts that serve to produce systems are classes. Objects are a run-time notion only: they are created and manipulated by the software during its execution.*

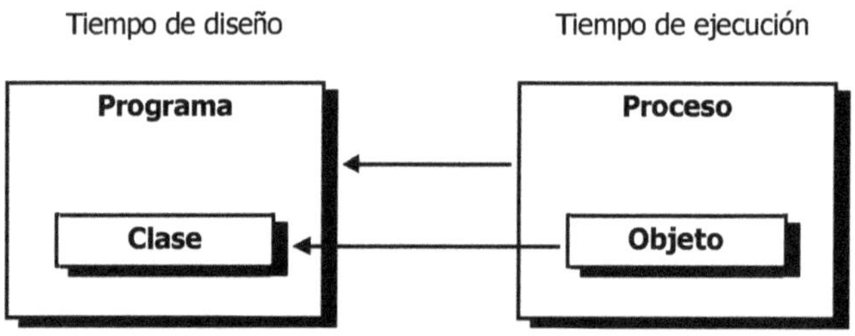


Figura III-2. Paralelismo de relaciones tipo-instancia entre programas, clases, procesos y objetos.

Finalmente, la definición de Meyer introduce un concepto importantísimo para este trabajo, el de representación. En efecto, define a un objeto como representación informática de un objeto abstracto, lo cual es tan obvio para muchos autores que pocos se han detenido a examinar sus implicaciones. De todos modos, la definición de Meyer es deficiente porque contiene el término definido en la propia definición; nosotros preferimos decir que un objeto es una representación informática de una entidad de la realidad observada. Es más, a lo largo de este trabajo defenderemos las ventajas de tratar a los sistemas de información como *sistemas de representaciones,* como se explicará en *Propuesta Teórica y Terminológica,* pág. 54.

## Lenguajes Orientados a Objetos

Retomando nuestra discusión acerca de lenguajes de programación, y una vez descritos los conceptos básicos del paradigma OO (objetos y clases), nos encontramos en condiciones de ofrecer una alternativa a los lenguajes de programación "tradicionales".

Los lenguajes orientados a objetos, como C++ o Eiffel, *poseen construcciones sintácticas para la descripción de clases.* De hecho, la mera incorporación de estas construcciones sintácticas constituye el factor que otorga a un lenguaje la a veces tan buscada etiqueta de "orientado a objetos". Según Meyer (Meyer 1997, pág. 47),

> The modular structure devised in the process of building a software system should remain compatible with any modular structure devised in the process of modeling the problem domain.

Además (Meyer 1997, pág. 53),

> Modules must correspond to syntactic units in the language used.

Estos principios enunciados por Meyer, pero que cualquier autor especializado seguramente suscribiría, reflejan la necesidad de modelos de alta calidad, tal y como se expuso en *Sistemas de Información,* pág. 36, que trasciendan más allá de los lenguajes o medios expresivos utilizados en cada una de las fases del proceso de desarrollo de software. La concreción del segundo principio expuesto arriba toma la forma de la construcción `class` en Eiffel[72]:

[71] Aunque los términos utilizados, "tiempo de diseño" y "tiempo de ejecución", hacen referencia a *tiempos,* debemos entenderlos como correspondientes a diferentes estados de un mismo modelo, caracterizables en el mejor de los casos según el medio o soporte en el que residan.

[72] Las palabras en negrita son palabras clave del lenguaje Eiffel, es decir, palabras con significado predefinido en dicho lenguaje. El resto de las palabras son o han sido introducidas y definidas por el programador, y no constituyen parte prefijada del lenguaje.

```
class Yacimiento

inherit
   ElementoDelRegistro

export
   X, Y, Toponimo, Excavado, Excavar, EstudiarMateriales

feature
   X, Y:          UTM        -- coordenadas UTM del yacimiento.
   Toponimo:      Texto      -- topónimo del yacimiento.
   Excavado:      SiONo      -- indica si se ha excavado o no.

   Excavar(director: Persona): Excavacion is
   do
      ...
   ensure
      Excavado
   end

   EstudiarMateriales(autor: Persona): InformeMateriales is
   require
      Excavado
   do
      ...
   end
   ...
end
```

Este fragmento de programa escrito en lenguaje Eiffel muestra la descripción de la clase Yacimiento[73], y refleja los siguientes hechos:

- dicha clase es una *subclase* de la clase ElementoDelRegistro, tal y como indica la cláusula **`inherit`**.
- además, la clase Yacimiento posee los →*atributos*← X e Y, ambos de tipo UTM, el atributo Toponimo, de tipo Texto, y el atributo Excavado, de tipo SiONo, como muestran las tres primeras líneas de la cláusula **`feature`**. Los textos que comienzan con dos guiones son comentarios que sirven de guía y recordatorio al programador pero no son considerados por el ordenador.
- dicha clase posee también un *método* Excavar, que necesita un parámetro denominado director, de la clase Persona, y devuelve a cambio un objeto de la clase Excavación, como muestran las líneas cuatro a nueve de la cláusula **`feature`**. Nótese que este método asegura que, tras su ejecución, el yacimiento estará excavado, como indica su cláusula **`ensure`**. De modo similar, también posee un método EstudiarMateriales, que devuelve un objeto de la clase InformeMateriales y necesita un objeto de la clase Persona como autor de dicho estudio. Este método necesita que el yacimiento esté excavado para poder proceder, como indica su cláusula **`require`**. Por simplicidad, se ha omitido algún texto entre las palabras **`do`** y **`end`** de dicha cláusula.
- la clase Yacimiento hace públicos sus atributos X, Y, Toponimo y Excavado, así como los métodos Excavar y EstudiarMateriales, según se indica en la cláusula **`export`**. Esto significa que estos atributos y métodos podrán ser utilizados desde otros lugares del programa.

Una vez que el programador ha escrito el texto correspondiente a la clase Yacimiento, el ordenador "conoce" tal clase, los datos (o atributos) que posee, y las funciones (o métodos) que puede aplicar sobre dichos datos. Esta clase, tal y como se ha explicado anteriormente, es una "plantilla" a partir de la

[73] El lenguaje Eiffel es mucho más rico y potente de lo que se muestra en este trabajo; de hecho, los mecanismos de invariantes y clases genéricas restringidas son muy útiles para el modelado de dominios de aplicación complejos. Puede verse una descripción exhaustiva del lenguaje Eiffel, junto con explicaciones minuciosas de su utilización y características, en Meyer 1997, Part C.

cual se pueden crear objetos en tiempo de ejecución, y siguiendo la descripción (o *definición*, en términos técnicos) de la clase Yacimiento ofrecida arriba, todo objeto que se cree a partir de ella tendrá un par de atributos X e Y portadores de valores UTM, un atributo Toponimo portador de un texto, y se le podrá aplicar el método Excavar, suministrándole una persona que hará las veces de director de la excavación, a cambio de lo cual dicho método devolverá un objeto construido a partir de la clase Excavación. El fragmento de programa que se muestra a continuación[74] instruye al ordenador para que cree un objeto de la clase Yacimiento (un objeto Yacimiento, para abreviar), establezca sus atributos con valores concretos, excave dicho yacimiento, y estudie sus materiales[75]:

```
local
   aoc: Yacimiento
   exc: Excavacion
   inf: Informe
do
   !!aoc
   aoc.X := 548957
   aoc.Y := 4598207
   aoc.Toponimo := "Alto do Castro"
   exc := aoc.Excavar(cpo)
   inf := aoc.EstudiarMateriales(icf)
end
```

Este fragmento de programa declara en primer lugar (cláusula **local**) la utilización de tres objetos: aoc, de la clase Yacimiento; exc, de la clase Excavación; e inf, de la clase Informe. A continuación, y ya dentro de la cláusula **do**, el programa crea el objeto aoc mediante la instrucción `!!aoc`. El símbolo `!!` denota creación de un objeto, es decir, utilización de la clase a la cual pertenece según su declaración previa (cláusula **local**) para crear en tiempo de ejecución un *objeto* software. Tras la creación del yacimiento aoc, el programa asigna valores específicos a sus atributos X, Y, y Toponimo. A continuación se ejecuta el método Excavar sobre dicho yacimiento. Nótese como se le suministra un objeto Persona (cpo en este caso; supóngase que su definición se encuentran en otro lugar del programa), y se define el objeto exc (una excavación) como el resultado de haber excavado aoc. De modo similar, se define el objeto inf (un informe) como el resultado de que la persona icf (también definida en otro lugar) estudie los materiales del yacimiento. Obsérvese que inf es un objeto de la clase Informe, mientras que el método EstudiarMateriales, según su definición en la clase yacimiento, devuelve un objeto de la clase InformeMateriales. La intuición dice que un informe de materiales es, al fin y al cabo, un informe, con lo cual parece coherente asignar a inf, un informe genérico, un objeto *más específico*. En efecto, esto es lo que el ordenador comprende. El hecho de que la clase InformeMateriales sea una subclase de Informe (del mismo modo que Yacimiento es una subclase de ElementoDelRegistro) posibilita que un informe de materiales pueda ser tratado, en cualquier momento y si es necesario, como un informe genérico. Esta *posibilidad de abstracción* se convertirá en un pilar fundamental de nuestra propuesta teórica, como se verá en *Bases de Datos Orientadas a Objetos*, pág. 113.

## Programación por Contrato

Es necesario decir que las cláusulas **ensure** y **require** de la definición de los métodos de la clase yacimiento juegan un papel muy importante a la hora de garantizar la →corrección← del programa. La cláusula **ensure** del método Excavar contiene las *postcondiciones* de dicho método, en este caso, que tras la aplicación de dicho método el yacimiento estará excavado. A su vez, la cláusula **require** del método EstudiarMateriales contiene las *precondiciones* del mismo, manifestando que tal método necesita que el yacimiento sobre el cual se aplica se halle excavado previamente. En caso de no estarlo, los resultados de tal método son impredecibles. Por ejemplo, el siguiente fragmento de código resultaría en un error en el programa:

```
local
   aoc: Yacimiento
   inf: Informe
do
   !!aoc
   inf := aoc.EstudiarMateriales(icf)
end
```

[74] Como muchos otros, los fragmentos de programa que se muestran en este trabajo pueden presentar leves incorrecciones sintácticas o un "estilo de programación" poco recomendable; siempre que esto sea así, ha de entenderse que la causa de esto es la búsqueda de cierta simplificación y fácil comprensión del texto de los programas, o bien un error del autor.

[75] Para continuar con el ejemplo, es necesario suponer que las clases Persona, Excavación, Informe e InformeMateriales han sido definidas de modo similar a las clase Yacimiento.

El yacimiento aoc es creado e, inmediatamente después, se tratan de estudiar sus materiales. Asumiendo que un objeto Yacimiento recién creado está sin excavar, la línea que invoca al método EstudiarMateriales producirá un error (una *excepción* en lenguaje técnico) cuando el ordenador intente →ejecutarla←.

Puede entenderse que el papel de precondiciones y postcondiciones es establecer un *contrato* entre una clase y el desarrollador de software que la utiliza. Este concepto, introducido por Meyer en 1988 (Meyer 1988, pág. 115 y ss.; Meyer 1997, pág. 341 y ss.) y adoptado hoy por numerosos autores, permite la definición y utilización de clases predefinidas con un grado de seguridad difícilmente alcanzable usando lenguajes "tradicionales".

### Sinopsis de los Conceptos Básicos de la Programación OO

En resumen, los conceptos básicos presentes en los lenguajes de programación orientados a objetos son los siguientes:

- La construcción sintáctica de *clase* permite definir clases de objetos que representan entidades de la realidad observada.
- Los *objetos* son instancias concretas de alguna clase, existentes en tiempo de ejecución.
- Cada clase puede ser *subclase* de otras clases, lo que permite un tratamiento abstracto de los objetos según sea necesario.
- Las clases poseen *atributos* y *métodos,* que pueden ser utilizados en tiempo de ejecución sobre los objetos de cada clase.
- La utilización de clases está sujeta a los términos de un contrato, especificados por las *precondiciones* y *postcondiciones* de los métodos de dichas clases.

En definitiva, la filosofía subyacente a la programación mediante lenguajes orientados a objetos puede resumirse mediante la siguiente frase de Meyer: *In the execution of an object-oriented software system, all computation is achieved by calling certain features on certain objects* (Meyer 1997, pág. 183). Compárese este punto de vista con el de Preece enunciado al final de *Lenguajes "Tradicionales"*, pág. 38.; en un programa OO, los datos no se crean ni se destruyen, ni fluyen entre procedimientos. Son los objetos los que cambian su estado mediante intercambios de invocaciones de métodos.

## III.1.2.3. Desarrollo de Software OO

En general, todos los conceptos enunciados en el apartado anterior, en principio descritos en el seno de, y aplicados a, la *programación* de ordenadores[76], son transferibles al campo más amplio del desarrollo de software. Esta generalización ha sido puesta de manifiesto por numerosos "métodos" y técnicas de desarrollo de software[77], que hacen uso de los conceptos descritos en los apartados anteriores para modelar un dominio de aplicación concreto, obtener diseños adecuados, e implementar estos diseños como programas de ordenador. El uso de los principios OO ha sido incluso extendido por algunos autores al modelado genérico de cualquier entidad de la realidad observable, más allá del desarrollo de software.

Estas nuevas aplicaciones de los conceptos básicos OO demandan una revisión de los mismos, y la incorporación de nuevas ideas y términos, como los de *relación* y *rol*. Además, es necesario caracterizar el proceso completo de desarrollo de software desde una óptica OO.

### Relaciones

El concepto de relación, quizás tomado del contexto de las bases de datos relacionales, introduce en el paradigma OO la posibilidad de que dos o más clases[78] se relacionen entre sí, y proporciona los mecanismos por los cuales podremos especificar la semántica de estas relaciones. En principio, podemos definir una relación entre clases como la posibilidad de que los objetos de dichas clases interac-túen entre sí. Es necesario resaltar que una relación solamente abre posibilidades en cuanto a los

[76] Recuérdese que la *programación* es solamente una fase más del proceso de desarrollo de software, tal y como se explica en *Ingeniería de Software y Programación OO*, pág. 39.

[77] En este sentido, pueden verse Rumbaugh et al. 1991, Jacobson et al. 1992, Booch 1994, Coleman et al. 1994, o Malan et al. 1996.

[78] Como se verá, la introducción del concepto de rol nos permitirá mostrar la posibilidad de relaciones que involucren a una sola clase.

objetos de las clases involucradas, pero no obliga. Si decimos que dos clases se hayan relacionadas, estamos diciendo que los objetos de estas clases podrán estar relacionados según lo que la relación especifique en cuanto a su semántica, pero no podemos asegurar que todos los objetos de las clases relacionadas vayan a participar efectivamente en dicha relación. Podemos ver a una relación así definida como un "molde" o "plantilla" del cual se pueden obtener, en tiempo de ejecución, →tuplas← específicas, es decir, participaciones efectivas por parte de objetos de las clases involucradas en la relación. Obsérvese el paralelismo entre los conceptos de clase, relación, objeto y tupla, como se muestra en la Figura III-3.

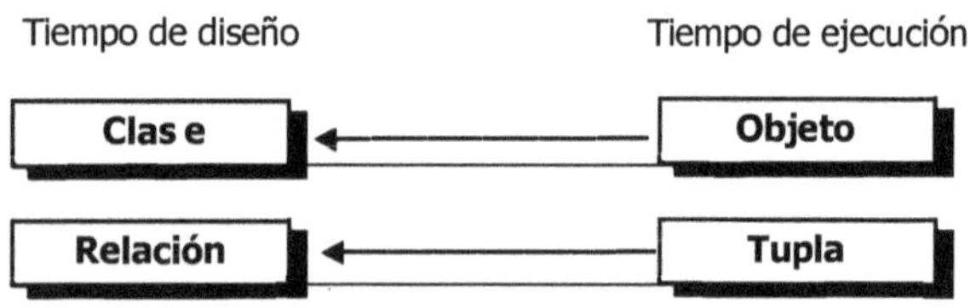


Figura III-3. Paralelismo de relaciones tipo-instancia entre clases, relaciones, objetos y tuplas.

Podemos identificar dos propiedades fundamentales de las relaciones: aridad[79] y cardinalidad. La aridad se refiere al número de clases involucradas en una relación; normalmente serán dos, pero, en principio, pueden ser desde una hasta un número indeterminado de ellas. Por otro lado, la cardinalidad[80] se refiere al número de objetos de cada clase que se pueden relacionar con cada objeto de la otra; por ejemplo, en una relación entre las clases A y B, la cardinalidad de A es el número de objetos de la clase A que pueden relacionarse con cada objeto de la clase B. Los ejemplos de los apartados que siguen mostrarán estos conceptos con mayor claridad.

Existen cuatro tipos fundamentales de relaciones: asociaciones, agregaciones, generalizaciones, e instanciaciones, que se describen a continuación[81]. Para más información, puede consultarse Martin y Odell 1992, pág. 77-80, o Henderson-Sellers 1992, pág. 35 y ss., aunque cualquier obra general acerca del paradigma OO suele tratar el tema de las relaciones entre clases.

### Asociaciones

Una →asociación← entre clases se produce cuando los objetos de una de ellas se relacionan de un modo genérico con los objetos de la otra; por ejemplo, podemos modelar el hecho de que las personas se sientan en sillas mediante una asociación "se sienta en" entre la clase Persona y la clase Silla. En el contexto de la relación, la primera clase se denomina clase origen, y la segunda, clase destino. La clase Silla tiene cardinalidad 0..1 (cero a uno), indicando que cada Persona puede estar sentada en ninguna o en una silla, pero no en más de una a la vez; la clase Persona tiene cardinalidad 0..2 (cero a dos), indicando que cada Silla puede albergar a ninguna, uno, o dos personas (compartiendo el asiento).

Habitualmente, las asociaciones son relaciones binarias, es decir, entre dos clases, aunque no es imposible que aparezcan asociaciones ternarias o de aridad superior. Además, tal y como se ha ejemplificado, una asociación debe ser caracterizada mediante un nombre relativo a su semántica, dado el carácter genérico de este tipo de relación.

Por otra parte, es habitual que una relación de asociación posea una asociación inversa, es decir, otra relación de asociación con la misma aridad y cardinalidades invertidas, cuya clase origen sea la clase destino de la primera asociación, y cuya clase destino sea la clase origen de la misma. En el ejemplo que se ha citado en los párrafos anteriores, la asociación inversa a "se sienta en" entre Persona y Silla podría ser "es usada para sentarse por", indicando que las Sillas son usadas para sentarse por las Personas.

Véase para más información Rumbaugh et al. 1991, pág. 27 y ss.

---

[79] Este término ha sido tomado del inglés *arity*, a falta de uno mejor.

[80] Rumbaugh denomina *multiplicity* a este concepto; véase Rumbaugh et al. 1991, pág. 30-31 para una buena explicación.

[81] No todos los autores realizan esta distinción. En concreto, ninguno de las obras revisadas define la relación de instanciación entre clases, y solamente algunos diferencian de forma explícita entre asociación y agregación. Los autores más propensos a confundir estas dos últimas son lo que abordan las tecnologías OO desde un punto de vista fuertemente centrado en la programación se sistemas, como Meyer 1997.

### Agregaciones

Una →agregación← entre clases se produce cuando los objetos de una de ellas se componen de objetos de la otra o las otras; por ejemplo, podemos modelar el hecho de que una silla se compone de un asiento, un respaldo, y cuatro patas mediante una agregación de las clases Asiento, Respaldo y Pata (con cardinalidades 1, 1 y 4, respectivamente) para dar la clase Silla (con cardinalidad 1). En el contexto de la agregación, las primeras se denominan clases componentes, mientras que la segunda se denomina clase compuesta.

Las agregaciones son relaciones que pueden alcanzar fácilmente aridades muy altas, y en las que la relación inversa siempre es "forma parte de". Las cardinalidades suelen ser bastante rígidas en cuanto a la clase compuesta, siendo típico el valor de 1. Es conveniente resaltar que la cardinalidad de 1 por parte de la clase compuesta muestra una semántica de composición *dependiente* y *ligada*: dependiente, porque los objetos componentes dependen del objeto compuesto (solo pueden relacionarse con 1, ni más ni menos); si éste desaparece, los objetos componentes desaparecen también. Ligada, porque la existencia de los objetos componentes no tiene sentido fuera del contexto de la relación; en nuestro ejemplo de la silla, no tiene sentido hablar de respaldos, asientos y patas sino es en el contexto de que todos ellos formen parte de una silla[82].

Cardinalidades superiores a 1 ofrecen una semántica de composición *dependiente* y *desligada*, porque, al igual que en el caso anterior, los objetos componentes dependen de los objetos compuestos, sean éstos los que sean en número, y desaparecerán si desaparecen éstos. Al mismo tiempo, cada objeto componente sí puede existir fuera del contexto de una relación de agregación específica, ya que puede participar en un número mayor que uno de ellas. Cardinalidades de 0 (como límite inferior de un intervalo) ofrecen semánticas de composición *independiente* y *desligada*, ya que los objetos componentes pueden existir fuera de toda relación de agregación. En nuestro ejemplo, los respaldos, asientos y patas podrían existir y tener sentido aunque no formasen parte de ninguna silla.

Véase para más información Rumbaugh et al. 1991, pág. 36-38, y Coleman et al. 1994, pág. 165 y ss.

### Generalizaciones

Una →generalización← entre clases se produce cuando los objetos de una de ellas son también objetos de la otra; por ejemplo, podemos modelar el hecho de que las manzanas son también frutas mediante una generalización de la clase Manzana hacia la clase Fruta. En el contexto de la relación, la primera se denomina clase especializada o subclase, mientras que la segunda se denomina clase genérica o superclase.

A menudo se menciona la relación de *especialización*, siendo ésta la inversa de la relación de generalización. Es decir, si la clase Fruta es una generalización de la clase Manzana, la clase Manzana es una especialización de la clase Fruta.

Las relaciones de generalización son a menudo de aridad mayor que 2, ya que el proceso habitual de construcción de estas relaciones, sea *top-down* o *bottom-up*, como se explica a continuación, implica la consideración de dos o más clases especializadas y al menos una clase genérica.

La estrategia top-down consiste en buscar una característica clasificatoria de los objetos de una clase, que pasará a ser la clase genérica, y definir tantas clases especializadas como clasificaciones establezca dicha característica. Esta característica se denomina *criterio de especialización*[83]. Por ejemplo, partiendo de la clase Vehículo, y considerando como criterio de especialización "el medio en que cada vehículo viaja", podemos definir las subclases Vehículo Terrestre, Vehículo Acuático y Vehículo Aéreo.

La estrategia bottom-up, por otro lado, consiste en buscar características comunes a dos o más clases, que pasarán a ser clases especializadas, y definir mediante ellas una clase genérica. Por ejemplo, partiendo de las clases Cliente, Empleado, y Consultor, es fácil ver que todas ellas comparten atributos

[82] Por supuesto, estas restricciones semánticas son totalmente definibles por la persona que realice el modelado. Para nuestro ejemplo hemos asumido unas características muy concretas (sillas con dos personas como máximo; respaldos, asientos y patas como objetos no autónomos), pero que bien podrían ser otras.

[83] Rumbaugh lo denomina *discriminator* (Rumbaugh et al. 1991, pág. 39). Véase también González 1998a.

similares (nombre, edad, dirección) dentro de su diversidad, siendo así posible generalizar a partir de ellas la clase Persona.

Las cardinalidades de las relaciones de generalización están siempre prefijadas debido a la naturaleza de la propia relación; la clase genérica tiene siempre cardinalidad 1, ya que cada objeto de una subclase es siempre un objeto de la superclase. De modo similar, la cardinalidad de cada subclase es siempre 0..1, ya que cada objeto de la clase genérica puede ser o no ser un objeto de la subclase. En la práctica, y dada esta restricción, no tiene mucho sentido hablar de cardinalidades en relaciones de generalización.

Un matiz importante que debe ser tenido en cuenta, sobre todo desde la óptica teórica que caracteriza a este capítulo, es el referente al concepto de *herencia*. Numerosos autores[84] utilizan este concepto para referirse a la relación entre clases que nosotros hemos denominado especialización; a veces es incluso utilizado como sinónimo de especialización. Sin embargo, creemos que la herencia es simplemente un mecanismo, entre otros, válido para implementar relaciones de especialización en el ámbito de lenguajes de programación; el lenguaje Visual Basic o el estándar DCOM, ambos de Microsoft, utilizan mecanismos de agregación para implementar dichas relaciones.

Es necesario tratar en este punto el tema de la generalización múltiple, mal denominado por numerosos autores "herencia múltiple". En nuestra discusión, hemos asumido que dos o más clases pueden generalizarse hacia *una* clase genérica, o bien que a partir de *una* clase genérica se pueden obtener diferentes clases especializadas. Sin embargo, es posible encontrar casos en los que las clases genéricas envueltas en una relación de este tipo sean más de una, denominándose esta situación de generalización múltiple. Por ejemplo, tomemos el caso de las clases Profesor y Alumno en una universidad; es posible modelar la clase Profesor en Prácticas como una clase especializada de las dos anteriores, ya que un profesor en prácticas es un profesor, pero también es un alumno.

Algunos autores sostienen que es conveniente evitar las relaciones de generalización múltiple al modelar sistemas, debido a su inherente complejidad[85]. En primer lugar, nosotros creemos que esta complejidad responde sencillamente a la complejidad de la realidad observada que se modela, y que evitarla significa a menudo caer en simplificaciones excesivas y poco adecuadas. En segundo lugar, la complejidad de la que estos autores hablan corresponde a la que se presenta a la hora de diseñar y construir lenguajes de ordenador capaces de tratar con este tipo de relaciones, y poco tiene que ver con el modelado de información. Por todo esto, creemos que las generalizaciones múltiples no deben ser evitadas sistemáticamente, sino utilizadas con prudencia como cualquier otro signo de complejidad alta que pueda aparecer a lo largo de los procesos de modelado.

Véase para más información, con la cautela necesaria, Rumbaugh et al. 1991, pág. 38 y ss., y con más rigor, Coleman et al. 1994, pág. 20-21.

### Instanciaciones

Una instanciación entre clases se produce cuando los objetos de una de ellas son casos concretos (o instancias) de los objetos de la otra; por ejemplo, podemos modelar el hecho de que las tareas son casos concretos de ciertas funciones mediante una relación de instanciación entre la clase Tarea y la clase Función. En el contexto de la relación, la primera se denomina clase instanciada, mientras que la segunda se denomina clase tipo o metaclase.

Es fácil confundir esta relación *entre clases* con las relaciones de instanciación que se dan *entre clases y objetos* en tiempo de ejecución de un programa. De hecho, y como se ha visto en *Objetos y Clases*, pág. 41, un programa de ordenador contiene las definiciones de una serie de clases que, en tiempo de ejecución, darán lugar a objetos. Cada objeto es, por tanto, una instancia de una clase. La relación de instanciación que aquí se explica es otra cosa, aunque como su nombre indica, tiene grandes similitudes semánticas con dichas relaciones de instanciación entre clases y objetos. En general, una relación de instanciación se produce cuando una entidad (entidad instancia) es un caso concreto

[84] Por ejemplo, Meyer 1997, pág. 459 y ss.; Henderson-Sellers 1992, pág. 16-27; Rumbaugh et al. 1991, pág. 38 y ss.

[85] Por ejemplo, Rumbaugh et al. 1991, pág. 65 y ss.; Henderson-Sellers 1992, pág. 78.

o instancia de otra (entidad tipo). En la relación de tiempo de ejecución, las entidades instancia son objetos, y las entidades tipo son clases. De hecho, muchos autores utilizan el término "tipo" como sinónimo (o muy cercanamente) del término "clase". Sin embargo, en la relación que nos ocupa, la instanciación entre clases, tanto las entidades instancia como las entidades tipo son clases. Este hecho, que parece escapar de la comprensión de numerosos autores, introduce en el marco del paradigma OO la posibilidad de que las clases de un sistema no se encuentren todas ellas a un mismo nivel de clasificación. Como se verá a partir de *Niveles de Clasificación*, pág. 116, esta posibilidad es crucial para la construcción de sistemas basados en →metainformación←.

Las relaciones de instanciación entre clases suelen ser de aridad 2 (una clase instancia y una clase tipo), aunque pueden aparecer aridades mayores en forma de múltiples clases instancia. Las cardinalidades están prefijadas, y son siempre de 1 para la clase tipo, y 0..n (cero a muchos) para cada una de las clases instancia. Esto indica que cada instancia lo es de uno y solo un tipo, y que cada tipo puede poseer ninguna, una o más instancias. Al igual que en el caso de las relaciones de generalización, en la práctica no tiene mucho sentido hablar de cardinalidades en relaciones de instanciación.

Véase para más información González 1998a, donde se plantea la necesidad de incorporar las relaciones de instanciación al conjunto de herramientas de modelado orientado a objetos.

## Roles

En el contexto del paradigma OO, un rol es un papel específico que puede tomar una clase bajo ciertas condiciones, modificando sus características. Estas condiciones vienen dadas a menudo por la participación de la clase en una relación, y las características de la clase que se modifican pueden ir desde el efecto producido por algunos métodos de dicha clase hasta las restricciones que se puedan aplicar a otras relaciones de la misma clase.

Cada rol ha de ser identificado mediante un nombre que haga referencia a su semántica. La situación en la que una clase adopta dicho rol se denomina →situación de rol←, y en este contexto nos podemos referir a la clase utilizando el nombre del rol en vez del nombre de la clase. Por ejemplo, podemos modelar el hecho de que las empresas emplean a personas mediante la relación de asociación "trabaja para" entre la clase Persona y la clase Empresa. En el contexto de esta relación, y sobre todo desde el punto de vista del objeto persona involucrado, la empresa adopta el rol de Patrono, y la persona, el rol de Empleado. Patrono y Empleado no son clases, ya que estos términos solo tienen sentido en una situación de rol muy determinada, concretamente la participación en la mencionada relación "trabaja para", y no fuera de ella. Al mismo tiempo, podemos referirnos a la empresa que emplea a una persona como su Patrono, y a las personas que trabajan para una empresa como sus Empleados.

Como se ha dicho, una situación de rol puede modificar las características de los objetos involucrados. En nuestro ejemplo, la adopción del rol Empleado por parte de un objeto de la clase Persona seguramente restringirá su posibilidad de participar en otras asociaciones de empleo, o en el tiempo libre del que disponga dicha persona. A su vez, la adopción del rol Patrono por parte de un objeto de la clase Empresa obligará a éste a alterar los resultados de sus métodos relativos a sus finanzas para pasar a considerar al nuevo empleado. A su vez, un objeto en un rol concreto se denomina →avatar←; diferentes avatares de un mismo objeto representan diferentes "personalidades" o facetas del mismo.

El concepto de rol es tratado a menudo desde un punto de vista fundamentalmente funcional, ya que, como dice Rumbaugh, *roles provide a way of viewing a binary association as a traversal from one object to a set of associated objects* (Rumbaugh et al. 1991, pág. 34). Sin embargo, creemos que los roles en un modelo de clases constituyen uno de los dos pilares fundamentales de la estructura del mismo, como se ha explicado en *Estructura y Validez*, pág. 25.

Es interesante resaltar que la posibilidad de asumir roles en cuanto a relaciones específicas permite la existencia, por ejemplo, de asociaciones de aridad 1, en las que una única clase se relaciona consigo misma a través de dos roles diferentes. Por ejemplo, podemos modelar el hecho de que las personas son hijas de otras personas mediante la asociación "hijo de" entre la clase Persona y la propia clase Persona, con cardinalidades 0..n (cero a muchos) y 2, respectivamente. La clase Persona en el lado origen de la asociación adopta el rol de Hijo, mientras que en el lado destino adopta el rol de Progenitor.

Los roles de Referente y Sustrato que pueden tomar las entidades, tal y como se definieron en *Representaciones, Entidades, Referentes y Sustratos*, pág. 14, ofrecen un ejemplo de aplicación de la situación descrita que será de gran utilidad a lo largo de este trabajo.

Algunos autores han tratado el concepto de rol. Véase especialmente Rumbaugh et al. 1991, pág. 34-35.

## Modelos y Ciclos de Vida

Como se introdujo en *Ingeniería de Software y Programación OO*, pág. 39, y desde la década de los 70, la mayor parte de los investigadores y profesionales han aceptado que el proceso necesario para desarrollar un sistema de información[86] atraviesa una serie de fases más o menos consecutivas:

1. Obtención de requisitos
4. Análisis
5. Diseño
6. Implementación

Cada una de estas fases tiene por objetivo la obtención de un modelo o conjunto de modelos que representen aquel segmento de la realidad observada que se considera de interés, como se explica a continuación.

La fase de obtención de requisitos tiene por objetivo determinar qué necesitan los futuros usuarios del sistema de información que se desea construir, y establecer criterios de validación para dichos requisitos. De este modo, trata de dilucidar el modelo de la realidad observada correspondiente a la intersubjetividad de los que serán usuarios finales del sistema en cuestión. Claro que, para acceder a dicha intersubjetividad no queda más remedio que participar en ella, es decir, compartir concepciones con dichos futuros usuarios evitando a toda costa los efectos de inversión de modelado[87]. Así pues, esta fase debe consistir principalmente en un aprendizaje amplio y profundo por parte de los desarrolladores de software.

La fase de análisis trata de construir un modelo *formal* a partir del modelo obtenido en la fase anterior, evitando siempre la introducción de conceptos ajenos al dominio de aplicación. Esta formalización del modelo obtenido en la fase anterior revelará inconsistencias, ambigüedades, carencias, y otros problemas que han de resolverse de modo iterativo e interactivo, trabajando conjuntamente usuarios finales y desarrolladores de software.

La fase de diseño trata de construir un modelo *informático* a partir del modelo obtenido en la fase anterior, introduciendo los conceptos ajenos al dominio de aplicación que sean necesarios. La participación directa de los futuros usuarios disminuye notablemente o incluso desaparece durante la construcción de este modelo.

Finalmente, la fase de implementación trata de obtener un modelo *programático* a partir del modelo obtenido en la fase anterior, expresable mediante un →texto software← que pueda ser ejecutado por un sistema →hardware←[88].

A lo largo de estas cuatro fases deben realizarse continuamente labores de verificación, validación, y comprobación de coherencia entre modelos, así como de documentación exhaustiva. Además, es conveniente que las notaciones y convenciones utilizadas para expresar estos modelos no varíen de fase a fase, sino que se mantengan estables a lo largo de todo el proceso de desarrollo de software. Normalmente, y desde un paradigma estructurado basado en descomposición funcional, es necesario traducir el modelo del usuario final del sistema, basado en los objetos que maneja en su realidad observada, a un modelo funcional final, apto

[86] O cualquier otro sistema software.

[87] Véase *Sistemas de Información*, pág. 36, para una explicación del concepto de *inversión de modelado*.

[88] Normalmente, esta ejecución solo es posible tras la traducción del texto software a un "lenguaje máquina" directamente comprensible por el ordenador, tal y como se explicó en *Lenguajes de Programación e Ingeniería de Software*, pág. 38. De todos modos, y dado que esta traducción es completamente automática, el texto software sin traducir, convenientemente comprobado y validado en su sintaxis y semántica, puede ser considerado el resultado final del proceso de desarrollo de software.

para el consumo de las máquinas. De hecho, los modelos y técnicas utilizados en análisis, diseño e implementación son a menudo netamente diferentes[89].

Estas fases, a veces desglosadas con más detalle, agregadas otras veces, y junto con fases ulteriores a través de las que pasa (o puede pasar) un sistema software una vez que comienza su uso y explotación, forman el denominado →*ciclo de vida*← del sistema. El ciclo de vida de un sistema *no es un ciclo*, sino una progresión, más o menos lineal, desde las ideas previas y la necesidad, hasta el uso, modificación, e incluso retirada del mismo[90]. De todos modos, las fases del ciclo de vida de un sistema no suelen aparecer perfectamente delimitadas y diferenciadas unas de otras, sino que se producen solapamientos y vueltas atrás a lo largo del desarrollo. De todo el ciclo de vida de un sistema, las cuatro fases que hemos detallado arriba corresponden al *desarrollo* del sistema, es decir, su concepción y construcción, y a ellas se puede aplicar directamente el paradigma orientado a objetos. Es más, la utilización de este paradigma suele difuminar los límites entre fases, a confundirlas y fusionarlas en un continuo que se mueve desde la obtención de requerimientos hasta la programación de un ordenador. Como dice Meyer (Meyer 1997, pág. 23),

> An object-oriented language and environment, together with the supporting method, should apply to the entire lifecycle, in a way that minimizes the gaps between successive activities.

O, según Henderson-Sellers (Henderson-Sellers 1992, pág. 12),

> ...because object-orientation displays a reasonably "seamless transition" throughout the life cycle stages by using the same model throughout.

La posibilidad de utilizar el mismo modelo a través de todas las fases del desarrollo, sin necesidad de cambiar desde un modelo de objetos hacia un modelo funcional, dota al paradigma OO de una gran potencia y expresividad. Sesiones llevadas a cabo por el autor de este trabajo en el seno de un grupo de arqueólogos sin formación técnica en desarrollo de software demuestran que los modelos de análisis, e incluso de diseño, son habitualmente comprensibles para los usuarios finales de un sistema. Véase también Martin y Odell 1992, pág. 70-72, para una discusión al respecto.

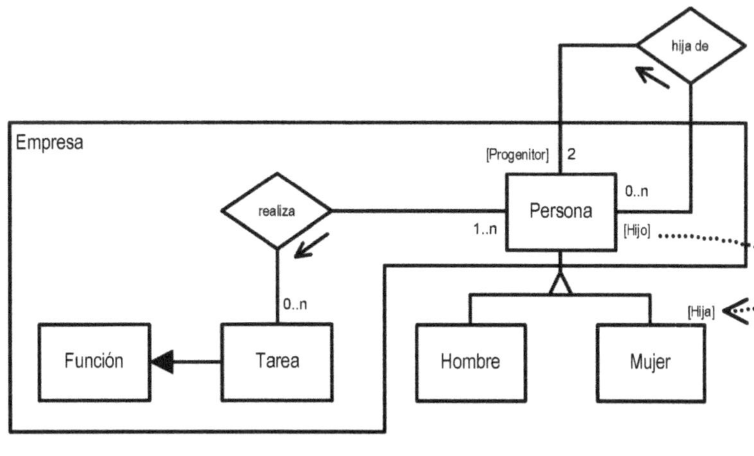


Figura III-4. Diagrama de clases mostrando clases, roles, y relaciones de los cuatro tipos.

La concreción práctica de este enfoque "continuista", en contraposición con el enfoque basado en la distinción de fases del paradigma estructurado, puede tomar diferentes formas. Meyer utiliza el lenguaje Eiffel desde el primer momento para realizar modelos que podrían corresponder a un análisis clásico, refinarlos y concretarlos paulatinamente, e introducirlos finalmente en un ordenador. El lenguaje Eiffel es suficientemente flexible, expresivo, e intuitivo para poder ser utilizado a cualquier nivel de abstracción.[91] Otros autores, como Rum-

[89] En concreto, el proceso de análisis estructurado se basa en diagramas de flujo de datos, el diseño estructurado se basa en "cuadros de estructura" (*structure charts*), y la programación estructurada se basa en funciones. Puede verse una descripción de estas técnicas y modelos en Schach 1996, pág. 323-328, y una crítica de su uso en Henderson-Sellers 1992, pág. 69-70.

[90] Puede verse una amplia discusión acerca de ciclos de vida en Schach 1996, cap. 3.

[91] La excepcional obra Meyer 1997 utiliza Eiffel desde la página 139, pero solo revela que se trata de un lenguaje de

baugh (Rumbaugh et al. 1991) o Coleman (Coleman et al. 1994), proponen una →notación← diferente, basada en diagramas gráficos acompañados por texto estructurado, aplicable durante las fases de análisis y diseño, a partir de la cual se pueden obtener con facilidad los programas correspondientes[92]. Sea como sea, la utilización de los conceptos claves de la programación OO cara a la obtención de requisitos, análisis y diseño garantiza un ciclo de vida más suave, fácil, y menos propenso a errores (Schach 1996, pág. 19-20).

### Modelos de Clases

El tipo de documento de utilidad más amplia a lo largo del proceso de desarrollo de software consiste en los denominados diagramas de clases, es decir, esquemas en los que se muestran *modelos de clases*, compuestos por las clases que componen un sistema, los roles que pueden asumir, y las relaciones entre ellas. Existen muchas notaciones diferentes para dibujar diagramas de clases, una de los cuales es presentado a fondo en *Diagramas de Clases*, pág. 86, como parte del método Fusion adaptado. De todos modos, en este punto solamente es necesario introducir algunos elementos sintácticos básicos, que se describen a continuación.

La Figura III-4 muestra un diagrama de clases sencillo, en el que aparecen las clases Empresa, Persona, Hombre, Mujer, Tarea y Función, que se representan en el diagrama mediante recuadros. La clase Empresa se compone de las clases Persona, Tarea y Función; este hecho se expresa haciendo que la clase compuesta (Empresa) rodee en el diagrama a las clases componentes (Persona, Tarea y Función). Al mismo tiempo, las Personas realizan Tareas en el seno de la Empresa, lo cual se expresa mediante una asociación indicada con un rombo. El rombo lleva el nombre de la asociación que representa, y una flecha próxima a él indica el sentido de lectura de la asociación. Además, las líneas que unen el rombo con cada uno de los recuadros correspondientes a las clases participantes en la asociación pueden aparecer rotuladas con la cardinalidad de la relación. En nuestro caso, cada Persona realiza ninguna, una, o más Tareas (0..n, léase "cero a muchos"), y cada Tarea es realizada por una o más Personas (1..n).

Al mismo tiempo, y en el seno de la Empresa, las Tareas son instancias concretas de Funciones tipo, y esto se expresa mediante la flecha dirigida desde la clase instancia (Tarea) hacia la clase tipo (Función).

Fuera del contexto que concierne a la Empresa, las Personas pueden clasificarse en Hombres y Mujeres, y así se indica mediante las líneas y el triángulo que unen a estas tres clases. Al mismo tiempo, cada persona es hija de otras dos personas, como se indica mediante la asociación correspondiente. La línea que une la asociación "hija de" con la clase Persona porta además una etiqueta relativa al rol que desempeña dicha clase en dicha parte de la asociación, en este caso, Hijo. La misma clase (se trata de una asociación de una clase consigo misma) asume el rol de Progenitor cuando participa en la otra parte de la asociación. Los roles se indican mediante textos entre corchetes. Además, las implicaciones de las situaciones de rol se representan mediante flechas punteadas, como es el caso en que la situación de rol genérico Hijo por parte de la clase Persona implica que la clase Mujer asuma el rol específico de Hija.

programación (con todo lo que ello implica) en la página 1162.

[92] Incluso existen herramientas software que permiten generar automáticamente programas a partir de diagramas y modelos.

En definitiva, la notación utilizada puede resumirse como muestra la Tabla III-1.

## III.1.2.4. Propuesta Teórica y Terminológica

Hasta aquí hemos presentado una revisión de los conceptos básicos del paradigma orientado a objetos, mostrando cómo éste ha surgido a partir de la generalización de las claves de la programación OO hacia la ingeniería de software. Nos encontramos ahora en condiciones de plantear una propuesta teórica y terminológica para desarrollo de software basada en los conceptos claves del paradigma OO. Para ello, examinaremos primero las carencias del paradigma OO tal y como aparece hoy en la literatura especializada, proponiendo soluciones a estas carencias, y ofreceremos luego una visión integradora del entorno conceptual en el que creemos se debe acometer el desarrollo de sistemas de información aplicados a la gestión de recursos culturales.

### Carencias del Paradigma OO y Soluciones Propuestas

Como ya se ha mencionado, el paradigma orientado a objetos ha sido utilizado con éxito para modelar sistemas que no involucran directamente la construcción de software alguno: dispositivos digitales y microprocesadores (Agsteiner 1997), simulación de procesos (Maffezzoni 1995), construcciones algebraicas (Guidec 1994), modelos empresariales (Thorton 1996), ayuda a la toma de decisiones (Nag y Lari 1998), etc. Todos estos dominios de aplicación poseen un marcado carácter "científico", o lo que es lo mismo, pueden encuadrarse en una rama del saber que podemos calificar de positivista, en la que objetividad y reproducibilidad en el tiempo son premisas y objetivos. La propia herramienta, el paradigma OO, ha nacido y crecido en un ambiente también positivista (lenguajes de programación primero, ingeniería de software después), encontrando de este modo gran facilidad de aplicación a estos dominios. Sin embargo, la aplicación del paradigma OO a dominios no positivistas está todavía por hacer. Para conseguir este objetivo, es necesario solventar un gran problema que plantean las tecnologías OO tal y como se conocen hoy: su limitación conceptual y, específicamente, la ausencia del concepto de representación.

El paradigma OO comenzó siendo un modo de programar ordenadores, como ya se ha dicho. Más tarde se transfirieron sus principios a los procesos de análisis y diseño de sistemas software, y es en este estado en el que hoy podemos encontrarlo. Existen numerosas metodologías de desarrollo de software OO, pero ninguna va más allá del mero desarrollo de software. En concreto, el paradigma OO carece de los conceptos necesarios para conseguir una buena integración en los diferentes contextos de conocimiento a los que puede ser aplicado, es decir, se limita a ofrecer medios para modelar un segmento de la realidad observada y producir un sistema informático que lo modele, sin extenderse y penetrar en dicha realidad observada. Cómo esta realidad observada se estructure, configure y fluya, son

| Notación | Significado |
|---|---|
| 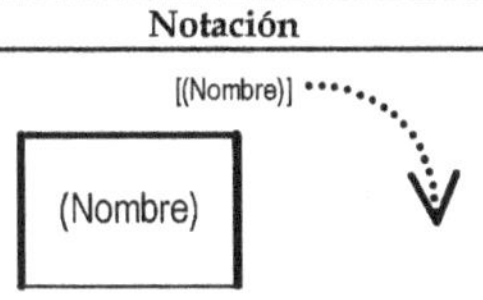  | Clase con su nombre (recuadro).<br>Rol con su nombre (texto entre corchetes).<br>Implicación de situación de rol (flecha de puntos). |
| 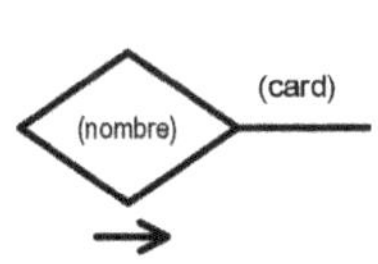  | Asociación con su nombre (rombo), dirección de lectura (flecha), y cardinalidad de la clase participante (texto sobre la línea). |
| 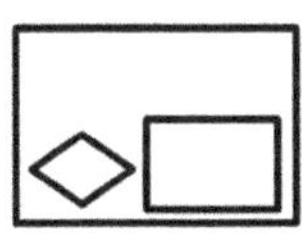 | Agregación de clases, asociaciones, etc. (formas interiores), para formar una clase compuesta (recuadro exterior). |
| Δ | Generalización/especialización de una clase genérica (sobre el triángulo) en subclases (bajo el triángulo). |
|  | Instanciación de una clase tipo (origen de la flecha) en una clase instancia (destino de la flecha). |

Tabla III-1. Sintaxis básica utilizada en diagramas de clases.

asuntos en los que el pardigma OO no se inmiscuye.

Un tratamiento integral de la realidad observada mediante tecnologías OO necesita conceptos nuevos, conceptos que puedan describir cómo los individuos interactúan con su entorno, y cómo este entorno es percibido y manipulado por dichos individuos. En definitiva, necesita conceptos como *entidad, intersubjetividad, representación, concepción,* y *concepto,* que han sido introducidos en *El Concepto de Representación,* pág. 14. Proponemos en este trabajo extender el paradigma OO hacia nuevos territorios, incorporando los conceptos enumerados y utilizándolo para describir la realidad observada a todos los niveles. Yendo más allá, proponemos considerar los sistemas de información como *sistemas de representaciones,* a lo largo de la construcción de los cuales las diferentes fases de modelado (análisis, diseño, implementación) son en realidad fases de representaciones sucesivas, y el sistema de información resultante no sólo modela, sino que *representa* al segmento de la realidad observada de partida.

## Entorno Conceptual para el Desarrollo de Sistemas de Información

Podemos ahora enumerar los conceptos clave a considerar en la construcción de un superconjunto conceptual del paradigma OO tal y como hoy se conoce. Este entorno conceptual servirá para el diseño y construcción de sistemas de información en contextos de humanidades, aunque según el Principio de Sencillez Científica[93], también podrá ser utilizado en contextos científicos. Como ya hemos dicho, nuestro punto de vista es el de considerar a los sistemas de información como sistemas de representaciones.

Los conceptos clave considerados son los siguientes:

- Ente
- Entidad
- Individuo
- Realidad Observada
- Concepción
- Concepción de Entidad
- Concepción Clasificatoria
- Concepto
- Subjetividad Individual
- Intersubjetividad
- Representación
- Sustrato
- Referente
- Sistema de Información
- Clase
- Objeto

Realizando un ejercicio de adhesión a nuestros propios principios, creemos conveniente expresar las relaciones entre estos conceptos y mostrar cómo articulan el mencionado entorno conceptual utilizando, cómo no, el paradigma OO. La Figura III-5 muestra el diagrama de clases correspondiente. Quizá sea conveniente en este punto revisar la sintaxis de los diagramas de clases mostrada en *Modelos de Clases,* pág. 52.

[93] Véase *La Sencillez Científica,* pág. 26.

En primer lugar, obsérvese que tres clases se muestran como grandes agregados: Realidad Observada, Subjetividad Individual, y Sistema de Información. Es más, la primera engloba a las otras dos, ya que tanto las propias subjetividades de los individuos como los sistemas de información son percibidos como componentes de la realidad observada. Se deja fuera de esta realidad, sin embargo, la clase Ente, cuya existencia o no existencia es irrelevante; hemos optado por representarla en nuestro diagrama para mostrar dónde aparecería en caso de que existiera.

nadas entre sí de numerosos modos (asociaciones, agregaciones, generalizaciones, instanciaciones).

Solamente cuando una Concepción pertenece a dos o más Individuos asume el rol de Concepto, posibilitando de este modo la existencia de Sistemas de Información compuestos por Clases y Objetos. Los Objetos son instancias de las Clases, y representan a Conceptos de Entidad, mientras que las Clases representan a Conceptos Clasificatorios. Obsérvese que utilizamos el término "→Concepto de Entidad←" y "→Concepto

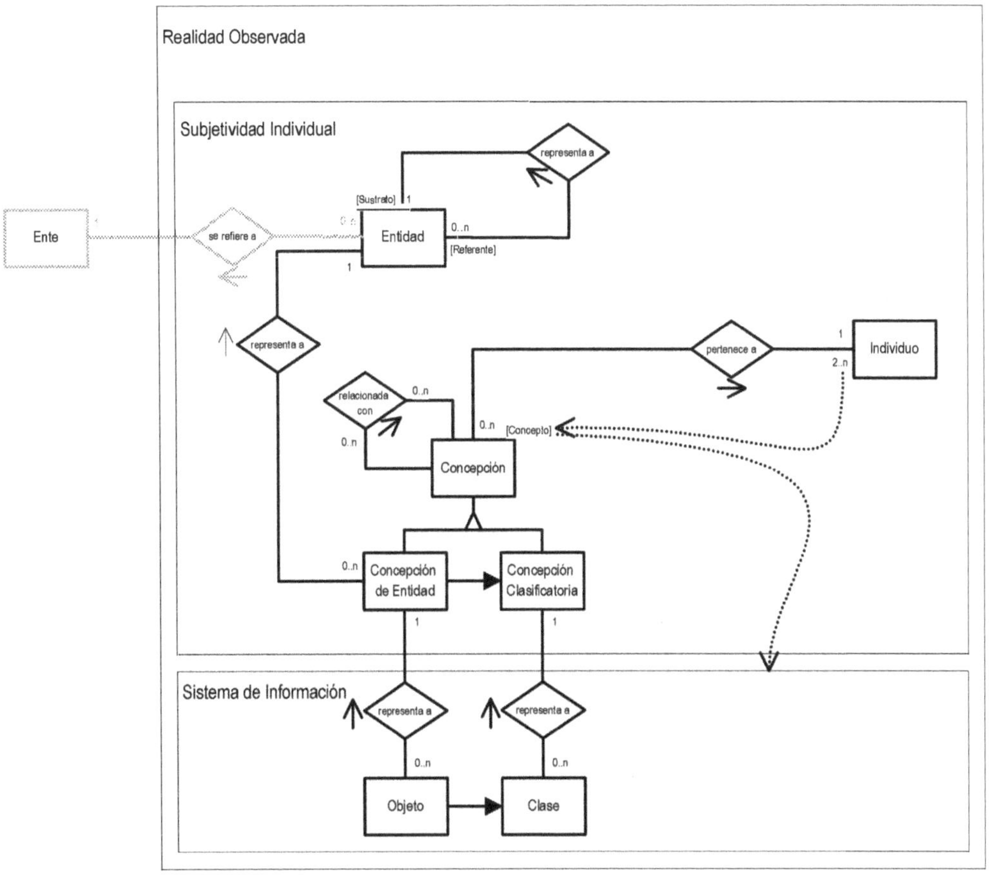


Figura III-5. Diagrama de clases de un entorno conceptual para desarrollo de sistemas de información. Véase el texto principal para una explicación detallada de las diferentes clases, roles y relaciones.

La Subjetividad Individual se compone de una serie de Entidades, que pueden tomar los roles de Referente y Sustrato en el contexto de una relación de representación. A su vez, cada una de estas Entidades puede estar representada por Concepciones de Entidad, subclase de Concepción junto con Concepción Clasificatoria, que corresponde a la formalización de una serie de Entidades similares. En principio, cada Concepción pertenece a un Individuo concreto. Además, las Concepciones pueden hallarse relacio-

Clasificatorio←" en vez de "Concepción de Entidad" y "Concepción Clasificatoria", ya que nos encontramos en una situación de rol que así lo permite.

Finalmente, es necesario resaltar que Concepciones, Individuos, Subjetividades Individuales, Objetos, Clases y Sistemas de Información forman parte de la Realidad Observada, y son por lo tanto subclases de Entidad, aunque en la Figura III-5 no se hayan representado como tales por simplicidad.

## III.1.2.5. Software de Buena Calidad

Una vez estudiadas las características principales del paradigma OO, hemos de demostrar que su utilización aporta beneficios al proceso de desarrollo de software respecto al uso de paradigmas tradicionales[94]. Dado que la ingeniería de software es, ante todo, una ingeniería, como tal busca ofrecer resultados de alta calidad técnica y buena adaptación al entorno social y (sobre todo) humano al que estos resultados están destinados. En esta línea, el aspecto que mejor puede caracterizar a un sistema de información construido mediante tecnologías OO es su *buena calidad,* habitualmente superior a la que tendría si hubiese sido diseñado y construido mediante tecnologías no OO.

Existen numerosos estudios acerca de las ventajas y desventajas de utilizar tecnologías OO para desarrollar software; véanse por ejemplo Henderson-Sellers 1992, pág. 72-76; Schach 1996, pág. 185-187; o Martin y Odell 1992, pág. 32-36, Box 3.1. Como caso rebuscado, sirva la explicación de Glass acerca de por qué las tecnologías OO no son tan buenas como en un principio se esperaba; según es citado por McConnell 1996, pág. 367, la disminución de la proporción de éxitos en proyectos OO desde 1991 hasta 1993 se debe a que los desarrolladores involucrados en ellos en 1991 estaban mejor formados, mientras que el personal involucrado en proyectos similares dos años más tarde poseía una formación más cercana a la media y, por tanto, eran más críticos acerca de los puntos flacos de las tecnologías OO. Este razonamiento se cae por su propio peso; en primer lugar, es obvio que personal peor formado produzca peores resultados. Esto nada tiene que ver con las tecnologías que se usen. En segundo lugar, que los desarrolladores sean más críticos con los puntos flacos de las tecnologías que usan debería suponer un mejor conocimiento de las mismas y, consiguientemente, procesos más depurados y mejores resultados, no a la inversa. En definitiva, y como han señalado otros autores[95], creemos que las tecnologías OO pueden necesitar una formación más profunda y larga por parte de los desarrolladores de software que deseen practicarlas, pero en ningún caso ofrecerán peores resultados que enfoques tradicionales en igualdad de condiciones.

Una buena y creativa explicación de los principales factores de calidad de los sistemas software puede encontrarse en Meyer 1997, cap. 1. De todos modos, creemos necesario revisar, modificar y ampliar la propuesta de Meyer de acuerdo con las extensiones y modificaciones al paradigma OO que hemos realizado a lo largo de este capítulo. De este modo, mantendremos la división típica entre factores de calidad externos e internos, pero alteraremos sustancialmente la visión habitual dentro del paradigma OO convencional.

### Factores de Calidad

La calidad de un sistema software puede medirse a través de varios factores de calidad, propiedades que caracterizan a dicho sistema en cuanto a cada aspecto específico. Existe factores internos, visibles solamente al desarrollador de software, y factores externos, visibles también al usuario final del sistema. Esta distinción, clásica ya en la literatura especializada (McCall 1977; Meyer 1997, pág. 3), y aunque afortunada desde un punto de vista estrictamente técnico, admite una importante precisión: hemos dicho que los factores externos son visibles *también* al usuario final del sistema, y es necesario recalcar la palabra "también", ya que da a entender que son visibles a dicho usuario final además de al desarrollador de software responsable del sistema. Desde luego, esto es deseable, pero no siempre es así, como se explicará más adelante. Por otra parte, a menudo se definen los factores externos sin la palabra "también", indicando simplemente que son aquellos detectables por los usuarios finales del sistema. Si bien esta alternativa elimina la necesidad de la puntualización que hemos realizado, introduce la duda respecto a si el desarrollador de software ha de ser capaz o no de detectar dichos factores, ya que él es el responsable de los mismos. En definitiva, y de cualquier modo, es necesario asegurar que *el desarrollador de software está en condiciones de percibir y, por tanto, de poder evaluar y mejorar, los factores de calidad internos y externos,* mientras que el usuario final solamente tiene acceso a los factores externos. Denominaremos a esta

---

[94] En general, basados en descomposición funcional y programación estructurada.

[95] Véanse por ejemplo Schach 1996, pág. 185-187 o Henderson-Sellers 1992, pág. 79-93.

afirmación *Principio del Desarrollador como Usuario.*

La mejor manera de conseguir este propósito es convertir al desarrollador de software en usuario del sistema que está desarrollando, y asegurar que, como tal, participa en la intersubjetividad modelada por el sistema, es decir, se desenvuelve en el seno de la realidad observada representada en dicho sistema de forma comparable a como la haría un usuario final del mismo. Como se verá en *El Paradigma Orientado a Objetos en la Gestión de Recursos Culturales*, pág. 59, esto puede conseguirse mediante la incorporación de personas multidisciplinares al equipo de desarrollo.

En cualquier caso, la prueba definitiva de adecuación de un sistema de información es su aprobación práctica por parte de los usuarios finales. Por mucha capacidad de objetivación que posea el desarrollador, por muy capaz que sea de disociar el conocimiento que posee acerca del funcionamiento interno del sistema de los procesos involucrados en su uso cotidiano, es el usuario final, libre de condicionantes tecnológicos, el que puede evaluar la conveniencia del sistema. Por este motivo, el Principio del Desarrollador como Usuario no debe ser usado nunca como razón para prescindir del usuario final en cuanto a la evaluación de un sistema terminado.

A continuación se ofrece una discusión de los principales factores de calidad, externos e internos. Existen otros factores que no se tratan aquí; véanse Meyer 1997, pág. 4-14; Henderson-Sellers 1992, pág. 49-53; y especialmente DeGrace y Stahl 1993, pág. 75-109 para más información.

## Factores Externos

Los factores de calidad externos han de ser percibidos tanto por los desarrolladores como por los usuarios finales del sistema, y constituyen por tanto la parte visible del sistema cara al gran público. Si el sistema no alcanza una buena calidad en cuanto a estos factores, poco importan los demás.

### Corrección

La corrección de un sistema viene dada por su capacidad de manipular los conceptos y realizar las tareas definidos en su →especificación←. Sorprendentemente, Meyer ofrece una definición únicamente basada en la especificación funcional del sistema: *Correctness is the ability of software products to perform their exact tasks, as defined by their specification* (Meyer 1997, pág. 4), cuando a lo largo y ancho de su obra insiste repetidamente acerca de que los objetos (clases, conceptos o ideas) de un sistema constituyen su fundamento y definición, no las tareas o funciones que sobre ellos se puedan realizar[96]. Creemos fundamental definir la corrección de un sistema, primordialmente, en cuanto a los conceptos que éste puede manejar, y de forma subsidiaria, en cuanto a sus funciones.

De cualquier manera, es necesario destacar que por muy fiel que un sistema sea a sus especificaciones, los usuarios finales del mismo pueden fácilmente calificarlo de incorrecto. Como explicaremos más adelante, existe cierta diferencia entre lo que el usuario pide (la especificación del sistema) y lo que el usuario necesita. Habitualmente, el desarrollador de software compara el funcionamiento del sistema con su especificación, pasando por alto las auténticas necesidades del usuario final. Cómo minimizar la diferencia entre lo que se pide y lo que se necesita es un tema tratado en *El Objeto de las Preguntas*, pág. 61.

### Robustez

Según Meyer 1997, pág. 5, la →robustez← de un sistema viene dada por su capacidad para reaccionar de modo apropiado ante condiciones anormales. Por definición, las condiciones *anormales* con las que un sistema se puede encontrar a lo largo de su vida útil no son *normales*, y por lo tanto rara vez consideradas o si quiera concebidas. Del mismo modo, "reaccionar de modo adecuado" es una expresión que admite numerosos matices.

En general, y desde un punto de vista ligeramente utópico, podemos considerar la robustez de un sistema como su capacidad de ir más allá de su especificación sin contradecirla. Desde un punto de vista más realista, podemos ver la robustez de un sistema como su corrección bien entendida, en el sentido de que los casos más remotos y las probabilidades de fallo más pequeñas sean consideradas como parte de lo probable.

[96] Véase al respecto su *object motto* en meyer981, pág. 116.

### Facilidad de Uso

Según Meyer 1997, pág. 11, la facilidad de uso de un sistema es la facilidad con la que personas de diferentes ámbitos y formaciones aprenden a usar el sistema y a aplicarlo para resolver sus problemas. Si bien no tenemos nada que objetar a esta definición, sí es necesario realizar dos matizaciones. En primer lugar, creemos importante dejar claro que las personas de diferentes ámbitos y formaciones involucradas en la definición de Meyer han de formar parte, desde el primer momento del proceso de desarrollo del sistema, de la especificación de mismo. Habitualmente no es viable construir un sistema de información destinado a un colectivo específico de usuarios finales, y tratar después de transferirlo a un colectivo radicalmente diferente.

En segundo lugar, y en relación con el Principio del Desarrollador como Usuario[97], es necesario en este punto criticar dicho principio, ya que un desarrollador de software posee inevitablemente cierto conocimiento acerca del funcionamiento interno del sistema que está construyendo, conocimiento que impide que dicho desarrollador pueda enfrentarse al sistema del mismo modo en que lo haría un usuario final. Obsérvese, de todos modos, que esta crítica solamente afecta a la facilidad de uso del sistema, y no a ninguno de los demás factores de calidad externos.

Véase también DeGrace y Stahl 1993, pág. 93-95, para una excelente discusión de este factor de calidad.

### Disponibilidad

La disponibilidad de un sistema viene dada por su capacidad para estar disponible en el plazo fijado y por el precio fijado. Este factor combina los factores *timeliness* y *economy* propuestos por Meyer 1997, pág. 14.

## Factores Internos

Los factores de calidad internos son percibidos solamente por los desarrolladores de software que construyen o modifican el sistema, y por lo tanto, no son visibles por el gran público. De todos modos, una buena calidad interna es conveniente para una buena calidad externa (Meyer 1997, pág. 3).

Los factores de calidad internos que consideramos en este trabajo son los siguientes:

- Facilidad de lectura
- →Extensibilidad←
- Reusabilidad
- Compatibilidad
- Eficiencia
- Portabilidad
- Integridad
- Verificabilidad

Todos ellos son importantes a la hora de conseguir sistemas con una buena calidad interna y facilitar de este modo una buena calidad externa. No vamos a discutirlos en detalle, ya que numerosos autores lo han hecho ya[98] y tal cosa no es de importancia crucial para nuestro discurso; sin embargo, es necesario decir que todos estos factores son más fácilmente alcanzables introduciendo en el proceso de desarrollo de software el concepto de *modularidad estructural.*

### Modularidad Estructural

Como hemos dicho a lo largo del apartado *Sistemas de Información*, pág. 36, los enfoques tradicionales de desarrollo de software basan la estructura de los sistemas en una descomposición funcional de los mismos, alcanzando, en el mejor de los casos, cierta modularidad funcional. Como también se ha explicado (*Conceptos Básicos de OO*, pág. 40), esto se contrapone al modo en que los usuarios finales del sistema perciben y manipulan su realidad observada, resultando en la necesidad de traducción entre modelos, en la denominada "crisis del software", y en la búsqueda de modos de construir software sobre un paradigma mucho más "realista", en el sentido de cercano a la realidad observada. La utilización del para-

[97] Véase *Factores de Calidad*, pág. 56, para una descripción de este principio.

[98] En concreto, véase entre otros: facilidad de lectura (Schach 1996, pág. 377-382; DeGrace y Stahl 1993, pág. 101-102; McConnell 1993, pág. 778-780), extensibilidad (Meyer 1997, pág. 6; Henderson-Sellers 1992, pág. 49), reusabilidad (Meyer 1997, pág. 7; Martin y Odell 1992, pág. 51; Henderson-Sellers 1992, pág. 51), compatibilidad (Meyer 1997, pág. 8; Henderson-Sellers 1992, pág. 51), eficiencia (Meyer 1997, pág. 9; Henderson-Sellers 1992, pág. 51), portabilidad (Meyer 1997, pág. 11; Henderson-Sellers 1992, pág. 51), integridad (Meyer 1997, pág. 14; Henderson-Sellers 1992, pág. 51), verificabilidad (Meyer 1997, pág. 14).

digma OO, y con él, del concepto de *clase* durante el desarrollo de sistemas de información, permite identificar los módulos del sistema con los conceptos de la realidad observada, alcanzando de este modo cotas de "realismo" difícilmente alcanzables mediante enfoques tradicionales. En definitiva, la modularidad de un sistema construido mediante tecnologías OO se basa en la estructura de la realidad observada que modela, es decir, utiliza una *modularidad estructural*.

Es esta modularidad estructural la que, en definitiva, proporcionará a los sistemas construidos en el marco del paradigma OO una buena calidad. Véase Meyer 1997, cap. 3, para una explicación profunda de las implicaciones de esta modularidad.

### III.1.3. El Paradigma Orientado a Objetos en la Gestión de Recursos Culturales

*Designing pages in HTML is a lot like having sex in a bathtub. If you don't know anything about sex, it won't help to know a lot about bathtubs.*

Anónimo en la WWW, 7 de Noviembre de 1997

Del mismo modo que saber mucho acerca de HTML o de bañeras no nos ayudaría, saber mucho de tecnologías de la información no nos va a ayudar a diseñar y construir buenos sistemas de información si no disponemos además de un conocimiento amplio y profundo acerca del dominio de aplicación, en nuestro caso, la gestión de recursos culturales. Este hecho ha suscitado a menudo la polémica acerca de si un equipo de personas que pretenda desarrollar un sistema de información ha de estar constituido por especialistas en tecnologías de la información, especialistas en el dominio de aplicación, o una combinación de ambos. Este trabajo defiende la idea de que tal equipo debe contar con personas especializadas en ambos campos (idea nada nueva, por otra parte), con la particularidad de que algunas o muchas de estas personas han de reunir conocimientos amplios y profundos de ambos dominios en el mismo cerebro. El enfoque tradicional hacia la formación de equipos multidisciplinares pasa por el reclutamiento de personal experto en tecnologías de la información por una parte, y personal especialista en el dominio de aplicación por otra; personas que luego tratan de dialogar y comunicarse hablando idiomas diferentes, conociendo realidades observadas que poco tienen que ver entre sí, y en definitiva, moviéndose en el seno de subjetividades que apenas comparten concepciones. De este modo, los resultados del trabajo de estos equipos multidisciplinares son a menudo frustrantes.

No olvidemos que *The business we're in is more sociological than technological* (DeMarco y Lister 1987, pág. 103), por lo que creemos que el problema en cuestión debe ser atacado desde una perspectiva sociológica. La pequeña pero innovadora idea que presenta este trabajo consiste en conceder máxima importancia a la coexistencia de ambos campos de experiencia dentro del mismo cerebro, de tal modo que el equipo multidisciplinar se halle constituido por *personas multidisciplinares*. La consecuencia directa de esto es una subjetividad compartida entre dominios que llevará, sin lugar a dudas, a una comunicación entre dominios mucho más fructífera y, en definitiva, a sistemas de información de mejor calidad. Somos conscientes de las dificultades prácticas que este enfoque presenta, pero creemos que las ventajas del mismo superan con creces los costes. En concreto, éste es el enfoque que el autor de este trabajo ha mantenido a lo largo de los cinco últimos años, con resultados excepcionalmente buenos en cuanto a la realimentación positiva entre tecnologías de la información y gestión de recursos culturales. Como se verá en *Obtención de Requisitos*, pág. 61, la existencia de equipos multidisciplinares formados, al menos en parte, por personas multidisciplinares, ayuda enormemente durante la fase de obtención de requisitos que debe iniciar todo proceso de desarrollo de software. Además, y como se ha adelantado en *Factores de Calidad*, pág. 56, la presencia de estas personas multidisciplinares constituye un modo adecuado de alcanzar el difícil objetivo de que los desarrolladores de software perciban los factores de calidad externa del mismo modo que los usuarios finales del sistema.

A modo de conclusión, es preciso decir que la aplicación del paradigma OO para modelar la práctica arqueológica y, en general, las labores de gestión de recursos culturales, ha revelado la posibilidad de extender el primero para alcanzar nuevos horizontes, integrándolo con conceptos traídos de otros dominios y construyendo, en definitiva, un entorno conceptual para el desarrollo de sistemas de información en humanidades, tal y como se ha presentado en apartados anteriores. No conviene olvidar, sin embargo, que las tecnologías de la información son, y deben ser, herramientas al servicio de las necesidades y requerimientos de los dominios a los que se aplican y, como tales, han de estar supeditadas en su uso, concepción, y aplicabilidad, a la naturaleza ontológica, epistemológica y teórica de dichos dominios de aplicación[99].

[99] Véase Meyer 1997, pág. 665, *Theoretical Basis methodology principle*, para un razonamiento acerca de por qué las metodologías informáticas han de regirse según las directrices impuestas por cada dominio de aplicación.

# III.2. Metodología

Una vez descrito el marco teórico en el cual puede tener lugar el proceso de desarrollo de software, es necesario establecer qué pasos, criterios, fases y métodos pueden utilizarse para poner en práctica dicho proceso.

Esta sección describe, esencialmente, una propuesta de metodología de obtención de requisitos, y el método Fusion, tecnología pública y comercialmente disponible, convenientemente modificada según los presupuestos teóricos presentados en la sección anterior. Esta propuesta se encuadra en los recuadros titulados "Planteamiento Teórico-Metodológico" y "Metodología y Tecnologías" del dominio informático en la **Figura II-1**.

## III.2.1. Obtención de Requisitos

*Video clips are useful for deconstructing activity to make people perform.*

Robin Boast, comunicación personal

Como ya se ha introducido en *Modelos y Ciclos de Vida*, pág. 50, la primera fase del proceso de desarrollo de software es la obtención de requisitos, que tiene por objetivo determinar qué necesitan los futuros usuarios del sistema de información que se desea construir, así como establecer criterios de validación para dichos requisitos[100]. Muchos autores debaten acerca de la naturaleza de estos requisitos, en particular en cuanto a su carácter *funcional* u *objetual*. El *object motto* de Meyer es *Ask not first what the system does: Ask what it does it to!* (Meyer 1998, pág. 116). Según Meyer, el desarrollador de software debe preguntar al futuro usuario del sistema qué entidades debe manipular éste, antes de centrarse en qué hace dicho sistema. Como veremos, este enfoque, aunque técnicamente elegante y apropiado, presenta algunos problemas a los cuales trataremos de dar solución.

[100] Buenas presentaciones del tema son McConnell 1993, cap. 3 o Schach 1996, cap. 7.

### III.2.1.1. El Objeto de las Preguntas

De las numerosas técnicas disponibles para obtener los requisitos de un futuro sistema de información, la más empleada y probablemente la única que siempre será necesaria es la entrevista directa o, mejor aún, la conversación. El diálogo entre desarrolladores y especialistas en el dominio de aplicación, si transcurre en el seno de una subjetividad compartida, puede proporcionar información valiosísima. Para que esta información sea completa y coherente[101], y para que los desarrolladores de software *comprendan* los →requisitos del sistema←[102], dicha conversación ha de ser en cierta manera dirigida, ordenada, y enfocada hacia la consecución de ciertos objetivos inmediatos. Es el desarrollador quién debe planificar y establecer estos objetivos, que habitualmente pueden resumirse en los siguientes puntos:

1. Llegar a conocer qué conceptos ha de manejar el sistema.
2. Llegar a conocer qué acciones debe realizar el sistema sobre dichos conceptos.
3. Detectar cualquier restricción que pudiese existir sobre las características del futuro sistema.
4. Establecer criterios de validación y verificación del futuro sistema.

El orden en que se han enumerado los tres objetivos corresponde aproximadamente al orden en que éstos deben abordarse, aunque a menudo se verán entremezclados y confundidos sin que esto signifique problema alguno. El primer objetivo resultará en los que denominaremos *requisitos objetuales* del sistema, es decir, una lista de conceptos, atributos, roles, y relaciones entre conceptos y/o roles que ha de manipular el sistema. El segundo objetivo resultará en los denominados *requisitos funcionales* del sistema, es decir, en una descripción de que funciones ha de realizar dicho sistema sobre los conceptos, atributos y relaciones del

[101] Completa en el sentido de que cubra todos los aspectos necesarios; coherente en el sentido de que no muestre contradicciones.

[102] Como dice Preece, *Requirements gathering is concerned with* understanding *needs* (Preece et al. 1994, pág. 384).

punto anterior. El tercer objetivo resultará en la consideración de restricciones sobre las características del futuro sistema, tales como límites de tiempo (el sistema debe realizar tal función en tanto tiempo como máximo), límites de volumen (el sistema debe poder funcionar en un ordenador de tales características), o de cualquier otro tipo. Finalmente, el cuarto objetivo resultará en una lista de criterios que permitan contrastar el resultado del proceso de desarrollo de software (el sistema) en cuanto a los objetivos propuestos (los requisitos). En concreto, esta contrastación debe suceder a dos niveles: validación y verificación. La validación del sistema conlleva determinar si éste es adecuado para los objetivos propuestos, es decir, si es el sistema correcto. La verificación implica la comprobación de que el sistema realiza sus funciones con corrección y robustez, es decir, que es un sistema correcto.

Los enfoques tradicionales de desarrollo de software, basados en paradigmas funcionales y/o estructurados[103], se concentran en el segundo objetivo, y a menudo incluso pasan por alto el primero. De hecho, los conceptos y relaciones que surgen en el seno de una obtención de requisitos tradicional lo hacen como subproductos de la caracterización del futuro sistema en cuanto a sus funciones (Preece et al. 1994, pág. 383 y ss.). Nuestra propuesta es contraria; creemos que el primer objetivo de nuestra lista es el más importante, y además aquel sobre el cual se basarán los demás. El fundamento de esta afirmación puede encontrarse en el Principio de la Estructura Preexistente, descrito en *El Modo de Teorizar*, pág. 10. De este modo, *el objeto de las preguntas, literal o figuradamente, que el desarrollador de software haga a los futuros usuarios del sistema, ha de ser descubrir los conceptos que el sistema necesite manejar*. Posteriormente, y en el orden indicado en nuestra lista, pueden abordarse las demás cuestiones. Algunos autores que apoyan este punto de vista son Rine 1995, pág. 8.

## Problemas y Diferencias

De todas maneras, no siempre será sencillo obtener una lista de los conceptos que el sistema deba manejar. Tres problemas pueden participar en esta situación:

1. Los usuarios del futuro sistema no conocen lo conceptos de la realidad observada, y por lo tanto no se plantean si el sistema ha de manejarlos o no.
7. Los usuarios conocen los conceptos y saben que son necesarios para el sistema, pero no los designan como tales.
8. Los usuarios conocen los conceptos y saben que el sistema necesitará manejarlos, pero sus necesidades son otras.

Nada más lejos de nuestra intención que criticar las capacidades cognitivas de los usuarios de sistemas de información; de hecho, creemos que los tres problemas enumerados tienen sus raíces en un proceso de obtención de requisitos defectuoso, no en carencias de ningún tipo por parte de los futuros usuarios.

El primer problema constituye una manifestación de que, a menudo, las personas manejamos conceptos sin nombrarlos, al menos a ciertos niveles de detalle. Por ejemplo, si bien cualquier empleado de una oficina tiene una idea genérica y habitualmente adecuada acerca de los tipos de documentos que se manipulan en su oficina, es muy probable que no pueda enumerar todos y cada uno de dichos tipos de documentos junto con las características y propiedades de cada uno. Existen grandes diferencias entre el conocimiento informal del usuario, con un fuerte componente heurístico y de improvisación, y el conocimiento formal que el desarrollador solicita, en el cual las excepciones son tan habituales como cualquier otro caso. Como ejemplo, sirva mencionar la experiencia del autor de este trabajo durante un proyecto de desarrollo de software en 1993, en el cual se detectaron trece conceptos que el sistema debería manejar, de los cuales los futuros usuarios solamente habían identificado inicialmente dos. De los once conceptos no identificados, cinco habían sido omitidos por no contar con un nombre[104]. Es responsabilidad del

---

[103] Véase *Lenguajes de Programación e Ingeniería de Software*, pág. 38, para una introducción a estos paradigmas.

[104] Este proyecto, denominado SIA (Sistema de Información Arqueológica, un precursor del SIA+ documentado en *El Sistema de Información Arqueológica*, pág. 143), supuso la

desarrollador de software conocer el dominio de aplicación del sistema que se trata de construir, para identificar los conceptos que el sistema deba manejar en colaboración con los futuros usuarios del mismo.

El segundo problema viene dado porque, como es natural, los futuros usuarios del sistema se mueven en un contexto cognitivo en el cual existen numerosas convenciones y acuerdos tácitos, a menudo ignorados por los desarrolladores de software. De este modo, los futuros usuarios no explicitan la necesidad de contemplar algunos conceptos porque lo dan por hecho, ya sea consciente o subconscientemente. Siguiendo con el ejemplo anterior, dos conceptos fueron omitidos porque "se suponía" que el sistema debería manejarlos[105]. De nuevo, es responsabilidad del desarrollador de software conocer el dominio de aplicación del sistema para detectar casos de este tipo y provocar el diálogo explícito.

El tercer problema es de otra índole. Como ya se avanzó en *Corrección*, pág. 57, a menudo existe cierta diferencia entre lo que el usuario pide y lo que el usuario necesita[106]. Sería muy ingenuo asumir que el usuario pide aquello que necesita, ya que, como han puesto de manifiesto los dos puntos anteriores, *los futuros usuarios de un sistema de información no están normalmente en condiciones de explicar qué conceptos ha de manejar dicho sistema* si no cuentan con la ayuda de desarrolladores de software. Esto es natural, ya que, como se ha dicho, los futuros usuarios del sistema manejan un *conocimiento informal*, mientras que los desarrolladores de software necesitan *conocimiento formal*. El proceso de formalización necesario para obtener la información formal a partir de la informal ha de ser llevado a cabo por especialistas, y nunca es responsabilidad de los futuros usuarios del sistema.

En este sentido, es posible aventurar cierto paralelismo entre la dualidad conocimiento formal/conocimiento informal y la ya encontrada dualidad estructura/función[107]. Los especialistas en un dominio de aplicación, como hemos dicho, poseen principalmente un conocimiento informal de su campo, que podríamos hacer corresponder al concepto de *función;* es decir, realizan a diario labores, trabajo, tareas o, en definitiva, funciones, sobre una estructura no siempre clara para ellos de forma explícita. Por otra parte, los desarrolladores de software que estudian un dominio de aplicación específico o que, más concretamente, realizan labores de obtención de requisitos en su seno, suelen poseer un conocimiento formal del mismo campo, que podemos hacer corresponder con el concepto de *estructura*, ya que, como se ha explicado, dilucidan los conceptos y relaciones sobre los cuales se produce la función mencionada[108]. En este sentido, queda clara la necesidad, por parte de los desarrolladores de software, de ir más allá de los meros contenidos para alcanzar sin embargo la verdadera *estructura* del dominio de aplicación, en los términos en que éste concepto ha sido definido en *Estructura y Validez*, pág. 25.

Como conclusión de este apartado, baste decir que el proceso de obtención de requisitos de un futuro sistema de información es tarea propia de especialistas en la materia, quienes, en colaboración con los futuros usuarios de dicho sistema, y asumiendo un conocimiento por su parte del dominio de aplicación amplio y profundo, han de detectar y comprender en primera instancia qué *conceptos* y *relaciones* ha de manejar el mencionado sistema.

### III.2.1.2. Definición y Estructura

El concepto de *definición* también es importante en nuestro desarrollo metodológico, porque permitirá añadir precisión al proceso de obtención de requisitos y, en general, a cualquier labor de formalización de información. Además, ofrece una explicación

formalización del trabajo diario del Laboratorio de Arqueología y Formas Culturales de la Universidad de Santiago de Compostela. Los conceptos que el sistema debería manejar fueron Punto, Yacimiento, Condiciones Ambientales, Estructura, Pieza, Fotografía, Dibujo, Mapa, Plano, Proyecto, Zona, Diario, y Persona. Los usuarios solamente detectaron, en una primera fase, Punto y Pieza. Yacimiento, Estructura, Fotografía, Dibujo y Diario no contaban con un nombre.

105 Los dos conceptos omitidos fueron Proyecto y Persona.

106 Puede verse McConnell 1996, pág. 239-242, y en especial la Figura 10-1, para una brillante discusión acerca de este tema.

107 Véase *El Modo de Teorizar*, pág. 10, para una discusión de esta dualidad.

108 Es por esto que, habitualmente, los futuros usuarios de un sistema de información comprenden y asimilan más rápidamente un modelo dinámico o funcional que un modelo de clases.

al hecho, previamente planteado, de que los usuarios finales no sean capaces de definir los conceptos que utilizan sin un trabajo extraordinario.

Definir un concepto es *colocarlo en un marco estructural adecuado* o, lo que es lo mismo, y según la definición de estructura proporcionada anteriormente[109], *describir las relaciones en las que participa y los roles que puede asumir*. Por ejemplo, cuando realizamos la siguiente definición:

- Yacimiento: lugar en el que aparecen evidencias de presencia humana pretérita.

estamos, de hecho, describiendo el concepto asociado al término "yacimiento" al decir que *es un lugar*, y que *en él aparecen evidencias de presencia humana pretérita*. La primera afirmación corresponde a una especialización, ya que afirma que el concepto *yacimiento* participa en una relación de especialización/generalización como concepto especializado, cuyo concepto genérico es *lugar*. La segunda afirmación, por otra parte, corresponde a una asociación o agregación (puede modelarse de ambos modos) entre *yacimiento* y *evidencia humana pretérita*, en la que además se insinúa que el yacimiento adopta un rol de localización geográfica de tales evidencias.

Acudiendo a cualquier definición de cualquier diccionario, podremos ver cómo, una vez tras otra, se hace uso de especializaciones, generalizaciones, asociaciones, agregaciones y roles para delimitar el significado de los términos definidos. Nuestra conclusión es clara: definir implica conocer la estructura en la que se presenta el concepto en cuestión y, como hemos dicho anteriormente, este conocimiento corresponde a un entendimiento formalizado del dominio de aplicación, que los usuarios finales habitualmente no poseen pero que, sin embargo, sí se encuentra a disposición de los desarrolladores de software.

Por otro lado, y como ya hemos explicado, los especialistas en un dominio de aplicación no poseen habitualmente un conocimiento estructural del mismo, sino que manejan información predominantemente funcional. En este sentido, podríamos esperar que dichos especialistas definiesen los conceptos que se les pida en clave funcional; sin embargo, esto no es posible, ya que, según los párrafos anteriores, el acto de definir involucra necesariamente el conocimiento de la estructura subyacente. De este modo, debemos esperar de los futuros usuarios de un sistema *requisitos* y no *definiciones*. Es muy importante tener en cuenta esta diferencia y no confundir ambos conceptos.

### III.2.1.3. Técnicas de Obtención de Requisitos

Una vez introducida la problemática del proceso de obtención de requisitos, es necesario examinar las técnicas específicas que se pueden utilizar para alcanzar los objetivos enumerados en *El Objeto de las Preguntas*, pág. 61.

#### Preguntas Directas y Conversaciones Dirigidas

El modo más sencillo e intuitivo de saber qué necesita un futuro usuario de un sistema es preguntarle directamente. De todos modos, y aunque esta técnica puede llegar a ofrecer resultados nada desdeñables, las preguntas directas presentan dos potenciales problemas. En primer lugar, los requisitos que se obtengan corresponderán a lo que los futuros usuarios piden, no a lo que en realidad necesitan; esta técnica será más efectiva cuanto menor sea la distancia entre solicitud y necesidad. En segundo lugar, el mecanismo pregunta-respuesta puede conseguir información acerca de lo que se pregunta, pero no acerca de aquello que no se prevé y, por tanto, acerca de lo cual no se pregunta (véase el punto 2 de *Problemas y Diferencias*, pág. 62). En este sentido, una posible mejora de la técnica de las preguntas directas consiste en dejar que el futuro usuario explique sus necesidades sin necesidad de atenerse a una lista de preguntas prefijada o a un esquema de conversación demasiado estricto. Es responsabilidad del desarrollador de software formalizar la información que el futuro usuario así proporcione, y no caer nunca en el error de pensar que la información es válida "tal cual".

#### Aserciones Incorrectas

En cualquier caso, una estrategia de preguntas directas o conversación más o menos di-

[109] Véase *Estructura y Validez*, pág. 25.

rigida puede mejorarse sustancialmente mediante la técnica de las aserciones incorrectas. Una aserción incorrecta es una afirmación que es falsa, y como tal, contradice los esquemas y concepciones que pueda poseer un especialista en la disciplina acerca del cual hable tal aserción. La reacción de dicho especialista ante una afirmación falsa será, habitualmente, de corrección o aclaración, procesos que obligarán al especialista a explicar, explicitar y definir conceptos y relaciones entre conceptos.

La técnica de las aserciones incorrectas es útil en el marco de una estrategia de preguntas directas o conversación dirigida, en la cual el entrevistador puede utilizar estas aserciones incorrectas entremezcladas con el discurso general. Obsérvese el siguiente extracto de una sesión de conversación dirigida entre un desarrollador de software que hace las veces de entrevistador y un especialista en arqueología:

**Entrevistador:** ¿Qué es un yacimiento?

**Especialista:** Más o menos, un lugar en el espacio que muestra evidencias de presencia humana en el pasado.

**Entrevistador:** Antes dijiste que un punto era un lugar en el espacio; ¿significa esto que un yacimiento es un tipo concreto de punto?

**Especialista:** Sí, es un lugar en el espacio... pero con evidencias de presencia humana.

**Entrevistador:** De acuerdo. Entonces, un yacimiento posee unas coordenadas X e Y alrededor de las cuales se sitúa dentro de un radio mínimo, igual que un punto.

**Especialista:** No exactamente. No, en absoluto. Un yacimiento puede extenderse a lo largo y ancho de un área a veces muy grande. No puedes localizar un yacimiento mediante un par de coordenadas.

**Entrevistador:** O sea, que un yacimiento *no* es un punto.

**Especialista:** No, claro que no. Un yacimiento puede abarcar uno o muchos puntos, desde luego.

La tercera intervención del entrevistador plantea una aserción incorrecta, deliberadamente introducida por él para comprobar los resultados obtenidos hasta el momento. El entrevistador supone que un yacimiento no es un tipo especial de punto, debido a su formación en el dominio de aplicación y/o a la detección de inconsistencias formales en la información que el especialista está proporcionando, e inserta la aserción incorrecta adecuada para obligar al arqueólogo a reaccionar y explicarse.

Obsérvese que, para la adecuada explotación de esta técnica, es fundamental conseguir y mantener los siguientes objetivos:

- Conocer de antemano el dominio de aplicación, al menos desde un punto de vista formal.
- Formalizar la información que el especialista proporciona al mismo tiempo que éste la ofrece, sin retrasos considerables.

Sin un conocimiento previo del dominio de aplicación, el desarrollador de software verá muy limitada su capacidad para insertar aserciones incorrectas en los momentos adecuados. De modo similar, si no se formaliza la información obtenida según ésta llega, se perderán ocasiones en las que hubiese sido necesaria una aclaración, explicación o definición. Continuando con nuestro ejemplo, el desarrollador de software formaliza la segunda intervención del especialista como una relación de especialización de Punto a Yacimiento, e inmediatamente plantea una aserción incorrecta para comprobar esta estructura, haciendo hincapié en los hechos que probablemente más fuertemente llamarán la atención del especialista para corregir el pretendido error.

## Sesiones Temáticas

Las técnicas hasta aquí expuestas pueden dar buenos resultados en cuanto al modelado de la realidad observada por un especialista concreto, es decir, de su subjetividad. Sin embargo, el mero hecho de que un desarrollador de software comprenda y formalice la información que el especialista le proporciona, implica que el primero comparte la subjetividad del segundo, aflorando ya en este caso cierta intersubjetividad. De todas maneras, un buen sistema de información ha de basarse en intersubjetividades lo más amplias posibles, es decir, en conceptos y no en concepciones, tal y como se ha explicado en *El Objeto de las Preguntas*, pág. 61, por lo que es conveniente extrapolar las estrategias de conversación dirigida y aserciones incorrectas hacia la obtención de requisitos en el seno de grupos de especialistas.

De este modo, es posible llevar a cabo sesiones temáticas[110] en las que un grupo formado por futuros usuarios del sistema y desarrolladores de software mantenga una conversación dirigida y centrada en torno a un tema o temas principales. La experiencia del autor en el Laboratorio de Arqueología y Formas Culturales señala que es conveniente que el número de personas se mantenga entre tres y ocho; de otro modo, la dinámica de la conversación pierde efectividad rápidamente. De modo similar, es adecuado distribuir materiales descriptivos y/o valorativos de los temas a tratar en cada sesión temática con algunos días de antelación.

En concreto, la estrategia de sesiones temáticas llevada a cabo por el autor de este trabajo durante 1995[111] se configuró del siguiente modo: se establecieron reuniones cada semana, consistentes cada una en dos sesiones separadas por un día. Los temas a tratar en cada reunión se anunciaban con una semana de antelación, y se convocaba a los especialistas en el dominio de aplicación más adecuados, por su formación e intereses, para tratar dichos temas. Durante la primera sesión de cada reunión, de unas tres horas de duración, se exponían los temas de interés y se debatía sobre las concepciones de cada uno de los asistentes mediante técnicas de conversación dirigida y aserciones incorrectas. Los resultados, cuestiones, problemas surgidos, y cualquier otro tipo de observación pertinente eran registrados por escrito tras ser convenientemente formalizados por un equipo de desarrolladores de software. Durante esta segunda sesión se utilizaba dicho documento para exponer rápidamente los resultados de la sesión anterior, y se revisaba, ampliaba o profundizaba sobre los puntos más oscuros o conflictivos. Al cabo de las dos sesiones que componían una reunión, los temas estaban habitualmente lo suficientemente tratados como para poder ser directamente llevados a un diagrama de clases[112].

### *Shadowing*

Otra técnica de obtención de requisitos que ha dado excelentes resultados a lo largo de numerosos desarrollos en el seno del Laboratorio de Arqueología y Formas Culturales es la denominada de *shadowing*, término anglosajón que hemos preferido no traducir. Consiste, esencialmente, en "mirar por encima del hombro" mientras los especialistas en el dominio de aplicación del futuro sistema trabajan con sistemas preexistentes, sean informáticos o manuales. Idealmente, el ejercicio de esta técnica debe ser completamente transparente para los especialistas que son observados, de modo que éstos no alteren su modo de trabajo en modo alguno.

En concreto, un desarrollador de software ejecutando una sesión de *shadowing* puede llegar a leer los textos que el especialista lee; coger, utilizar, y manipular los objetos que éste manipula; dialogar con las personas con las que éste dialoga; y, en definitiva, convertirse en una auténtica sombra de dicho especialista. Es admisible que el desarrollador solicite al especialista que aclare o explique por qué realiza algunas cosas o cómo denomina o caracteriza algunos de los conceptos que maneja, pero no es deseable una interacción profunda entre ambas personas, ya que el principio fundamental de esta técnica consiste en observar, asimilar, y formalizar.

Aunque el *shadowing* puede utilizarse con éxito para obtener requisitos objetuales, esta técnica rinde sus mejores frutos cuando es utilizada para obtener requisitos funcionales, ya que la observación directa del especialista en su entorno muestra, en esencia, los procedimientos y secuencias de pasos que tienen lugar a lo largo del tiempo, más que los conceptos o ideas involucrados. Creemos, por tanto, que debe ser utilizada en una segunda fase del proceso de obtención de requisitos, una vez conocidos los

[110] *Focus groups* en la literatura anglosajona.

[111] Estas sesiones tuvieron por objeto obtener un modelo de clases del registro arqueológico, modelo que más tarde serviría para fundamentar las librerías base del sistema CRISys. Véase González y Criado 1998 para más información acerca de este sistema.

[112] De hecho, los modelos de clases así generados han sido contrastados una vez y otra desde 1995 hasta hoy, habiendo mantenido su validez de forma prácticamente absoluta, y necesitando solamente cambios y ajustes muy reducidos.

conceptos involucrados en el sistema que se trata de construir[113].

## Análisis de Documentos o Sistemas Preexistentes

Durante el proceso de obtención de requisitos de un futuro sistema, es posible buscar y utilizar documentos de cualquier índole (informes, manuales, diagramas, especificaciones, etc.) que documenten algún segmento de la realidad observada que el futuro sistema trata de modelar, y que tenga cierta validez en el seno de la intersubjetividad en la que se trabaja. Por ejemplo, es frecuente que las tareas que se pretenden automatizar mediante el futuro sistema de información, se desarrollen en esos momentos de forma manual; si los procedimientos de trabajo están convenientemente especificados y documentados, estos documentos pueden constituir una fuente de información muy valiosa.

De modo similar, a veces es posible disponer de otro sistema de información, preexistente y en uso, cuyos requisitos se solapen en mayor o menor medida con los del sistema que se trata de construir. El análisis de este sistema, cuanto más a fondo mejor, también puede aportar información muy útil en cuanto a los requisitos del nuevo sistema.

En cualquier caso, el análisis de documentos o sistemas preexistentes no debe ser llevado a cabo exclusivamente por los desarrolladores de software, sino que es necesario el trabajo conjunto de desarrolladores y futuros usuarios. En concreto, y según la experiencia del autor, es muy recomendable plantear cuestiones del tipo "¿qué es lo mejor de este sistema?", "¿qué es lo peor?", "¿qué se podría mejorar?", referidas a los documentos o al sistema de información preexistente.

## Prototipos

Según Schach, un prototipo rápido es *...hastily built software that exhibits the key functionality of the target product* (Schach 1996, pág. 199). Aunque estamos de acuerdo en que un prototipo, sea o no rápido, ha de poder ser construido generalmente en menos tiempo que el sistema que trata de prototipar (el *target product*), y que su funcionalidad ha de reflejar la de éste, debemos discrepar de la definición de Schach por dos motivos. En primer lugar, exhibir la funcionalidad clave del sistema que se trata de prototipar es, en general, pedir mucho de un prototipo. La "funcionalidad clave" es a menudo la más costosa de construir, en términos de personas, tiempo, y/o investigación básica a invertir. Preferimos considerar un prototipo como un sistema que muestra *parte* de la funcionalidad del sistema a prototipar, como por ejemplo los mecanismos de acceso a bases de datos, el interface de usuario, o cualquier otro componente del sistema. En este sentido, la revisión de McConnell 1996, cap. 38, es excelente.

En segundo lugar, un prototipo es un sistema software, y como tal, no debe ser construido de prisa y precipitadamente[114]. Yendo más allá del más o menos afortunado uso que Schach hace de las palabras, y teniendo en cuenta que otros autores cometen el mismo error (DeGrace y Stahl 1993, pág. 211), es necesario señalar que un prototipo merece la misma atención y cuidado a lo largo de su proceso de desarrollo que cualquier otro sistema software; solamente sus requisitos son diferentes. En este sentido, los requisitos de un prototipo pueden ser directamente obtenidos a partir de la documentación que refleja los requisitos del sistema que se trata de prototipar y que, deseablemente, ha de estar disponible. Una vez establecidos los requisitos adecuados para el prototipo, sean estos cuales sean (normalmente una parte de la funcionalidad del producto a prototipar), el proceso de desarrollo ha de ser estándar en cuanto a cuidados y controles de calidad, y en ningún caso precipitado. Un prototipo no debe ser un sistema caracterizado por su baja calidad técnica ni en el cual sea excusable tal falta de calidad.

La experiencia de autor de este trabajo en cuanto al uso de prototipos es también satisfactoria. En concreto, la construcción y exhibición del sistema Integra[115] durante 1994

---

[113] Como hemos dicho en *El Objeto de las Preguntas*, pág. 61, la obtención de requisitos funcionales debe abordarse una vez que se cuenta con los requisitos objetuales.

[114] Según el Diccionario Collins Español-Inglés y English-Spanish (nueva edición) de 1988, *hastily* significa en primera acepción "de prisa, precipitadamente".

[115] El sistema Integra consiste en una pequeña aplicación para mostrar y manipular la información arqueológica y

y 1995 permitió obtener numerosísimas sugerencias de uso y mejora gracias a las más de 1500 personas que pudieron interactuar con él[116]. De hecho, gran parte de la información así recogida se ha utilizado para modelar los requisitos de sistemas posteriores, tales como el Sistema de Información de Cidadela, el ADRA, o el propio sistema CRISys[117]. Retomando nuestra discusión de los párrafos anteriores, es necesario decir también que nuestra experiencia en la construcción de prototipos nos ha mostrado que estas labores han de ser enfocadas como proyectos de I+D con entidad propia, y nunca como trabajos de menor rango.

## Ciclos de Vida Evolutivos

Todas las técnicas de obtención de requisitos presentadas hasta este punto pueden ser combinadas y cuidadosamente encajadas unas con otras para formar parte de un *ciclo de vida evolutivo*. Como se ha visto en *Modelos y Ciclos de Vida*, pág. 50, el ciclo de vida de un sistema es una progresión, más o menos lineal, desde las ideas previas y la necesidad (esto es, sus requisitos), hasta el uso, modificación, e incluso retirada de dicho sistema, pasando por fases de análisis y diseño que implementan los requisitos iniciales en forma de sistema informático. La forma "tradicional" de un ciclo de vida es la denominada "en cascada" o *waterfall model*[118], es decir, compuesta por una sucesión estrictamente lineal de las cuatro fases típicas, a saber:

1. Obtención de requisitos
2. Análisis
3. Diseño
4. Implementación

El paso de una fase a la siguiente se produce mediante el uso de documentación, resultado de cada fase y materia prima de la siguiente. Además, a lo largo de todas las fases se mantiene una labor constante de comprobación (verificación y validación, véase *El Objeto de las Preguntas*, pág. 61) y documentación. Este esquema "en cascada" presenta numerosos problemas, como muchos autores han documentado (Schach 1996, pág. 57; McConnell 1996, pág. 137-139), siendo probablemente el que más pesa el que se refiere a la intervención de los futuros usuarios del sistema; como dice McConnell, refiriéndose al esquema "en cascada":

> You have to fully specify the requirements at the beginning of the project, which may be months or years before you have any working software. This flies in the face of modern business needs, in which the prize often goes to the developers who can implement the most functionality in the latest stage of the project. As Microsoft's Roger Sherman points out, the goal is often not to achieve what you said you would at the beginning of the project, but to achieve the maximum possible within the time and resources available [...].

Efectivamente, la participación de los futuros usuarios de un sistema que se desarrolle en el marco de un ciclo de vida "en cascada" se reduce a los primeros momentos, es decir, a la fase de obtención de requisitos. Una vez que el equipo de desarrolladores posee documentación que describa estos requisitos, el desarrollo del sistema procederá sin mayor participación por parte de los futuros usuarios. Tiempo después, el producto es presentado, y será entonces cuando los usuarios expresen su aceptación o rechazo del mismo. Por supuesto, las necesidades han podido cambiar en este tiempo, o los propios usuarios han podido detectar nuevos requisitos no incluidos desde el primer momento.

De todos modos, el esquema "en cascada" presenta la ventaja de una buena solidez y estructuración[119], forzando al equipo de de-

patrimonial de un entorno reducido (unos 50 km$^2$) a través de un interface de usuario cartográfico. El sistema utiliza una base de datos para almacenar la información, a la cual se puede acceder directamente desde los mapas, y permite algunas labores sencillas de análisis espacial.

[116] Esta cifra incluye tanto a arqueólogos profesionales como al público que pudo utilizar el sistema en diversas ferias y muestras tecnológicas.

[117] Véanse, respectivamente, González 1996; González 1997b; y González y Criado 1998 para más información acerca de estos sistemas.

[118] Véase Schach 1996, pág. 53-58, para una buena descripción de este esquema.

[119] Sobre todo cuando se compara con otros estilos de desarrollo de software como *code and fix* (McConnell 1996, pág. 140-141; Schach 1996, pág. 52-53).

sarrollo a producir un conjunto de documentos en cada fase que sirva de materia prima para la siguiente. Los ciclos de vida evolutivos combinan esta ventaja del esquema "en cascada" con la posibilidad de interacción, prácticamente ilimitada, por parte del futuro usuario, a lo largo de todo el proceso de desarrollo.

En esencia, un ciclo de vida evolutivo parte de una versión "mínima" del sistema a construir, y la hace evolucionar hacia un sistema completo. En cada paso evolutivo, los resultados se contrastan con los futuros usuarios del sistema, y se incorpora la información que estos proporcionen al proceso de desarrollo. Numerosos autores han documentado ciclos de vida evolutivos; véanse por ejemplo el *evolutionary prototyping* de McConnell 1996, pág. 147-148; el *evolutionary delivery* también de McConnell 1996, pág. 151-152; o el *incremental model* de Schach 1996, pág. 60-65. De todas maneras, y siendo necesario adelantar en este punto nuestra elección de una metodología de desarrollo de software específica, como ser verá en *El Método Fusion*, pág. 69, nuestra propuesta se centra en torno al esquema denominado Evolutionary Fusion, o EVO Fusion abreviadamente, propuesto en Cotton 1996.

A grandes rasgos, EVO Fusion divide el proceso de construcción de un sistema en dos grandes etapas: definición y desarrollo. La etapa de definición es más o menos lineal, y se compone de tres fases: desarrollo de la especificación, construcción de modelos de análisis, y planificación. A lo largo de estas fases, se realiza una primera pasada de análisis sobre los requisitos del sistema, y se obtienen una serie de modelos preliminares con un alto nivel de abstracción. Además, se agrupan y priorizan las operaciones que el sistema deberá de implementar (*system operations*) en conjuntos de características (*feature sets*). Es necesario advertir que el trabajo en torno a operaciones del sistema no implica en modo alguno un enfoque funcionalista al proceso de desarrollo en los términos en que estos enfoques han sido caracterizados en *Lenguajes "Tradicionales"*, pág. 38.

La etapa de desarrollo es, al contrario que la anterior, de naturaleza eminentemente iterativa; de hecho, se compone de una serie de ciclos de desarrollo, cuyo número puede estar definido de antemano o bien puede ser solamente estimado, a lo largo de los cuales se implementarán los conjuntos de características definidos en la primera etapa. Cada ciclo de desarrollo acomete un conjunto de características concreto, respetando el orden dado por la priorización realizada con anterioridad, y siguiendo un micro-esquema más o menos lineal compuesto de cuatro fases: refinamiento de modelos de análisis, desarrollo de modelos de diseño, implementación, y comprobación. Al final de cada uno de estos ciclos de desarrollo, y antes de comenzar el siguiente, el sistema resultante es mostrado a los usuarios finales, y la información que éstos proporcionen es introducida en el proceso de desarrollo cara a ciclos de desarrollo futuros. Concretamente, es posible alterar las prioridades de diferentes conjuntos de características (con el aparejado cambio de orden de los ciclos de desarrollo correspondientes), o introducir e incluso eliminar ciclos de desarrollo completos.

Los resultados de la utilización de un ciclo de vida evolutivo se concretan en que, desde muy temprano, existe un producto correcto, con más o menos funcionalidad, que puede ser distribuido, probado, y utilizado a modo de prototipo[120] para obtener información de los futuro usuarios y adaptar las direcciones del proceso de desarrollo según sea necesario. Por supuesto, este proceso iterativo de obtención de información puede (y debe) utilizar las técnicas discutidas a lo largo de este apartado.

## III.2.2. El Método Fusion

Ante todo, es necesario decir que, estrictamente hablando, el método Fusion no es un método, sino una metodología[121]. En concreto, es una metodología para desarrollar sistemas software mediante técnicas y procedimientos fuertemente enraizados en el paradigma orientado a objetos. El método Fusion fue publicado por Coleman en 1994

---

[120] La diferencia fundamental entre tal sistema y un auténtico prototipo reside en que los prototipos, habitualmente, se desechan una vez utilizados, y no evolucionan hacia el producto final. De todos modos, esto no siempre es así, como muestran los ciclos de vida denominados *evolutionary prototyping* documentados por McConnell 1996, pág. 147-148.

[121] De todos modos, mantendremos los términos "método Fusion" porque así lo han bautizado sus autores (*Fusion method*), y como tal se ha publicado.

(Coleman et al. 1994), y aunque nunca ha alcanzado las cotas de popularidad de otras metodologías como la de Booch (Booch 1994), la OMT (*Object Modeling Technique*, Rumbaugh et al. 1991), o la por algunos pretendida UML[122] (*Unified Modeling Language*, Rational 1997b y Rational 1997c), sobrepasa a éstas en madurez, consistencia y aplicabilidad. En concreto, Fusion es una metodología de segunda generación, es decir, ha sido desarrollada sobre lo que otros autores habían construido previamente. En concreto, funde lo mejor (y de ahí su nombre) de la OMT (Rumbaugh et al. 1991), Booch (Booch 1994), CRC[123], y métodos formales[124]. Un segundo libro acerca de Fusion, Malan et al. 1996, presenta una notable colección de mejoras y extensiones de la metodología. Además, el sitio web de Fusion[125] y, en concreto, la Fusion Newsletter[126], ofrecen información actualizada acerca de Fusion.

Actualmente, Fusion se encuentra en una encrucijada. Por una parte, la metodología tal y como está descrita en Coleman et al. 1994 y Malan et al. 1996 (a veces denominada Fusion 95, o Fusion Clásico) es muy satisfactoria, aunque presenta algunos vacíos que un sistema de desarrollo moderno debe contemplar, como los relativos al soporte para trabajo en grupo o a la →arquitectura← de sistemas. Por otra parte, el equipo de desarrollo de Fusion en Hewlett-Packard Company ha acometido la labor de definir una nueva generación de la metodología, que puede consultarse en Hewlett-Packard 1998, y que convencionalmente se denomina TeamFusion o, más recientemente, Fusion 2. Esta nueva versión de Fusion considera temas novedosos, como los mencionados en relación al trabajo en grupo o a la arquitectura de sistemas, junto con aquellos relativos al diseño de bases de datos e interfaces gráficos de usuario, y adopta además la notación UML (Rational 1997a). Creemos que el futuro de Fusion depende del éxito de esta nueva propuesta de Hewlett-Packard, que se encuentra en fase de desarrollo sin fecha prevista de finalización.

Como toda metodología de desarrollo de software, Fusion ofrece una *notación* y un *procedimiento*. La notación especifica cómo han de representarse cada una de las ideas o conceptos que se manejan a lo largo del desarrollo de un sistema software, y la semántica asociada a cada elemento de dicha notación. El procedimiento especifica qué fases y pasos es necesario seguir para construir un sistema software a partir de una información inicial, utilizando la notación mencionada.

La reunión de una notación y un procedimiento para dar lugar a una metodología de desarrollo de software, que se considera multipropósito *a priori*, implica la estandarización de tal notación y tal procedimiento, desligándolos de aplicaciones concretas y presentándolos de modo que puedan ser utilizados en casos diferentes por personas diferentes y en contextos diferentes. Algunos autores sostienen que, si bien es posible estandarizar de este modo la notación, no es posible estandarizar el procedimiento[127], ya que depende de cada proyecto concreto; nosotros creemos que sí es posible, siempre y cuando se haga de un modo suficientemente genérico y flexible, y se dejen claras la premisas de partida y las condiciones necesarias en el entorno de desarrollo. De cualquier modo, es a menudo conveniente acomodar el método Fusion (o cualquier otro) a las necesidades e idiosincrasias de cada entorno de trabajo, obteniendo así versiones adaptadas del mismo.

Dadas estas circunstancias, a lo largo de este trabajo presentaremos y utilizaremos lo que hemos denominado *método Fusion adaptado* (MFA), resultado de tomar el procedimiento general de Fusion 2, retener la notación típica de Fusion 95 (ligeramente modi-

122 El *Unified Modeling Language* es, como su nombre indica, una notación, y en ningún caso una metodología, aunque la confusión entre ambos es más habitual de lo que sería de esperar.

123 CRC (*Class-Responsibility-Collaborator*) es una técnica exploratoria desarrollada con finalidad educativa, y se basa en la identificación de clases, la asignación de responsabilidades a las mismas, y la identificación posterior de clases colaboradoras de las primeras. Aunque se centra en la fase de diseño de sistemas, CRC es una técnica muy potente cuando se utiliza como parte de una metodología mayor.

124 Los métodos formales enfocan el desarrollo de software desde la óptica de la matemática discreta, haciendo uso de herramientas como la teoría de conjuntos o la lógica proposicional. Se han desarrollado lenguajes de especificación, como VDM (*Vienna Development Method*, véase Woodman y Heal 1995) o Z, basados en estos métodos.

125 En http://www.hpl.hp.com/fusion.

126 Esta publicación electrónica puede consultarse en http://www.hpl.hp.com/fusion/md_newsletters.html.

127 Martin Fowler, comunicación personal durante la Object Expo Europe, celebrada en Londres en Julio de 1997.

ficada)[128], e integrar dicho procedimiento general con las mejoras evolutivas propuestas por Cotton 1996[129].

### III.2.2.1. Procedimiento

Como hemos dicho en *Modelos y Ciclos de Vida*, pág. 50, el proceso de desarrollo de software sucede habitualmente en cuatro fases: obtención de requisitos, análisis, diseño, e implementación. El MFA altera ligeramente este esquema, tomando el de Fusion 2, para ofrecernos la siguiente sucesión de fases, que denominaremos *procedimiento general de Fusion 2*:

1. Obtención de requisitos
9. Análisis
10. Diseño arquitectónico
11. Diseño de detalle
12. Implementación

De modo similar, el MFA considera tres *procesos suplementarios* que tienen lugar a lo largo del ciclo de vida:

- Elaboración del Diccionario del Sistema
- Diseño y construcción de bases de datos
- Diseño y construcción de interfaces de usuario

Estos tres procesos adicionales tienen lugar a lo largo de las cinco fases de desarrollo enumeradas arriba, y están basados en Fusion 2. En concreto, Fusion 2 habla de un Diccionario de Datos, el cual nosotros preferimos denominar Diccionario del Sistema dado que no solamente describe datos, sino cualquier concepto o idea de interés para el desarrollo del sistema. De modo similar, Fusion 2 se centra en interfaces gráficos de usuario, excluyendo por tanto aquellos interfaces de usuario no gráficos; nosotros creemos que un sistema moderno no debe estar restringido a un solo tipo de interfaces de usuario y por tanto preferimos referirnos a interfaces de usuario en general.

Por otra parte, el MFA adopta el ciclo de vida evolutivo EVO Fusion tomado de Cotton 1996, y como hemos dicho en *Ciclos de Vida Evolutivos*, pág. 68, éste implica una estructura muy particular sobre el procedimiento de desarrollo de software. Es necesario conciliar la estructura global impuesta por EVO con las fases descritas en los párrafos anteriores; en concreto, el MFA adopta la propuesta que se muestra en la Figura III-6.

---

[128] La notación UML se halla a su vez en desarrollo y no muestra todavía la estabilidad que sería deseable.

[129] En este sentido, es paradójico el comportamiento que muestra la publicación más reciente hasta la fecha acerca de Fusion 2 (Hewlett-Packard 1998). En ella se defiende la necesidad de un ciclo de vida evolutivo, y se opta claramente por la aportación EVO de Cotton 1996, pero se presenta sin embargo el procedimiento de la metodología como un todo lineal, sin realizar la muy necesaria labor de integrar ambas cosas. Una de las mayores innovaciones de nuestro trabajo es la integración efectiva de procedimiento general y ciclo de vida evolutivo.

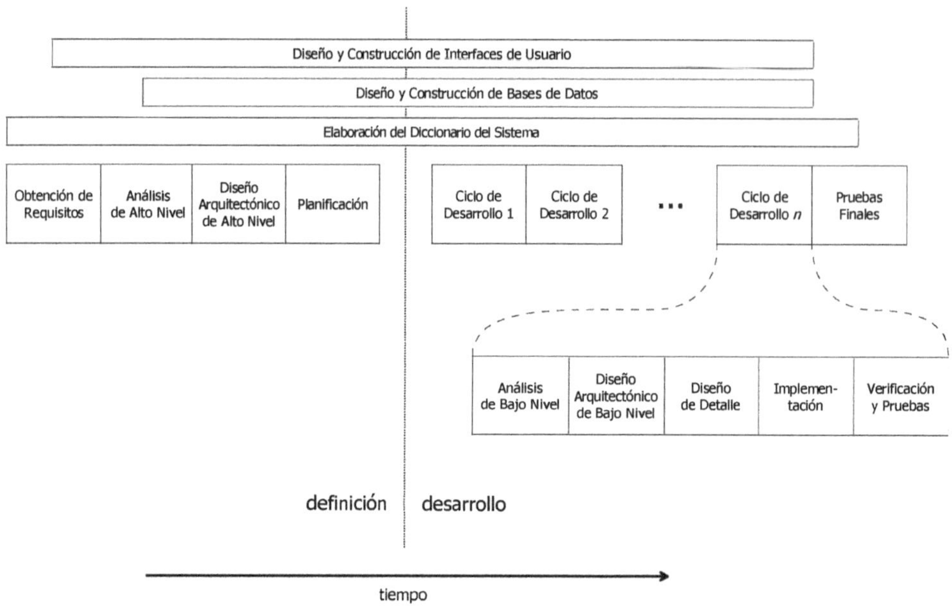


Figura III-6. Esquema general del MFA. El tiempo fluye de izquierda a derecha. Cada recuadro representa una fase. Cada rectángulo alargado en la parte superior de la figura representa un proceso suplementario que tiene lugar a lo largo de numerosas fases.

Como se puede apreciar, el proceso de desarrollo se divide en dos grandes etapas: definición y desarrollo. La etapa de definición tiene por objetivo *definir* el sistema a construir, desde los siguientes puntos de vista:

- Conceptual: qué conceptos ha de manejar el sistema, y qué relaciones existen entre ellos.
- Funcional: qué operaciones debe poder ejecutar el sistema sobre los conceptos anteriores.
- Restrictivo: qué límites o condiciones de máximos o mínimos ha de presentar el sistema.
- Tecnológico: qué tecnologías serán utilizadas para construir el sistema.

Los dos primeros puntos se corresponden con los puntos 1 y 2 enumerados en *El Objeto de las Preguntas*, pág. 61, mientras que el tercero viene dado, en parte, por el punto 3 del mismo apartado. En este sentido, la etapa de definición consiste fundamentalmente en una profundización y formalización de los requisitos expuestos por los futuros usuarios del sistema. El cuarto punto es necesario para la posterior concreción del sistema a partir de tecnologías disponibles.

La etapa de desarrollo, por otra parte, tiene por objetivo convertir el sistema definido en la etapa anterior en una realidad utilizable, utilizando para ello un esquema iterativo en su estructura pero dirigido hacia un fin muy concreto: acumular la funcionalidad requerida sobre un sistema que cumpla en cada momento los requisitos conceptuales y restrictivos impuestos desde el principio. La ventaja de la utilización de un ciclo de vida evolutivo es clara: los usuarios no han de esperar para ver el sistema hasta que los desarrolladores lo finalicen, sino que pueden (y deben) utilizar y evaluar versiones previas del sistema, parcialmente funcionales, a lo largo de esta etapa de desarrollo.

A continuación se explica el procedimiento específico de cada etapa, así como las fases que las componen. Para cada fase se indican sus objetivos, qué información inicial debe estar disponible, qué procedimiento se ha de seguir, y cuáles son los resultados esperados. El diccionario del sistema ha de estar disponible desde el principio, y será modificado continuamente, por lo que no se hará figurar en las listas de información inicial y resultados. También se explican, finalmente, los procesos suplementarios.

## Etapa de Definición

La etapa de definición consiste en la sucesión, más o menos lineal, de las tres primeras fases generales de Fusion 2 presentadas en *Procedimiento*, pág. 71: obtención de requisitos, análisis, y diseño arquitectónico, seguida de una fase de planificación de la etapa siguiente. Es importante resaltar que, así como la fase de obtención de requisitos ha de ser llevada a cabo en toda su amplitud y profundidad, las fases de análisis y diseño arquitectónico en esta etapa han de poseer un marcado carácter de abstracción o "alto nivel". No es necesario, ni deseable, profundizar durante esta etapa en todos y cada uno de los detalles del sistema, sino alcanzar un modelo del mismo amplio, completo y abstracto.

### Obtención de Requisitos

Esta fase debe utilizar los principios y técnicas expuestos en *Obtención de Requisitos*, pág. 61, y tiene por objetivo, consiguientemente, determinar qué necesitan los futuros usuarios del sistema de información que se desea construir, así como establecer criterios de validación para dichos requisitos.

Los conceptos clave en esta fase son *invariante, actor* y *caso de uso*[130]. Una invariante es una condición que siempre ha de mantenerse en el sistema; por ejemplo, "no puede existir ningún servicio sin coordinador". Un actor es una entidad externa al sistema que se trata de construir, sea humano o no. Ejemplos de actores habituales son usuarios humanos, dispositivos como impresoras o sistemas de comunicaciones, u otros sistemas software. Un caso de uso es, en esencia, un conjunto de interacciones entre el sistema y uno o más actores, dirigido hacia la consecución de un objetivo específico.

Es necesario hacer constar que todos los términos, conceptos, ideas y relaciones utilizados a lo largo de esta fase han de ser perfectamente comprensibles tanto por los desarrolladores del sistema como por los futuros usuarios del mismo. Por lo tanto, es necesario evitar la introducción de conceptos ajenos al dominio de aplicación durante esta fase.

El procedimiento a seguir comienza por la definición de requisitos funcionales y no funcionales (conceptuales, restrictivos) a un alto nivel de abstracción, tomando como punto de partida las demandas de los futuros usuarios del sistema. A continuación, es necesario buscar casos de uso más o menos informales que ejemplifiquen los requisitos definidos. Es necesario hacerse con casos de uso que cubran todos y cada uno de los requisitos definidos anteriormente. También se deben formalizar invariantes a partir de los requisitos funcionales y no funcionales.

Además, es necesario asignar a cada requisito concreto una cifra de prioridad que refleje la probabilidad de que sea contemplado y satisfecho antes que los demás. Estas cifras de prioridad han de computarse al menos basándose en dos factores: la importancia que los futuros usuarios del sistema dan al requisito en cuestión, y la dificultad o complejidad técnica que conlleva la realización de tal requisito.

Con la información obtenida hasta este punto, es posible definir esquemas de casos de uso, es decir, reescribir los casos de uso informales anteriormente detectados teniendo en cuenta las prioridades y formalizando conceptos y relaciones. Es recomendable estructurar estos esquemas de casos de uso teniendo en cuenta los subconjuntos comunes que varios de ellos puedan presentar, así como posibles variaciones o extensiones. Las invariantes, casos de uso y actores detectados han de ser añadidos al diccionario del sistema. La lista priorizada de requisitos, junto con los esquemas de casos de uso formalizados, constituyen los resultados de esta fase.

| | |
|---|---|
| **Objetivos** | • Determinar qué necesitan los futuros usuarios del sistema que se desea construir.<br>• Establecer criterios de validación para dichos requisitos. |
| **Información inicial** | • Demandas de los Futuros Usuarios del Sistema. |
| **Procedimiento** | 1. Definir requisitos funcionales y no funcionales a alto nivel.<br>2. Buscar invariantes, actores y casos de uso informales que cubran todos los requisitos.<br>3. Priorizar requisitos.<br>4. Definir y estructurar esquemas de casos de uso. |
| **Resultados** | • Lista Priorizada de Requisitos.<br>• Esquemas de Casos de Uso. |

### Análisis de Alto Nivel

Esta fase tiene por objetivo determinar la estructura del sistema a un alto nivel de abs-

[130] *Use case* en la literatura anglosajona. La traducción no es muy lucida, pero suficientemente descriptiva si se toma en sentido literal.

tracción, así como definir los protocolos de interacción entre las diferentes partes del mismo. Dado el carácter de "alto nivel" del análisis en la etapa de definición, es necesario evitar la profundización excesiva en partes específicas del sistema, siendo preferible la persecución de una visión global e integradora del mismo.

Es necesario introducir algunos conceptos nuevos. Una →*operación*← *del sistema* es un servicio simple y atómico que el sistema puede ofrecer al exterior, esto es, a algún actor. Una operación del sistema se compone de un *evento de entrada* (mediante el cual el actor solicita la operación), los efectos que éste pueda desencadenar dentro del sistema (que no especificaremos por ahora), y opcionalmente un *evento de salida* (que el sistema emite hacia el actor como respuesta). Los eventos de entrada y salida pueden llevar cualquier tipo y cantidad de información asociada a ellos. El conjunto de las operaciones de un sistema forma el *interface del sistema*. Además, las operaciones del sistema no tienen por qué poder realizarse en un orden cualquiera. Las especificaciones que recogen en qué orden pueden realizarse las operaciones de un sistema se denominan especificaciones de *ciclos de vida*. Conviene no confundir el término "ciclo de vida" utilizado en este contexto con el mismo término utilizado en el contexto de procedimientos de desarrollo de software.

El procedimiento a seguir comienza con el desarrollo de diagramas de clases que contengan los conceptos y las relaciones expresados en la lista priorizada de requisitos y en los esquemas de casos de uso resultado de la fase anterior. La fusión de los diferentes diagramas de clases parciales que se obtengan conformará el diagrama de clases del dominio. Al mismo tiempo, es necesario analizar los mencionados casos de uso y obtener a partir de ellos las operaciones del sistema, o servicios atómicos que el sistema puede ofrecer a agentes externos a él. Deben incorporarse al diccionario del sistema las clases, atributos de clases, relaciones, y operaciones del sistema detectadas.

Después, y a partir del diagrama de clases del dominio, se obtendrá el diagrama de clases de análisis eliminando las clases que representen actores externos al sistema, y dejando solamente aquellas que correspondan a conceptos que el sistema haya de manipular directamente. Simultáneamente, y a partir del interface del sistema, se desarrollará el esquema de las operaciones del sistema, incluyendo para cada una su nombre y descripción, clases relacionadas, precondiciones y postcondiciones, y se sintetizarán las mismas en un esquema de interface. A continuación se elaborarán los esquemas de ciclos de vida necesarios para recoger las secuencias permitidas de operaciones del sistema. Los diagramas de clases del dominio y de análisis, junto con los esquemas de interface y operaciones del sistema y los esquemas de ciclos de vida, constituyen los resultados que esta fase debe generar.

Es necesario tener en cuenta que el proceso de análisis rara vez es lineal, sino que tiene lugar a lo largo de sucesivos ciclos de refinado y revisión de lo ya hecho. De este modo, no es adecuado tratar de especificar los diagramas de clases y el interface del sistema de una vez, sino que es mucho más apropiado realizar una primera aproximación, refinarla, y continuar con el procedimiento general del MFA que, antes o después, nos obligará a retomar las labores de análisis de alto nivel.

**Objetivos**

- Determinar la estructura del sistema que se desea construir, en cuanto a las clases y relaciones entre clases que maneja.
- Determinar los protocolos de interacción entre el sistema y los actores externos a él.

**Información inicial**

- Lista Priorizada de Requisitos.
- Esquemas de Casos de Uso.

**Procedimiento**

1. Desarrollar el diagrama de clases del dominio.
2. Obtener el interface del sistema.
3. Desarrollar el diagrama de clases de análisis.
4. Especificar las operaciones del sistema.
5. Especificar el ciclo de vida del sistema.

| **Resultados** | • Diagrama de Clases del Dominio.<br>• Diagrama de Clases de Análisis.<br>• Esquema de Interface del Sistema.<br>• Esquemas de Operaciones del Sistema.<br>• Esquema de Ciclos de Vida. |
|---|---|

## Diseño Arquitectónico de Alto Nivel

Esta fase tiene por objetivo describir el sistema desde la óptica informática, a un nivel de abstracción muy elevado. En concreto, se centra en la delimitación de componentes del sistema, que interactuarán entre sí para formar el sistema en su conjunto, así como en la elección de tecnologías adecuadas para la implementación del mismo. Un *componente* es una parte del sistema con una fuerte cohesión interna, capaz de encapsular información y comportamiento y ocultarlos a otros componentes. Los diferentes componentes del sistema pueden comunicarse mediante la ejecución de *operaciones de componentes*. El conjunto de operaciones de cada componente constituye su *interface*.

El modo genérico en que varios componentes se comunican entre sí da lugar a un *estilo arquitectónico*; por ejemplo, es habitual encontrar sistemas compuestos por varios componentes que se comunican cada uno con otros dos, excepto dos de ellos, que se comunican con solamente uno. Esta estructura es denominada "en →capas←", y de hecho constituye uno de los estilos arquitectónicos más habituales. Podemos entender los estilos arquitectónicos como →patrones← de diseño[131] de muy alto nivel, ya que se aplican a la estructura de un sistema completo en vez de a problemas específicos[132].

El procedimiento a seguir en esta fase comienza con la elección de un estilo arquitectónico adecuado para el sistema que se trata de construir, a partir de la información aportada por el diagrama de clases de análisis y las operaciones del sistema. Existen catálogos de estilos arquitectónicos que los desarrolladores pueden utilizar para localizar un estilo adecuado o generar un estilo combinado a partir de dos o más estilos preexistentes[133]. A continuación, y tomando como base la información mencionada, es necesario esbozar componentes e interacciones entre ellos. Grandes grupos de clases o de operaciones del sistema pueden sugerir componentes. Esta estructura debe ser plasmada en un diagrama de arquitectura. Además, deben incorporarse al diccionario del sistema los componentes e interacciones detectadas.

A partir del boceto inicial de componentes e interacciones y de los casos de uso especificados durante la fase de obtención de requisitos, es posible desarrollar la arquitectura conceptual del sistema, basada en diagramas de colaboración entre componentes. Cada diagrama ha de representar los diferentes componentes involucrados en un caso de uso, así como las colaboraciones abstractas entre ellos. Yendo más allá, el siguiente paso consiste en desarrollar la arquitectura lógica del sistema, convirtiendo las colaboraciones abstractas entre componentes en operaciones concretas que unos componentes realizan sobre otros. El conjunto de operaciones de cada componente ha de ser documentado mediante un esquema de interface del componente. De modo similar, las colaboraciones entre componentes han de ser plasmadas, en cuanto a las operaciones involucradas y la secuencia de las mismas, en diagramas de colaboraciones entre componentes. Se incorporarán al diccionario del sistema las operaciones de componentes definidas.

Finalmente, es necesario decidir qué tecnologías, y en muchos casos qué productos concretos se utilizarán para la implementación del sistema. En concreto, debemos detenernos en la elección de elementos como sistemas operativos, protocolos de comunicaciones, entornos de desarrollo, lenguajes de programación, servidores de bases de datos, o tipos de interfaces de usuario. Aunque no es necesario conocer en este momento qué lenguaje de programación concreto o que producto de base de datos se utilizará, sí es muy conveniente saber con qué características de los mismos se puede

[131] Un patrón de diseño es una solución genérica aplicable a un problema específico mediante un proceso de instanciación. Véase Gamma et al. 1995 para más información.

[132] Una buena introducción a los estilos arquitectónicos como patrones de alto nivel es Buschamnn et al. 1996.

[133] Gamma et al. 1995 incluye un amplio catálogo de patrones.

contar a lo largo de las fases de desarrollo venideras[134]. La lista de tecnologías y/o productos a utilizar, junto con el diagrama de arquitectura y los esquemas de interfaces, operaciones y colaboraciones entre componentes, constituyen los resultados de esta fase.

| | |
|---|---|
| **Objetivos** | • Describir el sistema en cuanto a sus componentes informáticos y las interconexiones entre estos.<br>• Elegir tecnologías adecuadas para la implementación del sistema. |
| **Información inicial** | • Esquemas de Casos de Uso.<br>• Diagrama de Clases de Análisis.<br>• Esquemas de Operaciones del Sistema. |
| **Procedimiento** | 1. Elegir un estilo arquitectónico.<br>2. Esbozar la arquitectura del sistema de modo informal.<br>3. Desarrollar la arquitectura conceptual.<br>4. Desarrollar la arquitectura lógica. |
| **Resultados** | • Diagrama de Arquitectura.<br>• Diagramas de Colaboraciones entre Componentes.<br>• Esquemas de Interfaces de Componentes.<br>• Esquemas de Operaciones de Componentes.<br>• Lista de Tecnologías y/o Productos a Utilizar. |

## Planificación

Esta fase tiene por objetivo general planear la ejecución de la etapa de desarrollo subsiguiente. En concreto, será necesario definir conjuntos de características del sistema para poder abordar su ejecución de forma modular; establecer plazos de ejecución; y definir mecanismos específicos mediante los cuales los usuarios del sistema puedan participar en el proceso de desarrollo. Es necesario resaltar que la adopción de un ciclo de vida evolutivo implica una etapa de desarrollo iterativa, modular, e incremental, de modo que la funcionalidad del sistema es incrementada sucesivamente. De este modo, es posible detener el desarrollo del sistema en cualquier punto anterior a su finalización completa, y disponer sin embargo de un producto funcional, aunque solamente de forma parcial[135]. En este sentido, es posible definir *umbrales de alcance* sucesivos; por ejemplo, podría establecerse que cierta funcionalidad es absolutamente imprescindible, otro conjunto de funcionalidades muy conveniente, y un último conjunto, deseable. De este modo, el desarrollo del sistema puede comenzar dirigido hacia el primer umbral, pero sin dejar de perseguir los siguientes.

Es necesario en este punto introducir el concepto de conjunto de características. Un *conjunto de características* es una parte de la funcionalidad del sistema con una alta interdependencia interna y relativamente independiente de algunos otros conjuntos de características. Típicamente, los conjuntos de características vienen dados por un componente, partes de componentes (subcomponentes), o bien grupos de componentes relacionados.

El procedimiento a seguir en esta fase comienza con la definición de conjuntos de características del sistema. Es necesario definir los conjuntos necesarios como para que toda la funcionalidad del sistema quede cubierta, teniendo en cuenta que todos ellos han de mostrar un grado de dificultad y complejidad similar, ya que servirán como unidad de organización del futuro plan de trabajo. Los conjuntos de características demasiado amplios o complejos deben ser divididos en conjuntos de características más abordables.

A continuación, es necesario priorizar cada conjunto de características, teniendo en cuenta las prioridades reflejadas en la lista de requisitos elaborada durante la fase de obtención de requisitos. En este sentido, será necesario poder relacionar cada conjunto

134 En este sentido, conviene recordar que el proceso de desarrollo de software necesita habitualmente de la búsqueda de compromisos entre factores inicialmente opuestos. En esta ocasión, es necesario poder conjugar los beneficios que proporciona el conocimiento de los productos a utilizar desde momentos muy tempranos con las ventajas de un diseño fundamentalmente independiente de la plataforma y lenguaje de programación sobre la que se implemente.

135 Compárese con el enfoque tradicional, consistente en la ejecución del desarrollo de forma monolítica, en la cual la funcionalidad del sistema no puede verse y probarse hasta que éste esté finalizado.

de características con los requisitos que persigue satisfacer, utilizando para esto los esquemas de casos de uso si fuese necesario. Finalmente, se elaborará un plan de trabajo, ordenando los diferentes conjuntos de características, estableciendo los recursos necesarios y tiempos estimados para cada uno, y estableciendo diferentes umbrales de alcance del sistema. Además, es necesario definir los mecanismos concretos mediante los cuales los diferentes conjuntos de características serán mostrados a los usuarios del sistema una vez se completen, y cómo la información obtenida de dichos usuarios deberá ser introducida en el proceso de desarrollo para mejorarlo y adaptarlo a las necesidades. La especificación de los conjuntos de características, junto con el plan de trabajo, constituyen los resultados que esta fase debe proporcionar.

Téngase en cuenta que el plan de trabajo mencionado es solamente una intención, y que la propia filosofía subyacente a los ciclos de vida evolutivos implica que la modificación de tal plan una vez comenzada su ejecución ha de ser tomada como cosa normal e incluso deseable.

| | |
|---|---|
| **Objetivos** | • Definir conjuntos de características priorizados.<br>• Establecer umbrales y plazos de ejecución.<br>• Establecer mecanismos concretos de participación de los usuarios en el proceso de desarrollo. |
| **Información inicial** | • Lista Priorizada de Requisitos.<br>• Esquemas de Casos de Uso.<br>• Diagrama de Clases de Análisis.<br>• Esquemas de Operaciones del Sistema.<br>• Diagrama de Arquitectura.<br>• Diagramas de Colaboraciones entre Componentes. |
| **Procedimiento** | 1. Definir conjuntos de características.<br>2. Priorizar conjuntos de características.<br>3. Establecer un plan de trabajo. |
| **Resultados** | • Conjuntos de Características.<br>• Plan General de Trabajo. |

## Etapa de Desarrollo

La etapa de desarrollo consiste en la sucesión de un número arbitrario de ciclos de desarrollo, seguida por una fase de pruebas finales. Los ciclos de desarrollo son todos iguales en su estructura, aunque difieren en contenido y objetivos, ya que cada uno se centra en un conjunto de características determinado (véase *Planificación*, pág. 76) y lo trata como un sistema completo *per se*. Es importante resaltar que, así como las fases de análisis y diseño arquitectónico en la anterior etapa de definición poseían un marcado carácter de abstracción o "alto nivel", estas mismas fases se reproducirán una vez y otra a lo largo de la etapa de desarrollo, pero en toda su profundidad.

La fase de planificación de la etapa de definición rinde, entre otras cosas, un plan general de trabajo, en el que ha de figurar una lista de conjuntos de características que incluya el orden en que se acometerá cada uno. Por supuesto, el orden de desarrollo de los diferentes conjuntos de características podrá alterarse posteriormente, del mismo modo que será posible introducir nuevos ciclos de desarrollo para atender conjuntos de características que se desdoblen o nuevos conjuntos de características, o bien eliminar ciclos de desarrollo en el caso de que algún conjunto de características desaparezca o se fusione con otro.

Al final de la etapa de desarrollo tiene lugar una fase de pruebas finales, que tiene por intención contrastar el producto finalizado con los requisitos iniciales.

### Análisis de Bajo Nivel

Esta fase tiene por objetivo determinar la estructura de detalle de un conjunto de características, así como definir los protocolos de interacción entre las diferentes partes del mismo. En este sentido, el conjunto de características a desarrollar es tratado como un sistema completo *per se*, con lo cual otros conjuntos de características pueden ser tratados como actores externos a él.

El procedimiento a seguir comienza con la profundización en el diagrama de clases de análisis. Como punto de partida puede utilizarse la información de alto nivel que acerca del conjunto de características en cuestión se haya obtenido en la fase de análisis de alto nivel de la etapa de definición. A menudo será necesario consultar los esquemas de casos de uso o la lista priorizada de requisitos obtenidas durante la etapa de definición.

Después, y a partir del interface del sistema previamente obtenido, se completará el esquema de interface y los esquemas de operaciones del sistema. El diccionario del sistema será completado con la información correspondiente. El diagrama de clases de análisis refinado, junto con los esquemas de interface, operaciones del sistema y de ciclos de vida completados, constituyen los resultados que esta fase debe generar.

De nuevo, es necesario tener en cuenta que el proceso de análisis rara vez es lineal, sino que debe enfocarse como un proceso que tiene lugar a lo largo de sucesivos ciclos de refinado y revisión.

| | |
|---|---|
| **Objetivos** | • Determinar la estructura del conjunto de características que se desea desarrollar, en cuanto a las clases y relaciones entre clases que maneja.<br>• Determinar los protocolos de interacción entre dicho conjunto de características y los actores externos a él. |
| **Información inicial** | • Lista Priorizada de Requisitos.<br>• Esquemas de Casos de Uso.<br>• Diagrama de Clases de Análisis.<br>• Esquemas de Operaciones del Sistema.<br>• Esquemas de Ciclos de Vida. |
| **Procedimiento** | 1. Profundizar en el diagrama de clases de análisis.<br>2. Completar los esquemas de las operaciones del sistema. |
| **Resultados** | • Diagrama de Clases de Análisis refinado.<br>• Esquema de Interface del Sistema completado.<br>• Esquemas de Operaciones del Sistema completados.<br>• Esquema de Ciclos de Vida completado. |

### Diseño Arquitectónico de Bajo Nivel

De modo similar a su contrapartida en la etapa de definición, esta fase tiene por objetivo describir el conjunto de características desde un punto de vista informático, pero a un nivel de abstracción medio. En concreto, se centra en la delimitación de componentes del conjunto de características a desarrollar. Téngase en cuenta que, al menos en teoría, cada componente definido durante la fase de diseño arquitectónico de alto nivel puede ser descompuesto recursivamente en subcomponentes más sencillos. Esta descomposición jerárquica ha de detenerse cuando los componentes obtenidos sean directamente implementables.

La estructura de un componente de detalle puede organizarse en torno a *patrones de diseño*, que como ya hemos introducido, han de instanciarse para poder ser aplicados a casos concretos. De todos modos, es la fase de diseño de detalle, a continuación, durante la que se tomarán decisiones determinantes en cuanto a la organización de detalle de cada componente, por lo que esta fase de diseño arquitectónico debe centrarse en temas de estructura, y posponer los temas de contenido para más adelante.

El procedimiento a seguir en esta fase comienza con la elección de patrones de diseño adecuados para el conjunto de características que se trata de desarrollar, a partir de la información aportada por el diagrama de clases de análisis refinado y las operaciones del sistema completadas en la fase anterior. De igual manera que en el caso de los estilos arquitectónicos, existen catálogos de patrones de diseño que los desarrolladores pueden utilizar para localizar un estructuras adecuadas o generar combinaciones a partir de dos o más patrones existentes. A continuación, y tomando como base la información mencionada, es necesario esbozar subcomponentes e interacciones entre ellos. Algunos grupos de clases o de operaciones del sistema pueden sugerir subcomponentes. Esta estructura debe ser utilizada para refinar el diagrama de arquitectura.

A partir del boceto inicial de componentes e interacciones, es posible desarrollar la arquitectura conceptual del conjunto de características, basada en diagramas de colaboración entre componentes. El siguiente paso consiste en desarrollar la arquitectura lógica del conjunto de características, convirtiendo las colaboraciones abstractas entre componentes en operaciones concretas que unos componentes realizan sobre otros. El conjunto de operaciones de cada componente ha de ser documentado completando los esquemas de interface y de operaciones del componente. De modo similar, las colaboraciones entre componentes han de ser incluidas, en cuanto a las operaciones involucradas y la secuencia de las mismas, en los diagramas de colaboraciones entre componentes de la etapa anterior. Toda esta información ha de ser añadida al diccionario del sistema. Estos documentos completados, junto con el diagrama de arquitectura refinado, constituyen los resultados de esta fase.

| | |
|---|---|
| **Objetivos** | • Describir el conjunto de características en cuanto a sus componentes y subcomponentes informáticos y las interconexiones entre estos. |
| **Información inicial** | • Diagrama de Clases de Análisis.<br>• Diagrama de Arquitectura.<br>• Diagramas de Colaboraciones entre Componentes.<br>• Esquemas de Interfaces de Componentes. |
| **Procedimiento** | 1. Elegir patrones de diseño adecuados al conjunto de características.<br>2. Esbozar la arquitectura del conjunto de características de modo informal.<br>3. Desarrollar la arquitectura conceptual.<br>4. Desarrollar la arquitectura lógica. |
| **Resultados** | • Diagrama de Arquitectura refinado.<br>• Diagramas de Colaboraciones entre Componentes completados.<br>• Esquemas de Interfaces de Componentes completados.<br>• Esquemas de Operaciones de Componentes completados. |

## Diseño de Detalle

Esta fase tiene por objetivo describir el conjunto de características que se pretende desarrollar desde un punto de vista informático y a un bajo nivel de abstracción. En concreto, es importante en esta fase centrarse en la dinámica de interacciones *interna* al conjunto de características en cuestión, en contraste con el enfoque centrado en el interface de fases anteriores.

Es en esta fase cuando las operaciones del sistema y las operaciones de componente son concretadas como *operaciones de clase*; una operación de clase es un servicio que una clase puede ofrecer a agentes externos a ella, es decir, a otras clases. Este concepto, insinuado una y otra vez en Fusion 95 y Fusion 2, es tratado en el MFA de forma explícita. También es importante determinar las *visibilidades* entre clases, es decir, especificar si cada clase puede acceder de algún modo directo a los servicios de otras.

El procedimiento a seguir en esta fase comienza esbozando el diagrama de clases de diseño a partir del diagrama de clases de análisis y el diagrama de arquitectura. A menudo es necesario introducir clases que poco tienen que ver con el dominio de aplicación de sistema en construcción, pero que son no obstante necesarias para la implementación del mismo. A continuación deben construirse diagramas de colaboración entre objetos, que muestren, para cada operación del sistema, las invocaciones que cada objeto ha de hacer a cada operación de clase. El objeto que responde directamente a una operación del sistema se denomina controlador, y otros objetos que participen en la consecución de los objetivos de dicha operación, colaboradores. De este modo, la operación del sistema pasa a ser una operación de clase para el objeto controlador, y las interacciones de éste con sus colaboradores, más las de éstos entre sí, dan lugar a operaciones de clase de éstos. A este nivel, y para cada operación de clase, es necesario considerar si se realiza de forma síncrona o bien asíncrona, y tener además en cuenta temas como la capacidad *multithread* del sistema o la concurrencia en el uso de recursos[136]. Las operaciones de clase de cada clase deben documentarse en esquemas de operaciones de clase, y resumidas en un esquema de interface de clase. El diccionario del sistema ha de ser completado con la información relativa a clases, atributos, relaciones, y operaciones.

[136] La capacidad *multithread* de un sistema software viene dada por la posibilidad de seguir diferentes secuencias de ejecución de instrucciones simultáneas dentro de cada proceso. La concurrencia en el acceso a recursos viene dada por el hecho de que varias instancias diferentes soliciten el mismo recurso al mismo tiempo.

Utilizando los diagramas de colaboración entre objetos, se utilizarán las interacciones entre éstos para definir visibilidades entre clases. La visibilidad entre dos clases puede ser de muchos tipos, pero es especialmente necesario distinguir en este punto si cada visibilidad efectiva puede concretarse como una agregación física, es decir, como la contención de una clase dentro de otra. En este sentido, es necesario especificar la mutabilidad y el tiempo de vida de la clase contenida en función de la clase continente. La información obtenida a partir de este proceso ha de ser utilizada para completar el diagrama de clases de diseño. Este diagrama, junto con los esquemas de interfaces y operaciones de clases, y de colaboraciones entre objetos, constituyen los resultados que esta fase debe rendir.

A mayores, es necesario al final de esta fase establecer claramente cuáles serán las políticas y criterios generales que se seguirán a la hora de implementar el diseño resultante. Obviamente, es adecuado que estos criterios se encuadren en políticas generales más amplias que trasciendan la realización del proyecto software en desarrollo.

**Objetivos**

- Describir la estructura del conjunto de características en cuanto a las clases y relaciones entre clases que maneja, desde un punto de vista informático.
- Determinar los protocolos de interacción entre las clases de dicho conjunto de características.

**Información inicial**

- Diagrama de Clases de Análisis.
- Esquema de Interface del Sistema.
- Esquemas de Operaciones del Sistema.
- Esquemas de Ciclos de Vida.
- Diagrama de Arquitectura.
- Diagramas de Colaboraciones entre Componentes.
- Esquemas de Interfaces de Componentes.
- Esquemas de Operaciones de Componentes.

**Procedimiento**

1. Esbozar el diagrama de clases de diseño.
2. Construir diagramas de colaboración entre objetos.
3. Determinar agregaciones y visibilidades entre objetos.
4. Establecer criterios y políticas de codificación.

**Resultados**

- Diagrama de Clases de Diseño.
- Esquemas de Interfaces de Clases.
- Esquemas de Operaciones de Clases.
- Diagramas de Colaboraciones entre Objetos.

## Implementación

Esta fase tiene por objetivo traducir los diagramas y esquemas previos a un lenguaje susceptible de ser ejecutado por un ordenador, obteniendo de este modo un modelo programático del conjunto de características a desarrollar.

Es importante tener en cuenta que esta fase producirá, como resultado, el denominado código fuente del conjunto de características, es decir, el texto software que un ordenador podrá ejecutar. A este texto se llega mediante un proceso de *codificación*, o escritura de fragmentos de programa mediante el lenguaje de programación elegido.

El procedimiento a seguir en esta fase comienza elaborando descripciones de clases a partir de los esquemas de interfaces de clases y de colaboraciones entre objetos. Estas descripciones de clases han de reflejar, en forma de →pseudocódigo←, tanto el interface de cada clase como la estructura interna básica de cada operación de clase, en cuanto a su lógica y algorítmica. Simultáneamente, y a partir del diccionario del sistema, se deben codificar las definiciones y estructuras de datos que de él surjan directamente. A continuación, y utilizando las mismas fuentes de información, se codificará un "esqueleto" de código fuente traduciendo la información del diccionario del sistema y el pseudocódigo de las descripciones de clases al lenguaje de programación elegido. Seguidamente, se completará este esqueleto codificando la lógica de decisiones y los algoritmos embebidos en cada operación de clase. En este punto será necesario aplicar las políticas generales de programación establecidas en la fase de diseño de detalle a temas tan específicos como el paso de argumentos, la reserva y liberación de memoria, etc. Aunque es posible integrar paulatinamente el código fuente así generado en el código fuente preexistente del sistema, siempre será adecuado un proceso final de integración y pruebas de regresión[137] sobre el código recién introducido. El código fuente total, completado con el nuevo, es el producto que esta fase debe rendir.

| | |
|---|---|
| **Objetivos** | • Traducir los diagramas y esquemas previos a un lenguaje susceptible de ser ejecutado por un ordenador, obteniendo un modelo programático del conjunto de características a desarrollar. |
| **Información inicial** | • Diagrama de Clases de Diseño.<br>• Esquemas de Interfaces de Clases.<br>• Esquemas de Operaciones de Clases.<br>• Diagramas de Colaboraciones entre Objetos.<br>• Código Fuente. |
| **Procedimiento** | 1. Elaborar descripciones de clases.<br>2. Codificar diccionario del sistema.<br>3. Codificar esqueleto de código.<br>4. Codificar lógica y algoritmos.<br>5. Integrar código fuente en el sistema. |
| **Resultados** | • Código Fuente completado. |

## Verificación y Pruebas

Esta fase tiene por objetivo hacer que los futuros usuarios del sistema prueben y verifiquen la funcionalidad añadida al sistema en el presente ciclo de desarrollo. La información que los usuarios proporcionen habrá de ser introducida en el proceso de desarrollo para reforzar y/o modificar los ciclos de desarrollo venideros.

El procedimiento a seguir en esta fase comienza dejando que los futuros usuarios del sistema utilicen el sistema parcialmente construido hasta el momento, indicándoles que deben ejercitar principalmente la funcionalidad añadida en el presente ciclo de desarrollo, teniendo siempre en cuenta las posibles interacciones de la misma con otros aspectos del sistema. Al mismo tiempo, es adecuado comenzar a recoger la información que dichos usuarios puedan proporcionar acerca de su experiencia utilizando el sistema. Los aspectos en los que es conveniente centrarse son, sobre todo, aquellos relativos a la comparación entre la funcionalidad exhibida por el sistema y la planificada en la lista priorizada de requisitos desarrollada durante la etapa de definición.

Finalmente, es necesario introducir esta información en el proceso de desarrollo de software, para añadir nuevos ciclos de desarrollo, modificar el orden y/o el contenido de los planificados, o incluso eliminar algunos si fuese necesario. El informe de uso proporcionado por los usuarios del sistema, así como el plan de trabajo modificado, en su caso, constituyen los resultados de esta fase.

| | |
|---|---|
| **Objetivos** | • Hacer que los futuros usuarios del sistema prueben y verifiquen la funcionalidad recién añadida al sistema.<br>• Introducir la información proporcionada por los usuarios en el proceso de desarrollo. |
| **Información inicial** | • Lista Priorizada de Requisitos.<br>• Plan General de Trabajo.<br>• Código Fuente. |
| **Procedimiento** | 1. Dejar que los usuarios usen el sistema.<br>2. Recoger información acerca del uso del mismo.<br>3. Introducir esta información en el proceso de desarrollo. |
| **Resultados** | • Informe de Uso.<br>• Plan General de Trabajo modificado. |

## Pruebas Finales

Esta fase, fuera ya de todo ciclo de desarrollo, tiene por objetivo contrastar el producto

[137] Una prueba de regresión consiste en verificar que la introducción de nuevas características en un sistema no altera el funcionamiento de características preexistentes.

finalmente obtenido con los requisitos inicialmente planteados por los usuarios del mismo. Es necesario resaltar que esta contrastación ha de ser enfocada como un proceso meramente evaluativo y nunca correctivo, ya que las correcciones debidas a posibles desviaciones de los requisitos o a la aparición de requisitos nuevos a lo largo del proceso de desarrollo deberán haber sido detectadas durante los diferentes ciclos de desarrollo e introducidas de forma inmediata. Pretender corregir un sistema que no responda a sus requisitos en este punto traiciona la filosofía de los ciclos de vida evolutivos, y convierte en inútiles los esfuerzos realizados al hacer que los usuarios del sistema evalúen el mismo en numerosas ocasiones a lo largo de su construcción. De este modo, esta fase debe probar el sistema para evaluar las diferencias entre lo esperado y lo conseguido, que idealmente han de tender a cero, y analizar esta información cara a proyectos futuros.

El procedimiento a seguir en esta fase es sencillo; se probará el sistema en todos sus aspectos, contrastando la funcionalidad del mismo con los requisitos iniciales de los usuarios y utilizando incluso los documentos de demandas presentadas por los mismos. Finalmente, se evaluarán las diferencias encontradas, tratando de encontrar explicaciones a ellas, y sugiriendo alternativas potenciales que las hubiesen evitado. El informe de diferencias que recoja esta información constituye el resultado de esta fase.

| | |
|---|---|
| **Objetivos** | • Evaluar las diferencias entre el producto obtenido y los requisitos inicialmente planteados. |
| **Información inicial** | • Demandas de los Futuros Usuarios del Sistema.<br>• Lista Priorizada de Requisitos.<br>• Producto Final. |
| **Procedimiento** | 1. Probar el sistema en todos sus aspectos y contrastar la funcionalidad con los requisitos iniciales.<br>2. Evaluar diferencias. |
| **Resultados** | • Informe de Diferencias. |

## Procesos Suplementarios

Además del procedimiento general de Fusion 2, esta metodología presenta dos procesos suplementarios orientados a la construcción de las bases de datos e interfaces gráficos de usuario necesarios para el sistema que se trata de desarrollar (Hewlett-Packard 1998, pág. 3-4). El MFA adopta esta convención, añadiendo la elaboración del diccionario del sistema como proceso suplementario en sí, y ampliando la consideración de "interfaces gráficos de usuario" a "interfaces de usuario" de cualquier tipo.

A continuación se describe cada uno de estos procesos suplementarios. Téngase en cuenta que estos procesos ocurren a lo largo del procedimiento general del MFA, solapándose con muchas de las fases del mismo, como se puede ver en la Figura III-6, pág. 72.

### Elaboración del Diccionario del Sistema

Como ya hemos introducido, el diccionario del sistema es una lista de conceptos e ideas que el sistema ha de manejar, entre las que caben clases, atributos, relaciones de diferentes tipos, componentes, operaciones, etc. Este diccionario debe mostrar, para cada concepto o idea, un nombre identificativo no ambiguo[138] y una descripción exhaustiva.

El diccionario del sistema ha de comenzarse con los actores y casos de uso que se detecten en la fase de obtención de requisitos. A partir de ese momento, y siempre mediante un proceso iterativo, basado en el refinamiento progresivo, se irá añadiendo información al mismo y ajustando la ya existente. Es importante resaltar que el diccionario del sistema ha de mantenerse en un buen estado de coherencia consigo mismo y con otros documentos como esquemas y diagramas.

[138] En principio, no hay por qué restringir los nombres de las ideas y conceptos del diccionario del sistema a que sean únicos a lo largo y ancho del sistema, sino que es posible (y conveniente) utilizar información contextual para caracterizar a cada uno. Por ejemplo, una clase Persona podría tener un atributo Nombre; una clase Empresa podría tener también un atributo Nombre. En el diccionario del sistema, estos atributos podrían hacerse figurar como Persona.Nombre y Empresa.Nombre, respectivamente.

Véase *Diccionario del Sistema*, pág. 85, para una explicación detallada de la notación a utilizar y de los tipos de información que tienen cabida en él.

## Diseño y Construcción de Bases de Datos

Este proceso tiene por objetivo diseñar y construir los subsistemas de persistencia de datos necesarios para el sistema de información que se trata de construir. En general, podemos definir *datos persistentes* como aquellos que se conservan entre diferentes ejecuciones del programa o programas de ordenador que compongan dicho sistema. De este modo, si la re-instanciación de dichos programas para una nueva ejecución no conlleva la destrucción de información, sino que el nuevo proceso utiliza información creada en ejecuciones anteriores, esta información es persistente. Por ejemplo, un sistema de generación de nóminas en una empresa necesita utilizar, mes tras mes, la misma información acerca de los empleados de la empresa, información que a todas luces es persistente, ya que no se introduce de nuevo cada vez que el programa arranca.

En la práctica, para que un dato sea persistente es necesario almacenarlo en algún dispositivo especial como un disco, una cinta, o un CD, y recuperarlo de dicho almacén cuando sea necesario utilizarlo. En este sentido, podemos ver a la porción del sistema encargado de tales almacenamientos y recuperaciones como un componente más, denominado "base de datos", y es este punto de vista el que mantiene el MFA. Es necesario resaltar que cada sistema de información específico puede involucrar cero, una, o muchas bases de datos, de diferentes tipos y características. De este modo, el proceso suplementario de diseño y construcción de bases de datos será obviado completamente en aquellos sistemas que no necesiten datos persistentes.

Los pasos a seguir en este proceso comienzan con la decisión acerca de la necesidad de subsistemas de persistencia de datos. En caso de que no se detecte tal necesidad, este proceso finaliza en este punto. En caso contrario, será necesario a continuación determinar cuántos subsistemas diferentes son necesarios, tomando como criterios la naturaleza y volumen de la información a almacenar así como los requerimientos de acceso a la misma. Para cada subsistema de persistencia habrá también que decidir el tipo de base de datos a utilizar, de nuevo en función de la naturaleza y volumen de la información y de los requerimientos de acceso a la misma. En este sentido, cabe elegir entre archivos "planos"[139], sistemas de archivos indexados[140], sistemas de gestión de bases de datos relacionales u orientadas a objetos[141], etc.

A continuación, y para cada base de datos (recuérdese que cada una constituye un nuevo componente), se diseñará el *esquema* de la misma, es decir, la estructura conceptual de la misma. Puede verse este proceso como un proceso de análisis/diseño reducido y comprimido, ya que el diagrama de clases de análisis y el diccionario del sistema aportarán la mayor parte de la información necesaria. En el caso de una base de datos relacional, será necesario diseñar las tablas y relaciones adecuadas; en el caso de una base de datos orientada a objetos, habrá que diseñar las clases y relaciones apropiadas; en el caso de archivos planos, será necesario diseñar la estructura interna de los mismos. Esta estructura conceptual será plasmada en un diagrama de arquitectura similar al usado para documentar la estructura de un sistema completo o un componente.

A continuación, y de nuevo para cada base de datos, es necesario establecer los mecanismos de acceso a la información, es decir, especificar cómo el resto de los componentes del sistema tendrán acceso a los componentes de base de datos. Sucede a menudo que las bases de datos residen en ordenadores separados, o trabajan bajo premisas de solicitud de acceso muy específicas, y requieren por tanto mecanismos de comuni-

139 Un archivo "plano" (*flat file* en inglés) es una estructura de almacenamiento muy sencilla, consistente en una sucesión de datos simples sin mayor estructuración. Estos archivos son adecuados para ser leídos y escritos secuencialmente, haciéndose muy costosas las tareas de búsqueda y filtrado de sus contenidos.

140 Un sistema de archivos indexado es un conjunto de archivos planos interrelacionados entre sí, de modo que unos archivos describen la estructura de los otros, haciendo menos costosas las labores de acceso aleatorio, búsqueda y filtrado de contenidos.

141 Un sistema de gestión de bases de datos es un programa o conjunto de programas, normalmente disponibles en el mercado, destinados a almacenar, ordenar, buscar, filtrar y recuperar grandes volúmenes de información. Son sistemas más caros y complejos que los archivos planos o indexados, pero de prestaciones mucho más altas.

cación específicos. En este sentido, los mecanismos de acceso vendrán dados habitualmente por el tipo concreto de base de datos utilizado en cada caso; por ejemplo, los archivos "planos" pueden ser accedidos mediante simples operaciones de lectura y escritura en disco; por el contrario, los sistemas de gestión de bases de datos comerciales poseen interfaces preestablecidos a los que es necesario ajustarse.

Finalmente, se diseñarán y construirán las transacciones que cada base de datos soportará. Una *transacción* es una operación de componente cuando dicho componente es una base de datos; dicho de otro modo, las transacciones de una base de datos constituyen el interface que otros componentes habrán de utilizar para comunicarse con ella. Las operaciones de componente (o transacciones) así definidas se documentarán mediante esquemas de transacciones, similares a los esquemas de operaciones de componentes, y se sintetizarán en esquemas de interfaces de bases de datos. Estos documentos, junto con los diagramas de arquitectura previamente elaborados y, por supuesto, las bases de datos en sí, constituyen los resultados de este proceso suplementario.

Como nota final, es importante advertir que el proceso suplementario de diseño y construcción de bases de datos puede dividirse, tras haber identificado cuántas bases de datos son necesarias, en tantos procesos paralelos como bases de datos haya. De este modo, cada base de datos del sistema será desarrollada en su propio proceso, haciendo posible una asignación de recursos y monitorización detallada y separada de cada uno de estos.

**Objetivos**

- Diseñar y construir los subsistemas de persistencia de datos necesarios.

**Información inicial**

- Demandas de los Futuros Usuarios del Sistema.
- Lista Priorizada de Requisitos.
- Diagrama de Clases de Análisis.

**Procedimiento**

1. Decidir si es necesario algún subsistema de persistencia de datos.
2. Decidir tipos de bases de datos.
3. Diseñar los esquemas de las bases de datos.
4. Diseñar y construir mecanismos de acceso a datos.
5. Diseñar y construir transacciones.

**Resultados**

- Diagramas de Arquitectura de las Bases de Datos.
- Esquemas de Interfaces de las Bases de Datos.
- Esquemas de Transacciones.
- Bases de Datos.

## Diseño y Construcción de Interfaces de Usuario

Este proceso presenta un paralelismo muy grande con el anterior. Como gran diferencia, este proceso trata de diseñar y construir los subsistemas de interacción con el usuario necesarios para el sistema de información que se trata de construir. Como gran similitud, el procedimiento a seguir es muy similar. De nuevo, los diferentes subsistemas cuya misión sea la interacción con el usuario humano son considerados componentes del sistema de información, y son tratados como tales a todos los niveles. De nuevo, este proceso suplementario puede ser obviado totalmente si se decide que el sistema no necesita interacción con el usuario; de todas maneras, y aunque esto es técnicamente posible[142], en la práctica casi cualquier sistema necesitará, al menos en algún momento (instalación, configuración, administración), capacidad de interacción con usuarios humanos.

Los pasos a seguir a lo largo de este proceso son los mismos que los explicados para el proceso de diseño y construcción de bases de datos. Tras decidir si es necesario algún subsistema de interacción con el usuario, se debe especificar qué tipos de interface de

[142] Existen sistemas "desatendidos" que funcionan prácticamente sin intervención humana, como los sistemas de control de vehículos espaciales no tripulados. Estos sistemas se comunican con otros sistemas informáticos en tierra, los cuales sí presentan ya interfaces de usuario convencionales.

usuario se adoptarán, según la naturaleza y necesidades de cada tipo de interacción. En este sentido, cabe elegir entre interfaces basados en dispositivos convencionales (teclados y monitores), ya sean de línea de comando o gráficos[143], o bien interfaces basados en dispositivos especiales como *joysticks* o cuadros de mandos específicos. A su vez, será necesario diseñar el esquema de cada interface de usuario, indicando sus componentes y las interacciones entre ellos, y plasmando estos diseños en los diagramas de arquitectura correspondientes. Después se diseñarán los mecanismos de interacción, que de nuevo vendrán habitualmente dados por el tipo de interface de usuario elegido en cada caso. Sobre ellos se diseñarán y construirán las operaciones concretas que los usuarios podrán ejecutar sobre cada interface de usuario, plasmándolas en los correspondientes esquemas de interfaces y de operaciones de interfaces de usuario. Estos documentos, junto con el diagrama de arquitectura y los propios interfaces de usuario, constituyen los resultados que de este proceso suplementario cabe esperar.

De igual modo que en el caso del proceso de diseño y construcción de bases de datos, el proceso aquí explicado debe desglosarse tras los pasos iniciales para permitir una adecuada gestión del diseño y construcción de cada interface de usuario concreto.

Finalmente, cabe decir que, así como el proceso de diseño y construcción de bases de datos explicado en el apartado anterior está tomado de Fusion 2 sin alteraciones importantes, el proceso de diseño y construcción de interfaces de usuario ha sido totalmente redefinido en el MFA, dada la trivialidad aparente del mismo tal y como se muestra en Hewlett-Packard 1998, pág. 22. Con ello hemos conseguido homogeneizar el manejo de bases de datos e interfaces de usuario como componentes, tratándolos de modos similares sin introducir particularidades específicas de cada uno, y manteniendo la sencillez del MFA.

Conviene adelantar en este punto nuestro énfasis en la utilización de metainformación para la gestión de interfaces de usuario.

| | |
|---|---|
| **Objetivos** | • Diseñar y construir los subsistemas de interacción con el usuario necesarios. |
| **Información inicial** | • Demandas de los Futuros Usuarios del Sistema.<br>• Lista Priorizada de Requisitos.<br>• Diagrama de Clases de Análisis. |
| **Procedimiento** | 1. Decidir si es necesario algún subsistema de interacción con el usuario.<br>2. Decidir tipos de interfaces de usuario.<br>3. Diseñar los esquemas de los interfaces de usuario.<br>4. Diseñar y construir mecanismos de interacción.<br>5. Diseñar y construir operaciones de interfaces de usuario. |
| **Resultados** | • Diagramas de Arquitectura de los Interfaces de Usuario.<br>• Esquemas de Interfaces de los Interfaces de Usuario.<br>• Esquemas de Operaciones de Interfaces de Usuario.<br>• Interfaces de Usuario. |

## III.2.2.2. Notación

A continuación se describe la notación empleada por el MFA. Mucho de sus aspectos han sido tomados de Coleman et al. 1994, y otros han sido introducidos para el MFA.

Se muestra primero la descripción de la notación del diccionario del sistema; a continuación, la de los diferentes *diagramas*, que suelen consistir en dibujos o gráficos de tipo "recuadros y líneas"; finalmente, se describe la correspondiente a los diferentes *esquemas*, que suelen consistir en texto estructurado, es decir, texto circunscrito a una serie de secciones o epígrafes concretos.

### Diccionario del Sistema

El diccionario del sistema es, en esencia, una lista de tres columnas: la primera contiene el nombre del concepto o idea que se

[143] Un interface de línea de comando es aquel en el que un usuario teclea un "comando" u orden y espera a que el ordenador ejecute la tarea y responda con algún resultado. Un interface gráfico es aquel en el que el usuario puede mostrar en la pantalla una serie de "ventanas" o recuadros gráficos, correspondientes cada uno a un programa, tarea, o cualquier otro contexto de trabajo. Estos últimos suelen considerarse más modernos y avanzados, aunque los primeros ofrecen, para algunos tipos de tareas, una rapidez de interacción con usuarios experimentados que los segundos difícilmente consiguen.

introduce; la segunda, el tipo de elemento que dicho término denota (una clase, una relación, una operación, etc.); la tercera, una descripción exhaustiva del concepto o idea introducido.

En concreto, el MFA asume que los siguientes tipos de elementos tienen cabida en el diccionario del sistema:

- Invariantes
- Actores
- Casos de Uso
- Clases
- Atributos de Clases
- Relaciones entre Clases
- Atributos de Relaciones entre Clases
- Componentes
- Relaciones entre Componentes
- Operaciones del Sistema
- Operaciones de Componentes
- Operaciones de Clases

Los nombres de la primera columna han de escribirse en letras minúsculas con la primera mayúscula, como nombres propios. Si estos términos incluyen varias palabras, se concatenarán todas ellas sin espacios en medio, utilizando mayúsculas en la primera letra de cada una.

Se utilizará un punto como separador entre un término cualificador y un término cualificado; por ejemplo, la operación **IncrementarSalario** de la clase **Director** ha de denotarse como **Director.IncrementarSalario.**

Los adscripción de un concepto a un tipo (sea éste una clase, un componente o una relación) ha de mostrarse mediante dos puntos; por ejemplo, para expresar que el atributo **Director** de la clase **Empresa** es de tipo **Persona** (una clase en este caso), hemos de escribir **Empresa.Director: Persona.**

## Diagramas de Clases

Un diagrama de clases muestra clases, atributos, y relaciones entre clases. Las clases se representan mediante rectángulos, y el nombre de cada clase se hace constar dentro del rectángulo correspondiente (Figura III-7). Es posible añadir atributos de las clases como textos junto al rectángulo correspondiente.

Figura III-7. Clases Persona y Tarea. La clase Persona posee atributos Nombre y Edad.

Las relaciones entre clases se representan de diferentes modos, según el tipo de relación. En concreto, las asociaciones se representan mediante rombos con el nombre de la asociación dentro, incluyendo además una flecha que indica el sentido en el que se produce la asociación tal y como es descrita por su nombre (Figura III-8). Esto no implica que no pueda existir la asociación inversa; de hecho, consideraremos que existe tal posibilidad, con semántica implícita. La incorporación de esta flecha es una particularidad del MFA y no está presente en Fusion 95.

Además, se pueden indicar los roles de las clases en la asociación mediante un texto entre corchetes junto a cada rectángulo, y la multiplicidad de cada clase en la asociación mediante números o intervalos colocados sobre o junto a la línea que une el rectángulo correspondiente a cada clase con el rombo de la asociación. Suele utilizarse la letra "n" como indicador de "muchos" o un número indeterminado pero plural.

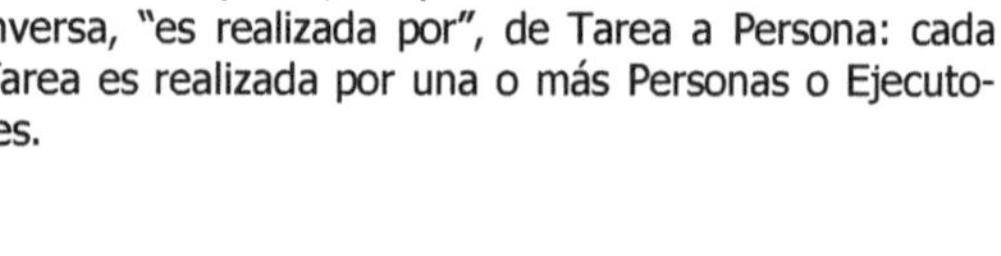


Figura III-8. Asociación "realiza" entre las clases Persona y Tarea: cada Persona realiza cero o más Tareas, y en este contexto, la Persona es el Ejecutor de la Tarea. De forma implícita, se puede considerar la asociación inversa, "es realizada por", de Tarea a Persona: cada Tarea es realizada por una o más Personas o Ejecutores.

Las agregaciones se representan mediante rectángulos dentro de otros rectángulos, mostrando así las clases componentes dentro de la clase compuesta (Figura III-9). Cabe la posibilidad de incluir rombos de asociaciones dentro de una agregación, indicando así que tal asociación tiene lugar en el seno de la clase compuesta. También se puede hacer constar la multiplicidad de cada clase componente mediante números o intervalos colocados junto a la misma.

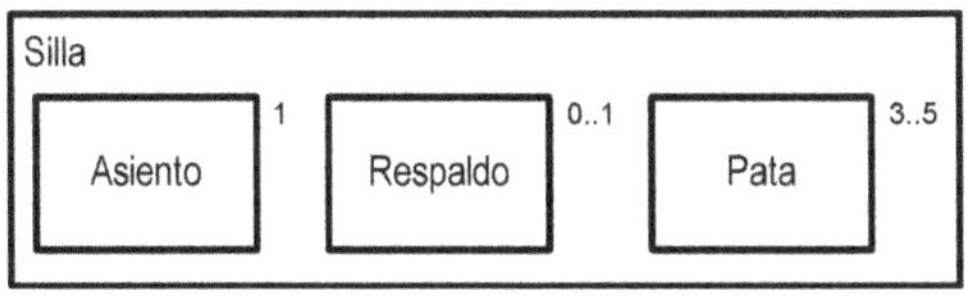


Figura III-9. Agregación de las clases Asiento, Respaldo y Pata para formar la clase Silla. Una Silla siempre tendrá un Asiento, ni más ni menos, pero puede tener un Respaldo o ninguno, así como entre tres y cinco Patas.

Existe una notación alternativa para mostrar agregaciones, que se utiliza solamente cuando la distribución del diagrama de clases sobre el papel o la pantalla no aconseja utilizar la notación anterior. Esta notación consiste en una línea que conecta la clase compuesta con la clase componente, añadiendo un pequeño rombo en el extremo de la clase compuesta (Figura III-10). Es posible hacer constar la multiplicidad del lado compuesto.

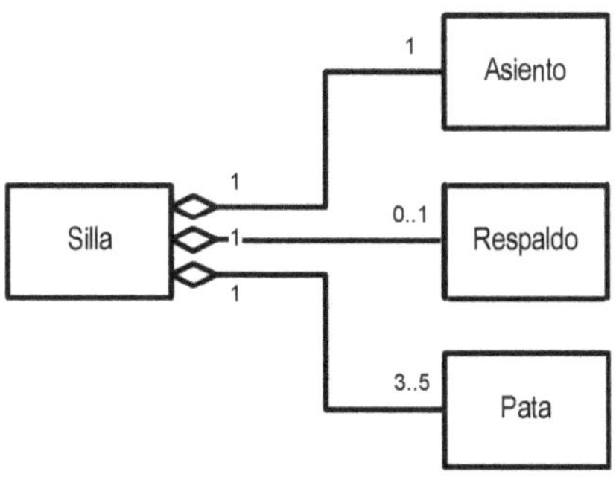


Figura III-10. Agregación de las clases Asiento, Respaldo y Pata para formar la clase Silla, mostrando la notación alternativa. Una Silla siempre tendrá un Asiento, ni más ni menos, pero puede tener un Respaldo o ninguno, así como entre tres y cinco Patas. Cada Asiento, Respaldo, y Pata pertenecen a una y solo una Silla.

Las relaciones de generalización/especialización se denotan mediante líneas que unen las clases especializadas con las clases genéricas pasando a través de un triángulo pequeño (Figura III-11).

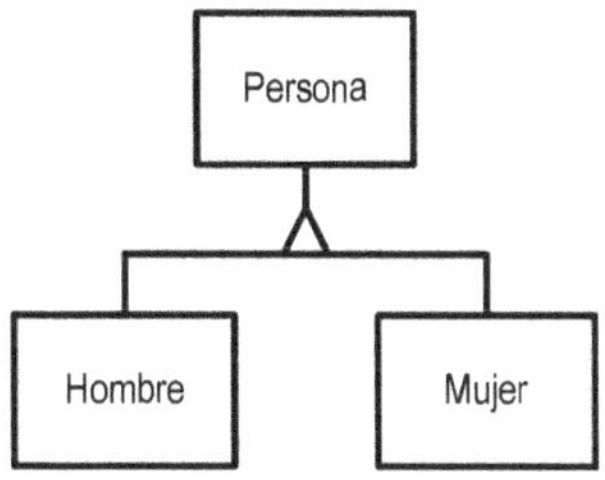


Figura III-11. Las clases Hombre y Mujer son clases especializadas de la clase Persona.

Finalmente, las relaciones de instanciación se representan mediante flechas dirigidas desde la clase instancia hacia la clase tipo (Figura III-12). Este tipo de notación no existe en Fusion 95, y es una particularidad del MFA.

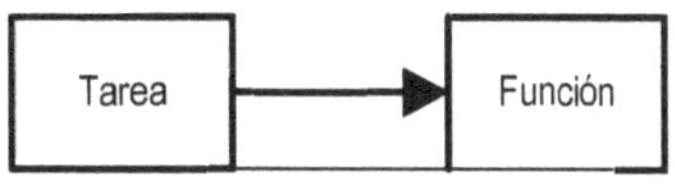


Figura III-12. Cada Tarea es una instancia concreta de una Función.

## Diagramas de Arquitectura

Un diagrama de arquitectura muestra la arquitectura de un sistema o componente, a un nivel de abstracción arbitrario. Es similar a un diagrama de clases, exceptuando que los componentes y subcomponentes se representan mediante rectángulos con esquinas redondeadas, y el nombre de cada componente se hace constar dentro del rectángulo correspondiente (Figura III-13)

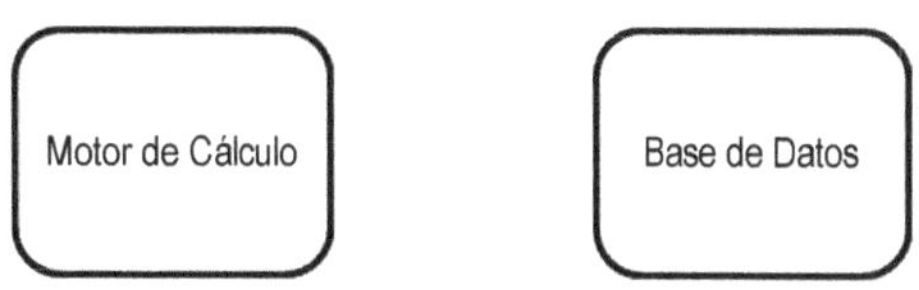


Figura III-13. Componentes Motor de Cálculo y Base de Datos.

Las relaciones entre componentes se representan de igual modo que en el caso de los diagramas de clases (Figura III-8 a Figura III-12).

## Diagramas de Colaboración

Un diagrama de colaboración muestra las interacciones entre algunos componentes, clases, u objetos dentro de un sistema, a un nivel de abstracción arbitrario. Los componentes se representan de igual modo que en el caso de los diagramas de arquitectura (Figura III-13).

Las clases se representan de igual modo que en el caso de los diagramas de clases (Figura III-7).

Los objetos se representan igual que las clases, pero haciendo constar el nombre del objeto y el nombre de la clase separados por dos puntos (Figura III-14).

Figura III-14. Objetos p, de tipo Persona, y ta, de tipo Tarea.

Las interacciones entre componentes, clases u objetos se representan mediante líneas que conectan a las formas correspondientes. Puede expresarse direccionalidad mediante puntas de flecha. Cada interacción debe llevar su nombre cerca de la línea correspondiente, así como cualquier información adicional acerca de argumentos asociados o valores de retorno que se desee hacer constar (Figura III-15). Las diferentes interacciones deben ir numeradas, indicando la secuencia en que tienen lugar. Esta notación generaliza los gráficos de interacción entre objetos de Fusion 95.

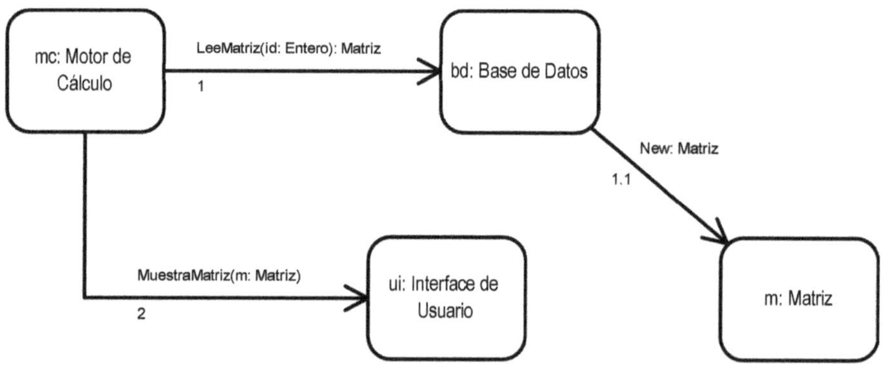


Figura III-15. Colaboración entre componentes Motor de Cálculo, Base de Datos, e Interface de Usuario. El motor de cálculo realiza la operación LeeMatriz sobre la base de datos, enviando adjunto un valor de tipo entero llamado id. Esta operación, a su vez, crea una matriz (mediante la operación especial New) y la devuelve. Después, el motor de cálculo realiza la operación MuestraMatriz sobre el interface de usuario, enviándole la matriz a mostrar.

## Esquemas de Casos de Uso

El esquema de un caso de uso es un texto estructurado que recoge, de modo formal, el caso de uso en cuestión. Ha de incluir cuatro secciones: el nombre del caso de uso, una descripción exhaustiva del mismo, una lista de otros casos de uso relacionados (variantes, extensiones, subcasos, etc.), y una secuencia de pasos numerados que recoja el caso de uso en sí.

## Esquemas de Operaciones

Un esquema de operación muestra la especificación de una operación, sea del sistema, de componente, o de clase. Tal esquema es un texto estructurado con siete secciones: el nombre de la operación que especifica; una descripción exhaustiva de la misma; las clases, objetos o componentes que lee; las clases, objetos o componentes que crea, modifica o elimina; las interacciones que realiza con otras clases, objetos o componentes, normalmente expresadas como otras operaciones; las precondiciones[144] necesarias para la operación; y las postcondiciones que la operación asegura. Este esquema está directamente tomado de Fusion 95.

Téngase en cuenta que la misma notación es utilizada para los esquemas de transacciones de bases de datos.

## Esquemas de Interfaces

Un esquema de interface muestra la especificación del interface del sistema, de un componente, o de una clase. Consiste en un texto estructurado con dos secciones: el nombre del sistema, componente, o clase en cuestión; y una lista de las operaciones que

[144] Véase *Programación por Contrato*, pág. 44, para una introducción de los conceptos de *precondición* y *postcondición*.

dicho sistema, componente, o clase puede ofrecer. Para cada operación, se mostrará su nombre, sus argumentos de entrada y de salida, y sus características de sincronía/asincronía y capacidad *multithread*. A su vez, para cada argumento, se mostrará su nombre y su tipo.

## Esquemas de Ciclo de Vida

Un esquema de ciclo de vida muestra la especificación del ciclo de vida de un sistema, un componente, o una clase; es decir, las secuencias permitidas de operaciones sobre dicho sistema, componente o clase. Para ello, se utilizan expresiones sencillas formadas a partir de nombres de eventos de entrada o salida, conectados mediante operadores que denotan secuencia, repetición, etc. Véase Coleman et al. 1994, pág. 32, para una especificación de la sintaxis y semántica de las expresiones de ciclo de vida de Fusion 95, que el MFA adopta completamente.

## Descripciones de Clases

Las descripciones de clases son fragmentos de pseudocódigo que describen formalmente cada clase. El MFA adopta la notación utilizada por Fusion 95 en las descripciones asociadas a los gráficos de interacción entre objetos (Coleman et al. 1994, pág. 65 y ss.) y a las propias descripciones de clases (Coleman et al. 1994, pág. 87 y ss.).

# III.3. Recapitulación

A lo largo de este capítulo hemos mostrado cuáles son los principios teóricos y metodológicos adecuados para construir sistemas de información aplicados a disciplinas de humanidades[145], basándonos en el paradigma orientado a objetos y en el método Fusion adaptado. Estos principios nos permitirán elaborar un modelo de la estructura de la realidad observada a partir de la información introducida en *La Realidad Observada*, pág. 30, como se verá en el capítulo siguiente.

[145] O a otras disciplinas, si asumimos el Principio de Sencillez Científica (véase *La Sencillez Científica*, pág. 26).

# IV. Modelos de Información

Una vez mostrada una metodología que se puede emplear durante el desarrollo de sistemas de información, podemos formalizar la información correspondiente a la realidad observada en el ámbito de la arqueología, tal y como se ha descrito en *La Realidad Observada*, pág. 30, y mostrar los modelos que a partir de ella se pueden derivar. Estos modelos constituyen productos generados durante el proceso correspondiente al círculo titulado "Modelado" en la **Figura II-1**.

Creemos que los modelos mostrados en esta sección, aunque se centran en el dominio de la arqueología (y no alcanzan a cubrir todo el aspecto de la gestión de recursos culturales), pueden servir como punto de partida para ser completados, en el futuro, con clases y relaciones correspondientes a otros dominios de aplicación cercanos.

Es necesario decir que, aunque el proceso de modelado suele darse de modo *bottom-up*, es decir, de abajo hacia arriba, utilizando generalizaciones para obtener clases abstractas a partir de clases concretas, el orden en que se expondrán los modelos de información en esta sección es exactamente el opuesto, es decir, *top-down*. Comenzaremos discutiendo las clases más abstractas del sistema, para ir descendiendo poco a poco a niveles de mayor concreción.[146] También debemos apuntar que, a lo largo de esta sección, a menudo atribuiremos al concepto de *objeto* cualidades y capacidades que solo las entidades de la realidad observada poseen; no deben interpretarse estas ocasiones como faltas de rigor o confusiones, sino como aplicaciones del enorme poder expresivo del modelado orientado a objetos.

[146] Hemos elegido esta alternativa porque creemos que hace más fácilmente entendible el modelo. De todos modos, puede verse González y Bóveda 1998 para una exposición similar que utiliza la alternativa *bottom-up*.

# IV.1. Clases Abstractas

A un alto nivel de abstracción, podemos decir que cualquier sistema de información aplicado a la gestión de recursos culturales debe contemplar tres grandes tipos de objetos[147], que corresponden a su vez a tres grandes tipos de entidades de la realidad observada:

- Las que son objeto directo del trabajo.
- Las que describen y documentan a las anteriores.
- Las que permiten formar una estructura organizativa que soporte a los dos tipos anteriores.

Denominaremos a los segundos **Objetos Documentales**, y a los terceros, **Objetos Organizativos**. Podríamos denominar a los primeros Objetos del Registro Arqueológico, pero el objeto directo del trabajo en gestión de recursos culturales (e incluso en arqueología) incluye otras cosas además de dicho registro; de hecho, se gestionan al menos dos tipos de objetos adicionales: áreas geográficas y actuaciones sobre el registro. Todos estos objetos tienen en común la posibilidad de ser localizados geográficamente, por lo que denominaremos a los objetos descritos en el primer punto de la enumeración anterior **Objetos Localizables**.

## IV.1.1. Objetos Localizables

Los Objetos Localizables corresponden a entidades de la realidad observada que pueden ser localizados geográficamente, y que a su vez pueden servir para localizar a otras entidades.

Existen cuatro tipos básicos de Objetos Localizables:

- **Objetos Geográficos**, es decir, localizaciones geográficas sin interés arqueológico directo.
- **Objetos del Registro Arqueológico**.
- **Actuaciones** sobre dicho registro o sobre cualquier otro Objeto Localizable.
- **Objetos de Análisis Contextual**, que pueden poseen relevancia arqueológica indirecta debido a la información analítica que proporcionan acerca de dicho registro o bien acerca de cualquier otro tipo de Objetos Localizables.

Es necesario resaltar que cada Objeto Localizable será localizado de un modo concreto entre dos posibles alternativas:

- A partir de información directa. Por ejemplo, un Objeto Geográfico puede portar información acerca de sus coordenadas, con lo cual es directamente localizable.
- A partir de la localización de otro Objeto Localizable. Por ejemplo, un Objeto del Registro Arqueológico puede portar información acerca del lugar en dónde fue encontrado, que a su vez será un Objeto Localizable, y podrá ser localizado mediante una de estas dos alternativas.

La segunda alternativa puede dar lugar a *cadenas de localización relativa*, en las cuales solamente el último objeto posee información de localización directa. De este modo, muchos Objetos Localizables pueden ser simultáneamente localizadores y localizados, apareciendo así una relación de asociación de la clase Objeto Localizable consigo misma.

## IV.1.2. Objetos Documentales

Los Objetos Documentales pueden describir y documentar a cualquier otro tipo de Objetos, sean estos Localizables, Documentales o bien Organizativos. Existen dos tipos básicos de Objetos Documentales, según sean unidades o bien conjuntos:

- **Documentos**, es decir, unidades documentales sencillas.
- **Carpetas**, o conjuntos de Documentos relacionados.

[147] Los criterios de especialización (véase *Generalizaciones*, pág. 47) utilizados a niveles tan abstractos son a veces tremendamente sutiles y elusivos. En general, citaremos el criterio de especialización utilizado cuando pueda definirse con cierta claridad y no quede explícito en la enumeración de subclases.

A su vez, existen dos tipos de Documentos, según su variabilidad:

- **Documentos Descriptivos**, que describen Objetos de un modo más o menos objetivo y atemporal, y por lo tanto no versionables.
- **Documentos Valorativos**, que describen Objetos de un modo subjetivo y temporal, versionables por tanto según la dimensión de subjetividad y el factor tiempo (véase *Dimensiones del Concepto de Representación*, pág. 18).

Permitiéndonos un inciso, es adecuado señalar que la presencia y necesidad de estos Documentos Valorativos caracterizan a nuestro dominio de aplicación como "de humanidades", ya que en un dominio de aplicación tradicionalmente "científico", no existiría la necesidad de versionar subjetiva o temporalmente el referente de una entidad cualquiera. Véase *La Sencillez Científica*, pág. 26, para una discusión de este tema.

## IV.1.3. Objetos Organizativos

Los Objetos Organizativos proporcionan la estructura y la funcionalidad necesarias para la práctica arqueológica cotidiana. Son muy diversos, y salvo contadas excepciones, los modelos que conforman podrían ser aplicados a la gestión y organización en dominios de aplicación totalmente diferentes al que nos ocupa.

## IV.1.4. Diagramas

De este modo, el diagrama de clases de alto nivel de abstracción para un sistema de información aplicado a la gestión de recursos culturales podría ser el que muestra la Figura IV-1:

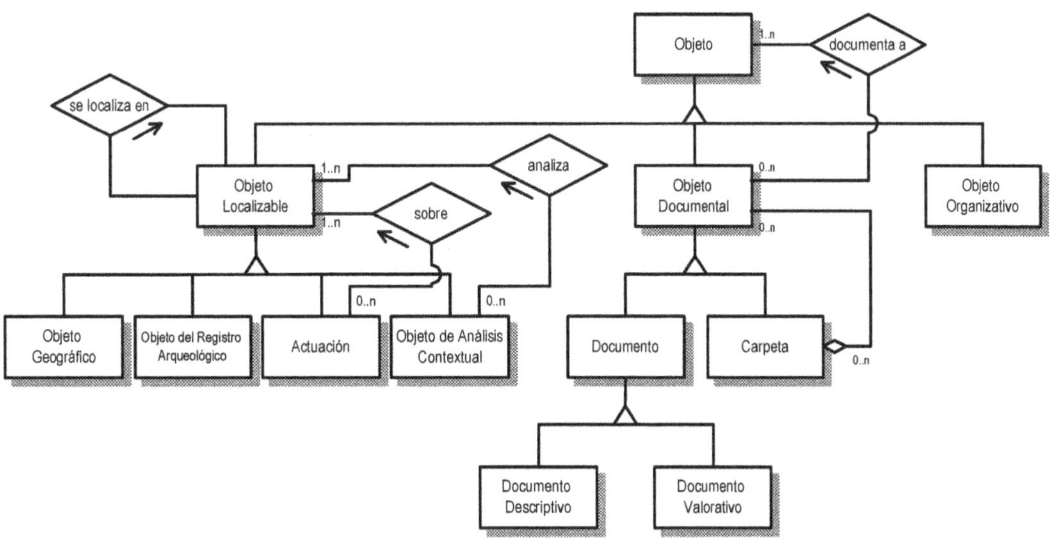


Figura IV-1. Diagrama de clases de alto nivel de abstracción para un sistema de información aplicado a la gestión de recursos culturales.

# IV.2. Objetos Geográficos

Los Objetos Geográficos constituyen un subtipo de los Objetos Localizables, y como tales, pueden localizarse geográficamente, ya sea directa o indirectamente. En general, los Objetos Geográficos portarán información de georreferenciación directa, que los haga localizables por sí solos.

Existen tres grandes tipos de Objetos Geográficos, en cuanto a su geometría:

- **Puntos**, de dimensión teórica cero, pero que pueden extenderse en torno a su centro hasta un mínimo arbitrario.
- **Líneas**, de dimensión teórica uno, pero que a menudo presentan cierta "anchura" en torno a la línea central.
- **Áreas**, de dimensión teórica dos.

Es necesario resaltar que esta clasificación obedece a criterios utilitaristas, y que un sistema de información adecuado debe contemplar y permitir toda la variabilidad que puedan presentar entidades geográficas como caminos, ríos, costas, parcelas, provincias, islas, etc. Nuestra clasificación solo pretende ofrecer un esquema que permita categorizar a cada entidad geográfica concreta según su aspecto geométrico más relevante. De este modo, ha de ser posible modelar un río concreto como una Línea, y al mismo tiempo modelar un río distinto como un Área, si las necesidades lo demandan.

Cualquiera Objeto Geográfico ha de poder, además, poseer unas fronteras o límites "difusos", no bruscamente marcados, sino a modo de gradiente, desde una zona de mayor intensidad (el "centro" del objeto) hasta las zonas de intensidad nula (el exterior del objeto). Véase Burrough y Frank 1996 para una discusión completa acerca del problema de las entidades geográficas con bordes difusos.

## IV.2.1. Puntos

Un Punto puede describirse habitualmente mediante sus coordenadas y una extensión o dispersión en torno a las mismas. Por supuesto, esto no es un *punto* en el sentido matemático del término, sino un *punto* en el sentido útil del mismo. Como hemos dicho antes, es deseable que dicha dispersión en torno a las coordenadas centrales conlleve información de gradiente, tal y como se propone en Burrough y Frank 1996.

Muchas entidades de la realidad observada pueden ser modeladas como Puntos: emplazamientos de postes, vértices geodésicos, nodos de polígonos de delimitación, posiciones base de instrumentos topográficos, etc.

## IV.2.2. Líneas

Una Línea puede describirse mediante una sucesión de segmentos rectilíneos o curvilíneos, cerrada o bien abierta, y cierta extensión o dispersión, deseablemente a modo de gradiente, en torno a dicha línea central. De nuevo, nos alejamos del sentido matemático del término "línea" para conseguir mayor flexibilidad.

Numerosas entidades de la realidad observada pueden ser modeladas como Líneas: ríos, caminos, carreteras, tendidos eléctricos, rutas, etc.

## IV.2.3. Áreas

Un Área puede describirse habitualmente mediante una sucesión de segmentos rectilíneos o curvilíneos cerrada sobre sí misma, y cierta dispersión a modo de gradiente en torno a este área central. Es más; creemos posible y muy conveniente la definición de Áreas geográficas en función de un punto central y radios de dispersión que, en diferentes direcciones, expresan cómo el área se diluye desde su interior hacia su exterior. Nótese que, en esta situación, los términos "interior del área" y "exterior del área" pierden sentido, y cada contexto específico en el que sea necesario separar un *interior* de un *exterior* requerirá el establecimiento de un umbral arbitrario sobre el gradiente del área.

Muchas entidades de la realidad observada pueden ser modeladas como Áreas: núcleos de población, edificios, provincias, ayuntamientos, sectores de excavación, caminos, carreteras, zonas de interés patrimonial, ríos, lagos, islas, piedras, etc.

### IV.2.4. Diagramas

El diagrama de clases a partir de Objeto Geográfico puede verse en la Figura IV-2:

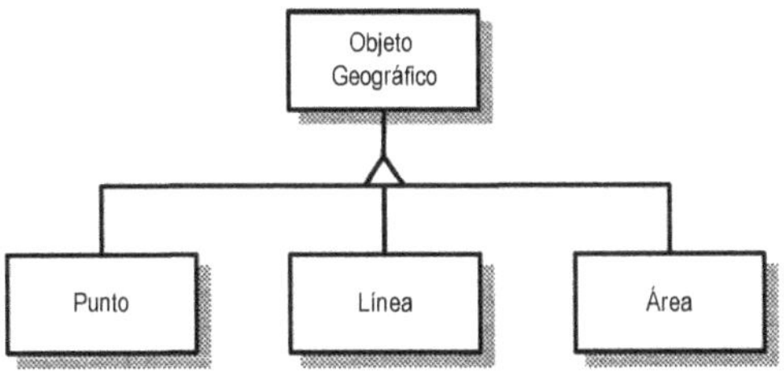


Figura IV-2. Diagrama de subclases de Objeto Geográfico.

## IV.3. Objetos del Registro Arqueológico

Los Objetos del Registro Arqueológico constituyen, de nuevo, un subtipo de los Objetos Localizables. Sin embargo, su carácter pretérito, incluso incognoscible, suele resultar en que solamente se puedan localizar de modo aproximado, y a menudo en relación a otros Objetos Localizables. De hecho, el tan conocido problema de la delimitación de yacimientos en arqueología[148] cobra en este ámbito especial importancia, ya que condiciona y ayuda a definir las herramientas específicas con las que un sistema de información especializado debe contar. Además, los Objetos del Registro Arqueológico serán, indudablemente, los "objetos estrella" de un sistema de información para arqueología, y la completitud del modelo de información que de ellos obtengamos es crucial para el éxito de tal sistema.

Existen tres grandes tipos de Objetos del Registro Arqueológico, en cuanto a su localización y delimitación:

- **Objetos Espaciales**, localizados sobre la superficie del terreno, eminentemente bidimensionales y de bordes difusos.
- **Objetos Estratigráficos**, localizados en o bajo la superficie del terreno, habitualmente tridimensionales, y de bordes a menudo claros.
- **Objetos Materiales**, localizados sobre o bajo la superficie del terreno, siempre tridimensionales, y de bordes habitualmente muy claros.

Ejemplos claros de cada uno de estos tres tipos son un yacimiento, una unidad estratigráfica, y una pieza arqueológica, respectivamente. Además, es posible establecer relaciones genéricas de agregación entre los tres tipos; normalmente, los Objetos Materiales aparecen contenidos dentro de Objetos Estratigráficos, los cuales a su vez suelen identificarse en el seno de Objetos Espaciales. Evidentemente, estas relaciones de agregación han de servir para localizar de modo indirecto, y a ciertos niveles de precisión, unos Objetos del Registro Arqueológico en función de otros.

Otro modo de expresar la localización de los Objetos del Registro Arqueológico es utilizar Objetos Geográficos asociados. Por ejemplo, podemos expresar la localización de un yacimiento mediante un Área o un Punto (dependiendo de la escala de trabajo), o la de una Pieza típicamente mediante un Punto. El borde en gradiente típico de los Objetos Geográficos (véase *Objetos Geográficos*, pág. 94, para una explicación del concepto de gradiente) es, de este modo, "heredado" por los Objetos del Registro Arqueológico de este modo localizados.

### IV.3.1. Objetos Espaciales

Los Objetos Espaciales son elementos del registro arqueológico, representados típicamente por el concepto de *yacimiento*. En este sentido, un yacimiento es una entidad localizable (directa o bien indirectamente), con importancia arqueológica directa e implícita, que habitualmente se localiza en la superficie del terreno presentando bordes difusos o incluso inciertos. Es necesario resaltar, sin embargo, que un conjunto de yacimientos espacialmente cercanos y/o relacionados de cualquier otro modo también puede responder a esta definición, y por lo tanto debemos considerar a tales entidades como Objetos Espaciales también. De este modo, distinguimos dos tipos de Objetos Espaciales:

- **Yacimientos**, con unidad tipológica y crono-cultural.
- **Conjuntos de Yacimientos**, agregados de Yacimientos relacionados.

### IV.3.2. Objetos Estratigráficos

Los Objetos Estratigráficos son elementos del registro arqueológico típicamente representados por una unidad estratigráfica o nivel estratigráfico. La gestión de unidades estratigráficas puede llegar a ser muy compleja, y no podemos aspirar a resolver, de un modo genérico, todas y cada una de las necesidades que puedan surgir en diferen-

[148] Véanse Méndez 1998 o Lima y Prieto 2000 para una introducción al tema.

tes contextos. Sí es posible, sin embargo, diferenciar entre:

- **Unidades Estratigráficas**.
- **Conjuntos Estratigráficos**, formados por varias Unidades Estratigráficas relacionadas.

Esta diferencia permite, en primer lugar, distinguir diferentes tipos de Unidades Estratigráficas según su forma y disposición:

- **Depósitos Estratigráficos**, unidades de estratificación resultantes del aporte de materiales sobre una superficie preexistente.
- **Cortes Estratigráficos**, superficies que marcan el límite o la línea de contacto entre dos Unidades Estratigráficas.
- **Estructuras Estratigráficas**, Unidades Estratigráficas construidas y con significación vertical, que implican un acto de formación más complejo que la simple deposición.

En segundo lugar, es posible especializar un tipo concreto de Conjunto Estratigráfico:

- **Estratigrafía**, el Conjunto Estratigráfico formado por todas las Unidades Estratigráficas asociadas a un Objeto del Registro Arqueológico específico, habitualmente un Objeto Espacial.

## IV.3.3. Objetos Materiales

Los Objetos Materiales son elementos del registro arqueológico típicamente representados por piezas o estructuras, que pueden ser intencionados o no intencionados. De hecho, podemos diferenciar entre:

- **Estructuras**, elementos no muebles.
- **Piezas**, elementos muebles.

## IV.3.4. Diagramas

El diagrama de clases a partir de Objeto del Registro Arqueológico puede verse en la Figura IV-3:

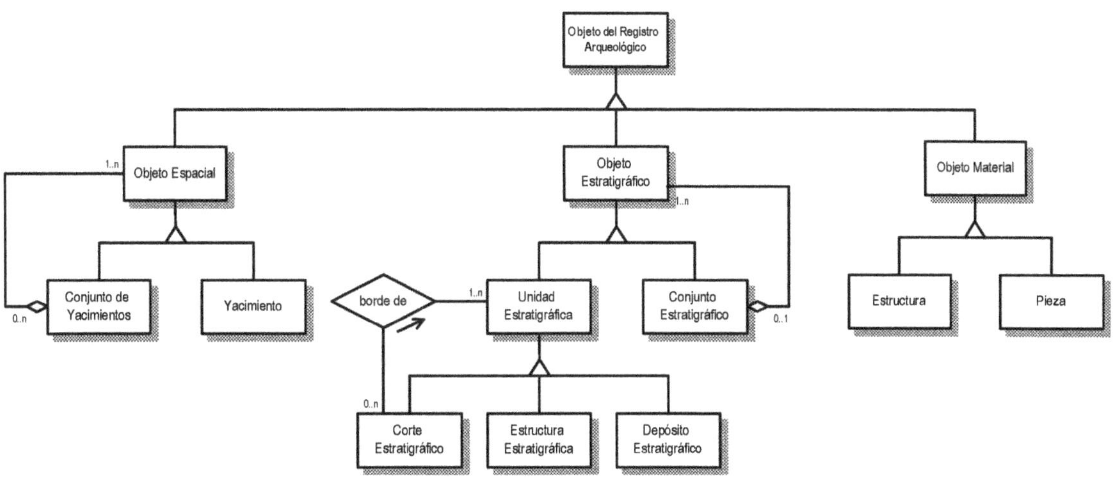


Figura IV-3. Diagrama de subclases de Objeto del Registro Arqueológico.

# IV.4. Actuaciones

Las Actuaciones son un subtipo más de los Objetos Localizables, y por tanto son localizables. Su localización se realiza habitualmente a partir del Objeto Geográfico u Objeto del Registro Arqueológico sobre el cual inciden.

Existen dos grandes tipos de Actuaciones, según su carácter agresivo hacia el entorno en el cual se realizan:

- **Actuaciones Agresivas**, que implican la remoción de tierras y/o la alteración sustancial de las estructuras sobre las que inciden.
- **Actuaciones no Agresivas**, que no alteran de forma notable las estructuras sobre las que actúan.

## IV.4.1. Actuaciones Agresivas

A su vez, las Actuaciones Agresivas pueden diferenciarse, según el tipo de acción que desempeñen, en:

- **Excavaciones**, que remueven volúmenes de tierras para descubrir estructuras subyacentes.
- **Restituciones**, que modifican el estado actual de las estructuras para acercarlo al que se estima fue en un origen.

## IV.4.2. Actuaciones no Agresivas

También, las Actuaciones no Agresivas pueden diferenciarse, según el mismo criterio, en:

- **Prospecciones**, consistentes en el examen más o menos detallado de la superficie del terreno con el propósito de descubrir indicios arqueológicos.
- **Sondeos**, consistentes en el examen intrusivo (aunque no agresivo) de la superficie del terreno o bien del subsuelo, con el propósito de descubrir indicios arqueológicos o bien obtener información adicional.

A su vez, las Prospecciones pueden clasificarse, según su intensidad, en:

- **Prospecciones Extensivas**, que cubren algunas zonas del área de interés, según su potencialidad arqueológica.
- **Prospecciones Intensivas**, que cubren todo el área de interés.
- **Prospecciones de Cobertura Total**, que cubren exhaustivamente todo el área de interés.

La diferencia entre las Prospecciones Intensivas y las Prospecciones de Cobertura Total viene dada, habitualmente, por condicionantes relacionados con las características del terreno y con los imperativos legales y/o contractuales en vigor durante una Actuación. Por ejemplo, una Prospección Intensiva, sin dejar de cubrir la totalidad del área de interés, bien podría omitir el examen detallado de una pequeña extensión de intrincado sotobosque. Una Prospección de Cobertura Total no podría denominarse así si omitiese esta extensión. En general, podemos decir que la diferencia genérica entre ambos tipos de Prospección reside en la *escala de examen* del terreno; las Prospecciones Intensivas lo cubren todo a una escala media, mientras que las Prospecciones de Cobertura Total lo hacen a una escala mucho más detallada.

## IV.4.3. Diagramas

El diagrama de clases a partir de Actuación puede verse en la Figura IV-4:

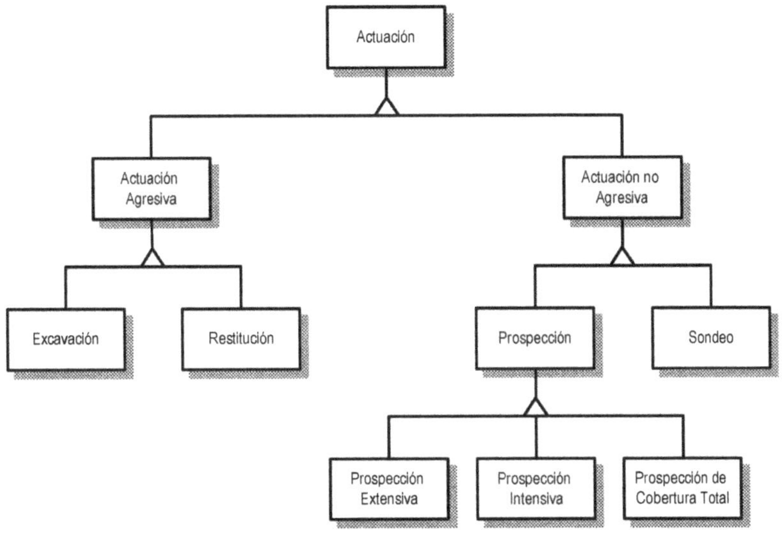


Figura IV-4. Diagrama de subclases de Actuación.

# IV.5. Objetos de Análisis Contextual

Los Objetos de Análisis Contextual son también Objetos Localizables, y su localización se realiza habitualmente mediante los Objetos Geográficos u Objetos del Registro Arqueológico acerca de los que portan información. No se debe confundir la relación de "documentación", o aportación de información, que se produce en este contexto, con la que se le puede dar en el contexto de los Objetos Documentales (véase *Objetos Documentales*, pág. 92); en el caso que nos ocupa, los Objetos de Análisis Contextual "documentan" a Objetos Localizables de un modo implícito y automático. Por ejemplo, una muestra de tierra extraída de un nivel arqueológico durante una excavación aporta información acerca de las estructuras excavadas. Un informe de excavación, aunque también aporta información acerca de dichas estructuras, es una construcción *a posteriori*, elaborada *ad hoc*, en el seno de nuestra sociedad actual, y no una construcción *a priori*, libre de intención, y original, como en el caso anterior.

Existen dos tipos de Objetos de Análisis Contextual, según su carácter material o inmaterial:

- **Muestras**, o fragmentos materiales cercanos a los objetos de interés.
- **Descripciones de Condiciones Ambientales**, o información no material acerca de dichos objetos.

Es conveniente resaltar que dentro del segundo grupo tienen cabida elementos de muy diversa índole, tales como descripciones climáticas, edafológicas, de resistividad del suelo, y otros.

## IV.5.1. Diagramas

El diagrama de clases a partir de Objeto de Análisis Contextual puede verse en la Figura IV-5:

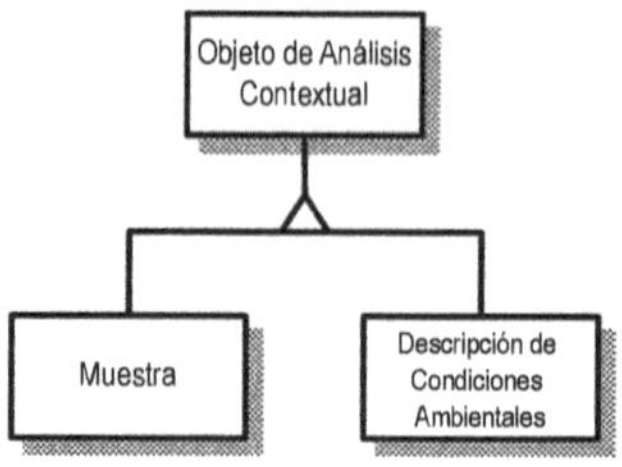


Figura IV-5. Diagrama de subclases de Objeto de Análisis Contextual.

# IV.6. Objetos Descriptivos

Los Objetos Descriptivos son un tipo de Objetos Documentales, y como tales aportan información especialmente elaborada para documentar a otros Objetos, siempre con carácter objetivo y de amplia validez temporal.

Podemos diferenciar numerosos tipos de Objetos Descriptivos, según su soporte y naturaleza:

- **Objetos Cartográficos**, sean mapas, planos, perfiles, o cualquier otro tipo de representación gráfica de la topografía o geografía de un lugar.
- **Dibujos**.
- **Fotografías**.
- **Secuencias de Vídeo**.
- **Matrices Estratigráficas**, asociadas a la Estratigrafía de un lugar concreto.
- **Fichas**, que describen a un Objeto concreto en cuanto a una serie de atributos predefinidos.

Puede chocar, en principio, el hecho de que se incluya en esta lista ningún documento típico, tal como un informe o una memoria. En efecto, creemos que tales entidades son modeladas con más fidelidad mediante Objetos Valorativos, dado su carácter subjetivo y temporal. En este sentido, podemos decir que los Objetos Descriptivos corresponden únicamente a referentes obtenidos de modo automático, sin intervención humana, o bien con ella pero en ausencia de procesos de interpretación que puedan dotar a la *descripción* de matices subjetivos o temporales. Los referentes así creados poseerán un plano contextual[149] muy amplio, tanto como para ser denominados "objetivos y atemporales" en coordenadas socio-institucionales.

## IV.6.1. Objetos Cartográficos

Los Objetos Cartográficos poseen, dentro de los Objetos Descriptivos, una importancia especial, ya que sirven para visualizar a los Objetos Localizables, que constituyen el objeto principal del trabajo, como hemos dicho en *Clases Abstractas*, pág. 92.

Existen dos tipos fundamentales de Objetos Cartográficos:

- **Entidades Cartográficas**, o elementos discretos que aparecen en un mapa.
- **Capas Cartográficas**, o agrupaciones temáticas de Objetos Cartográficos relacionados.

Debemos resaltar que, como se ha dicho, cada Capa Cartográfica es un agregado de Objetos Cartográficos, y no de Entidades Cartográficas. De este modo, cada Capa Cartográfica puede contener a otras Capas Cartográficas, dando lugar a una *jerarquía de capas* en vez de a una lista lineal.

A su vez, las Entidades Cartográficas pueden diferenciarse en:

- **Entidades Cartográficas Puntuales**, con dimensión teórica cero.
- **Entidades Cartográficas Lineales**, con dimensión teórica uno.
- **Entidades Cartográficas de Área**, con dimensión teórica dos.

Es fácil ver una estrecha correspondencia entre los tres subtipos de Entidades Cartográficas y los tres subtipos de Objetos Geográficos introducidos en *Objetos Geográficos*, pág. 94. No debemos caer en el error, sin embargo, de asumir que los Puntos (un subtipo de Objetos Geográficos) serán siempre mostrados sobre un mapa como Entidades Cartográficas Puntuales, las Líneas como Entidades Cartográficas Lineales, y las Áreas como Entidades Cartográficas de Área. Las correspondencias entre subtipos de Objetos Geográficos y subtipos de Entidades Cartográficas ha de realizarse dinámicamente, decidiendo en cada momento, según el contexto y las necesidades, qué tipo de Entidad Cartográfica es más apropiado para mostrar cada Objeto Geográfico específico.

## IV.6.2. Fichas

Una Ficha describe a un Objeto de interés en función de una serie de atributos predefini-

[149] Véase *El Proceso de Representación, Revisitado*, pág. 23, para una explicación del concepto de *plano contextual*.

dos. Por supuesto, cada tipo concreto de Objeto poseerá una colección particular de atributos acerca de los cuales la ficha deberá recoger información; por ejemplo, la ficha de un Yacimiento debería portar información relativa a la tipología del Yacimiento, su adscripción cronocultural, y su localización. Una ficha de una Actuación, por otra parte, debería portar información acerca de las fechas entre las cuales ha tenido lugar, los autores de la misma, y su localización. Dado que el número de tipos de Objetos diferentes es muy alto (y seguramente cambiante), no es muy recomendable definir, en cuanto a modelado, un subtipo de Ficha específico para cada subtipo de Objeto. Al contrario, preferimos apoyarnos sobre un subsistema de metainformación que, en cada caso, generará la ficha adecuada al tipo de Objeto en cuestión. Este subsistema de metainformación se explica en profundidad en *Metainformación*, pág. 117.

## IV.6.3. Diagramas

El diagrama de clases a partir de Objeto Descriptivo puede verse en la Figura IV-6:

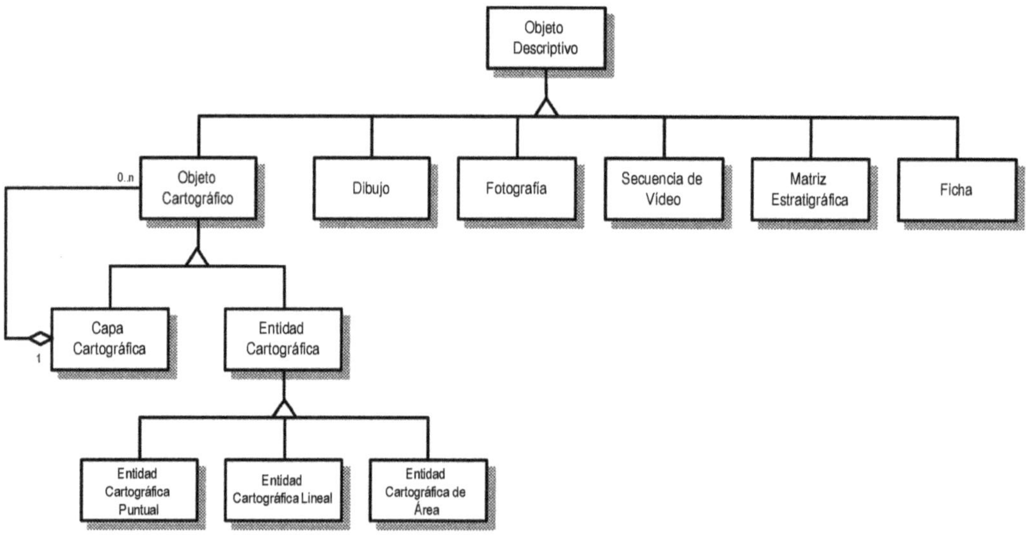


Figura IV-6. Diagrama de subclases de Objeto Descriptivo.

# IV.7. Objetos Valorativos

Los Objetos Valorativos son también Objetos Documentales, y como tales aportan información elaborada para documentar a otros Objetos. En este caso, sin embargo, pueden poseer un marcado carácter subjetivo y temporal.

Podemos diferenciar tres tipos de Objetos Valorativos, según su propósito:

- **Informadores**, cuya misión es informar acerca de otros Objetos.
- **Modificadores de Estado**, cuya misión es modificar el estado de la cadena Valorativa en el cual se sitúa un Objeto concreto.
- **Gestores de Impacto**, cuya misión es gestionar el impacto arqueológico.

## IV.7.1. Informadores

Un Informador es un Objeto Valorativo genérico que informa acerca de otro Objeto, habitualmente de un Objeto del Registro Arqueológico. Numerosos documentos típicos pueden ser convenientemente modelados mediante esta clase: informes de estado, memorias de actuación, etc.

Es necesario decir, sin embargo, que la relación de un Informador con el Objeto o los Objetos acerca de los cuales "informa" es, en general, una relación de génesis, que puede adquirir mayor o menor peso en el contexto del Informador según las características de la información que éste porte. Por ejemplo, una tesis escrita acerca de un conjunto de yacimientos específico puede modelarse como un Informador (la tesis) relacionado con una serie de Objetos Espaciales (los yacimientos); sin embargo, la tesis hace mucho más que informar acerca de dichos yacimientos, ya que seguramente elabora información, discute posibilidades, recomienda nuevas direcciones de estudio y, en definitiva, *construye nueva información* acerca de datos existentes. Por esto, no debe asumirse que el término "informador" implica que el objeto Informador informe solamente acerca de los Objetos a los que se halla asociado.

## IV.7.2. Modificadores de Estado

Un Modificador de Estado es un Objeto Valorativo que modifica el estado de la cadena Valorativa en el que se encuentra el Objeto referido. Por ejemplo, un Yacimiento que se encuentre en el estado de Registro Arqueológico, podría pasar al estado de Patrimonio Cultural mediante un Modificador de Estado.

Los Modificadores de Estado no son, normalmente, documentos convencionales, ya que no documentan a un Objeto u Objetos directamente, sino que se refieren a un conjunto de Objetos Documentales que, a su vez, documentarán a los Objetos de interés. Por ejemplo, el Modificador de Estado del ejemplo anterior no será probablemente un documento que se refiera al yacimiento en cuestión, sino que se referirá al conjunto de Documentos (Carpetas, Documentos Descriptivos, Informadores, etc.) que, convenientemente agrupados y consolidados, justifican el cambio de estado de dicho yacimiento.

En concreto, podemos distinguir cuatro tipos de Modificadores de Estado, según la transición de estados de la Cadena Valorativa que posibiliten:

- **Valoración Arqueológica**, que coloca un Objeto en el estado de Registro Arqueológico.
- **Evaluación Patrimonial**, que mueve un Objeto al estado de Patrimonio Cultural.
- **Revalorización**, que mueve un Objeto al estado de Bien.
- **Mercantilización**, que mueve un Objeto al estado de Mercancía.

## IV.7.3. Gestores de Impacto

Los Gestores de Impacto son Objetos Valorativos que documentan y recomiendan acerca de impactos arqueológicos.

Existen dos tipos de Gestores de Impacto:

- **Evaluación de Impacto**, que refleja la incidencia de un impacto arqueológico sobre un Objeto u Objetos.
- **Recomendación de Medidas Correctoras**, que especifica el modo pro-

puesto para mitigar el impacto recogido en una Evaluación de Impacto determinada.

## IV.7.4. Diagramas

El diagrama de clases a partir de Objeto Valorativo puede verse en la Figura IV-7:

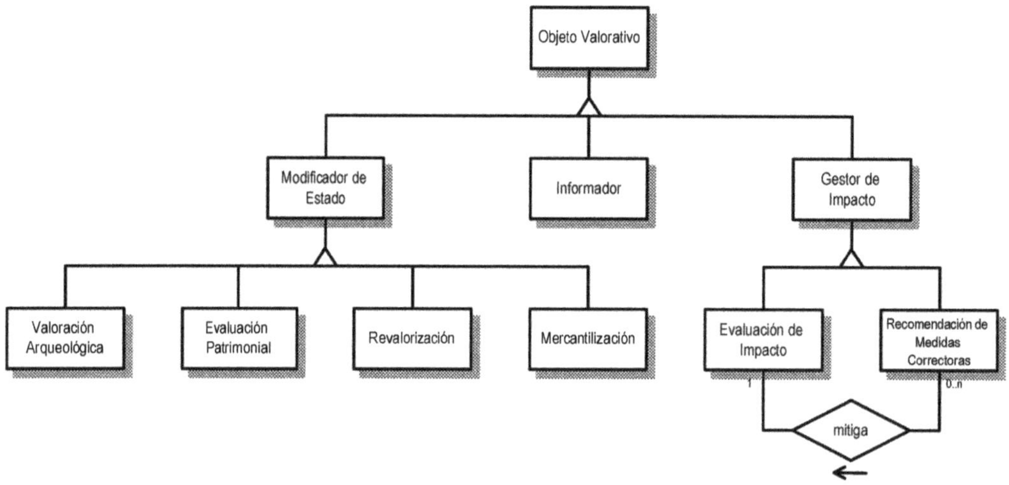


Figura IV-7. Diagrama de subclases de Objeto Valorativo.

# IV.8. Objetos Organizativos

Los Objetos Organizativos forman un marco en el cual se desarrollan las labores constituyentes de la práctica arqueológica, ayudan a su gestión y administración.

Existen cuatro tipos de Objetos Organizativos:

- **Recursos**, bienes susceptibles de ser utilizados en el desempeño de Unidades Temporales de Trabajo.
- **Recursos Humanos**, efectivos humanos que toman parte en Unidades Temporales de Trabajo.
- **Funciones**, o tipos genéricos de Tareas.
- **Unidades Temporales de Trabajo**, o labores que consumen Recursos y necesitan de la participación de Recursos Humanos.

## IV.8.1. Recursos

Los Recursos son bienes que una organización posee e invierte en la realización de diferentes trabajos. A menudo se plantea la posibilidad de tratar a los propios efectivos humanos o al tiempo como recursos, pero nosotros hemos optado por no incluirlos dadas sus especiales características.

Existen dos grandes tipos de Recursos:

- **Recursos Retornables**, los cuales, una vez utilizados en algún trabajo, vuelven a estar disponibles.
- **Recursos no Retornables**, los cuales se consumen durante su utilización en los trabajos, y no vuelven a estar disponibles.

## IV.8.2. Recursos Humanos

Los Recursos Humanos, aunque son Recursos, presentan características muy peculiares, y han hemos elegido modelarlos de modo que hayan de ser gestionados con criterios distintos y mediante mecanismos distintos.

Fundamentalmente, existen dos tipos de Recursos Humanos:

- **Personas**, es decir, individuos que realizan algún trabajo, posiblemente consumiendo recursos.
- **Grupos de Personas**, o agrupaciones de personas según criterios funcionales, estructurales, organizativos, o de cualquier otro tipo.

Ambos conceptos se hallan relacionados indirectamente mediante una agregación, de modo que cada Grupo de Personas puede contener un número arbitrario de Recursos Humanos, sean Personas o Grupos de Personas. En general, es posible situar a una misma Persona en más de un Grupo de Personas si es necesario. Esto tiene sentido en dos casos: cuando los Grupos de Personas son disjuntos, diferenciados según un único discriminador, o bien cuando los Grupos de Personas no son disjuntos, y se hayan diferenciados según distintos discriminadores. Por ejemplo, el primer caso corresponde al hecho de que un misma Persona reparta sus horas de trabajo entre dos o más proyectos. El segundo caso corresponde a la situación en que una Persona se halle asociada a un Grupo de Personas correspondiente a su proyecto de trabajo, y también a un Grupo de Personas correspondiente a su tipo de puesto, por ejemplo.

Por otra parte, los Grupos de Personas pueden utilizarse para modelar diferentes tipos de agrupaciones, tales como departamentos, empresas, organizaciones, grupos de trabajo, equipos de campo, comités, etc.

## IV.8.3. Funciones

Una Función es un tipo genérico de tareas, o lo que es lo mismo, cada tarea que las Personas pueden desempeñar a lo largo del tiempo es una instancia de una Función concreta. Por ejemplo, la Función "realizar sondeos valorativos" puede poseer una instancia (una tarea concreta) tal como "realizando sondeos valorativos el 12 de Junio de 1998 en A Pontenova dentro de la actuación número 2315". En general, nombraremos a las Funciones mediante verbos en infinitivo, para indicar que expresan posibilidad, y a las tareas concretas mediante verbos en gerundio, indicando así que denotan acción efectiva.

Funciones y tareas se relacionan mediante una relación de instanciación, como se ha explicado. Obsérvese, en el ejemplo anterior, como una instancia concreta (la tarea) de un tipo genérico (la Función) toma valores concretos en cada uno de sus atributos (la fecha, el lugar, la actuación).

## IV.8.4. Unidades Temporales de Trabajo

Las Unidades Temporales de Trabajo (UTTs en adelante) son trabajos que a menudo consumen Recursos al ser ejecutados por Recursos Humanos. Se desarrollan en un marco temporal muy concreto, aunque no necesariamente conocido *a priori*.

Existen cuatro tipos de UTTs:

- **Programas**, o labores amplias, a menudo con pluralidad de tipo de acción, de intención, y de objeto de trabajo.
- **Planes**, o labores habitualmente dentro de Programas, llevadas a cabo entre dos fechas concretas aunque no necesariamente conocidas desde el principio, con unidad de tipo de acción y de intención.
- **Actuaciones**, o labores habitualmente dentro de Planes, con fechas de inicio y final conocidas desde el principio, y con unidad de tipo de acción, de intención, y de objeto de trabajo.
- **Tareas**, es decir, labores atómicas, que habitualmente consumen Recursos y en las que participan Personas.

Los cuatro conceptos enumerados forman una jerarquía de agregaciones en la que una o más Tareas componen una Actuación, una o varias Actuaciones forman un Plan, y uno o más Planes componen un Programa. Este modo de modelar la estructura de una organización no es el único, por supuesto, pero creemos que es válido en un amplio elenco de casos.

## IV.8.5. Diagramas

El diagrama de clases a partir de Objeto Organizativo puede verse en la Figura IV-8:

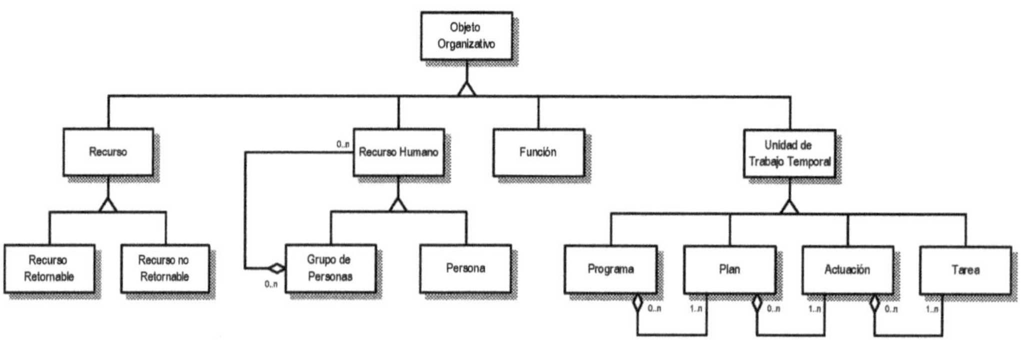


Figura IV-8. Diagrama de subclases de Objeto Organizativo.

# IV.9. Recapitulación

A lo largo de este capítulo hemos elaborado un modelo de la estructura de la realidad observada, utilizando las herramientas explicadas en el capítulo anterior, y a partir de la información introducida en *La Realidad Observada*, pág. 30. Es necesario tener en cuenta, sin embargo, que los modelos que podemos construir mediante técnicas orientadas a objetos no son solamente estructurales, sino también dinámicos e incluso funcionales[150]. De este modo, nuestro trabajo hasta aquí cubre el primer paso, referente al modelado estructural, pero no se adentra en los otros dos. Es cierto que el modelado estructural es el más importante, ya que los demás se basan fuertemente en él. También es el más genérico y reutilizable en diferentes contextos de aplicación. Aplicaciones específicas en contextos específicos demandarán, cada una de modo único y diferente, modelados dinámicos y funcionales únicos y diferentes.

[150] Véase Rumbaugh et al. 1991, pág. 16 y ss., para una buena caracterización de estos tres tipos de modelado.

# V. Propuesta Tecnológica

*Lo viejo ya no sirve y lo nuevo tarda en aparecer.*
Felipe Criado Boado, intervención de cátedra

Este capítulo ofrece una propuesta acerca de qué tecnologías deben y pueden utilizarse para construir sistemas de información para la gestión de recursos culturales.

De aquí en adelante, y a menos que se indique lo contrario, utilizaremos el término "tecnología" para denotar *segmentos concretos de conocimiento disponible comercialmente, a menudo en forma de productos o servicios, que nos permiten implementar o llevar a la práctica diseños abstractos*. De este modo, nuestra propuesta tecnológica consiste en identificar, examinar y evaluar diferentes fragmentos de conocimiento, habitualmente productos o servicios comerciales, que nos puedan permitir construir sistemas de información para la gestión de recursos culturales.

Estas tecnologías pertenecen, en su totalidad, al dominio de la *informática*, considerando ésta en su más amplio sentido, es decir, como *disciplina que estudia el tratamiento automatizado de la información*. Todas ellas existen hoy en día en diferentes fases de madurez, desde las prácticamente recién nacidas bases de datos orientadas a objetos, hasta la clásica arquitectura en capas del modelo MEAP. Estas tecnologías corresponden al recuadro titulado "Metodología y Tecnologías" del dominio informático en la **Figura II-1**.

# V.1. La Arquitectura MEAP

El modelo MEAP[151] define una arquitectura de alto nivel para sistemas de información aplicados a disciplinas de humanidades y, en concreto, sistemas de información para la gestión de recursos culturales. Su especificidad radica en la introducción del concepto de *representación* (véase *El Concepto de Representación*, pág. 14) al nivel de arquitectura, tal como se describe más adelante.

Cada letra de la palabra MEAP designa una capa conceptual diferente, y estas capas, apiladas una encima de otras, conforman la estructura de dicho sistema de información. Este modelo se integra en la filosofía cliente/servidor al descomponer un sistema de información en diferentes módulos —las mencionadas cuatro capas conceptuales—, que pueden ser asignados a ordenadores clientes o servidores según sea conveniente.

## V.1.1. Las Capas del Modelo MEAP

A continuación se describe cada una de las capas del modelo MEAP.

### V.1.1.1. Capa M: Mundo

Captura y describe las entidades de la realidad observada y las relaciones entre ellas, evitando interpretaciones *a posteriori*, juicios y construcciones superiores. Esta capa solamente considera las entidades y relaciones dadas por la estructura de la realidad observada, que deben ser formalizadas mediante la investigación necesaria. Cada una de estas entidades es representada por un *objeto* dentro del sistema.

### V.1.1.2. Capa E: Estructura

Incluye los referentes informáticos a través de los cuales se accede a las entidades y relaciones de la capa anterior. Es posible considerar varios referentes distintos para el mismo sustrato, dependiendo de factores tales como el propósito o el paso del tiempo; también es posible considerar un único referente que represente a más de una entidad de la realidad observada. De todos modos, los referentes de esta capa son, esencialmente, independientes de las funciones que más adelante se podrán realizar sobre ellos. Cada uno de estos referentes constituye un nuevo objeto dentro del sistema.

### V.1.1.3. Capa A: Aplicación

Comprende los objetos y relaciones específicos relativos a la aplicación que se le pretenda dar al sistema y se hallan, por tanto, funcionalmente orientados. Estos objetos y relaciones se definen tomando como base los referentes de la capa anterior.

### V.1.1.4. Capa P: Presentación

Incluye los objetos y relaciones necesarios para presentar los contenidos de la capa anterior al usuario del sistema, sea éste una persona u otro sistema informático.

### V.1.1.5. Relaciones entre Capas

Estas cuatro capas se hallan relacionadas mediante interfaces, representados en la Figura V-1 como pequeños círculos salientes de los objetos que los ofrecen. Las relaciones entre objetos de la misma capa se representan mediante flechas de trazo continuo, mientras que las relaciones entre objetos de capas diferentes se representan mediante flechas de trazo discontinuo. En ambos casos, la dirección de la flecha refleja el uso del interface, es decir, parte del objeto cliente y se dirige hacia el objeto servidor.

[151] Un precursor de este modelo, el denominado *modelo WRAP*, ha sido publicado en González 1997a.

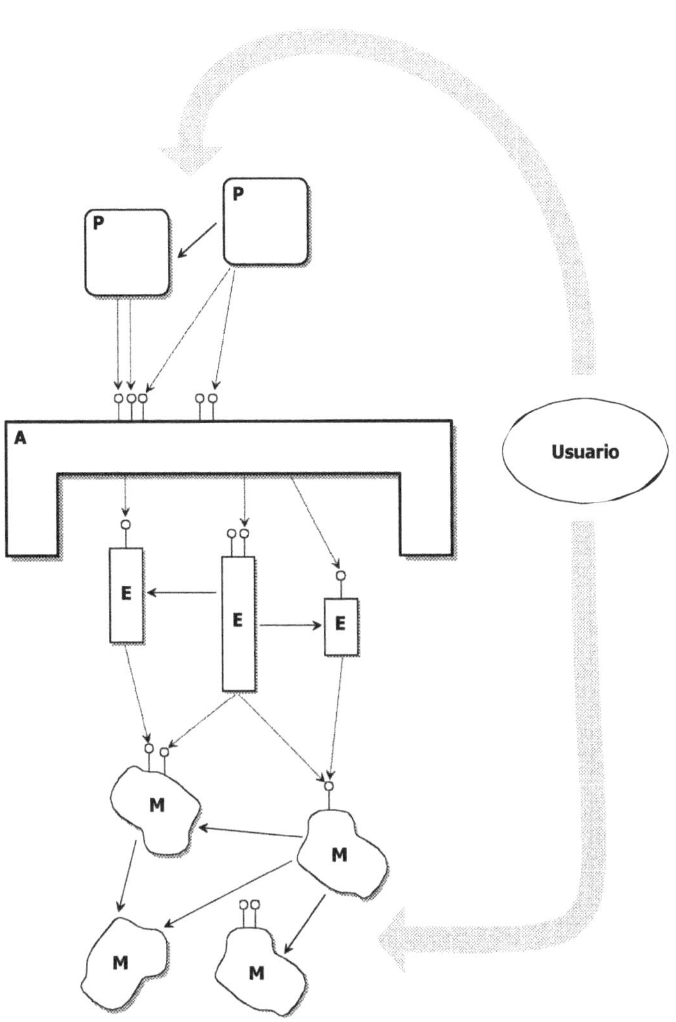


Figura V-1. Capas e interrelaciones en el modelo MEAP.

En concreto, y de abajo arriba, se puede ver cómo diferentes objetos de la capa M se interrelacionan entre sí, reflejando la estructura de la realidad observada. Algunos de estos objetos muestran interfaces que son utilizados por sus referentes, los cuales a su vez son utilizados por la capa de aplicación. Esta capa ofrece finalmente una *façade*[152] consistente a la capa de presentación.

Es importante resaltar que cada capa solamente se comunica con su capa inmediatamente inferior[153], y que la dirección de las comunicaciones es siempre de un nivel de representación dado hacia uno menor. Esto independiza a las capas inferiores de sus vecinas superiores, logrando una modularidad más alta y, por tanto, un sistema de mayor calidad[154].

Es posible establecer un interesante paralelismo entre las capas del modelo MEAP, los modelos de análisis propuestos por Rumbaugh en Rumbaugh et al. 1991, pág. 17-18, y los dos tipos de conocimiento descritos en *Problemas y Diferencias*, pág. 62. Solo hemos sido capaces de ver esta analogía casi un año después de haber definido el modelo MEAP, y en ningún caso éste ha sido construido a partir de los postulados de Rumbaugh. La convergencia de los tres esquemas plantea, cuando menos, la posible existencia de una estructura común subyacente a ambos modos de enfocar el proceso de modelado de la realidad observada y a los modos de conocimiento que diferentes individuos muestran acerca de la misma.

El paralelismo mencionado puede verse expresado en la Figura V-2.

152 En este contexto, el término *façade* alude al patrón de diseño del mismo nombre que Gamma y sus colaboradores proponen en Gam95a, pág. 185.

153 El término "inferior" hace referencia al nivel de abstracción, no a la disposición física de las capas en el dibujo o en cualquier esquema. En la Figura V-1, la capa M está dibujada abajo, queriendo mostrar que es la de menor nivel de abstracción. De modo similar, la capa P, la de mayor nivel de abstracción, se muestra en la parte superior de la figura. Se mantendrá esta convención siempre que sea posible.

154 Véase *Modularidad Estructural*, pág. 58, para una discusión acerca de la relación entre modularidad y calidad del software.

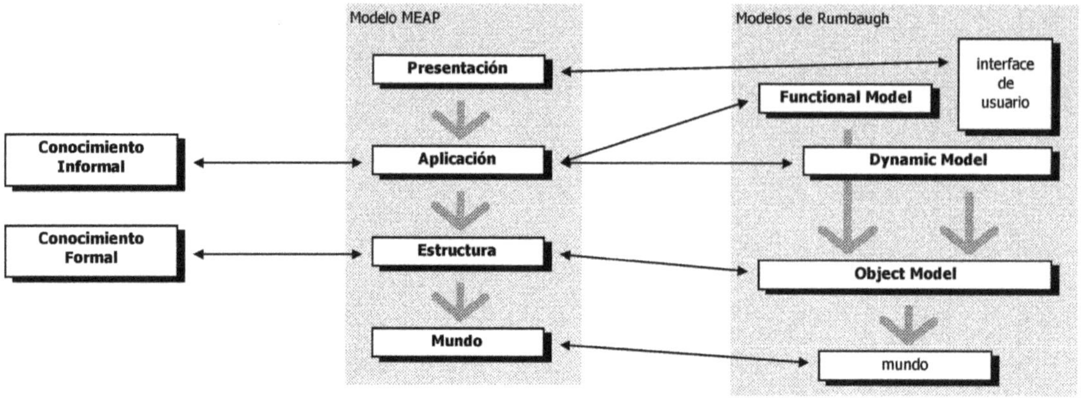


Figura V-2. Paralelismo entre el modelo MEAP, los modelos de Rumbaugh, y los dos tipos de conocimiento. Las flechas verticales indican representaciones. Las flechas horizontales indican correspondencias.

La capa E de MEAP corresponde casi perfectamente con el *object model* de Rumbaugh y con lo que hemos denominado conocimiento formal, mientras que la capa A de MEAP engloba tanto al *dynamic* como al *functional model,* correspondiendo a su vez con el conocimiento formal. El interface de usuario, tratado por Rumbaugh a nivel de diseño como parte del *dynamic model,* se corresponde con la capa P. Finalmente, el mundo observable, descrito por Rumbaugh como fuente de *those concepts [...] that are important to an application* (Rumbaugh et al. 1991, pág. 17), se corresponde con la capa M del modelo MEAP.

Es importante, en este punto, señalar que un sistema construido en torno al modelo MEAP necesitaría de un gestor de representaciones, es decir, un módulo capaz de generar referentes de un sustrato concreto, utilizando para ello contextos de representación determinados. Este módulo es el responsable de generar los objetos de cada capa MEAP a partir de la capa inmediatamente inferior

## V.1.2. Gestión de Representaciones

El modelo MEAP utiliza el concepto de *representación* al considerar que las diferentes capas que propone son, en realidad, diferentes niveles de representación referidos a las mismas entidades. Por ejemplo, la definición de un río en la capa M implica la incorporación de un objeto de clase Río en dicha capa; este objeto es un referente cuyo sustrato es el río que podemos percibir en el mundo real. Obtener este referente a partir de su sustrato implica una representación. De modo similar, la definición de un río en la capa E supone la obtención de un nuevo referente del río, esta vez utilizando como sustrato el objeto Río de la capa M. De este modo, cada capa elabora sobre la anterior, mostrando finalmente al usuario entidades virtuales que representan a las entidades reales[155] acerca de las cuales trata el sistema en cuestión.

El funcionamiento de un sistema construido sobre una arquitectura MEAP sería el siguiente. Cuando un usuario solicita un referente, indicando generalmente qué objeto desea representar, a qué nivel de abstracción, y cuál es su propósito, el gestor de representaciones obtiene el contexto de trabajo de dicho usuario, que normalmente contiene información relativa al tipo de referente deseado y a la escala espacial y temporal adecuada. Además, el gestor de representaciones recupera también algunas preferencias del usuario, tales como la calidad del resultado requerida. Toda esta información, proveniente de diversas fuentes, forma un contexto de representación, en el sentido en que ha sido definido en *El Contexto de Representación,* pág. 18. Después, el mismo gestor de representaciones recupera el objeto a representar, y a continuación genera el referente adecuado. A menudo, la generación del referente implica la creación de nuevos objetos. Estos objetos, referentes en sí mismos, mantienen vínculos al objeto que re-

[155] Utilizamos aquí los términos "virtual" y "real" con sumo cuidado. Lejos de caer en esnobismos muy de moda, queremos decir con "virtual" que estas entidades pueden facilitar la manipulación de las que representan, pero sin serlo, y con "real", que estas entidades forman parte de la realidad observada de os individuos involucrados.

presentan, y podrán servir ellos mismos como fuentes de representación más tarde.

Una primera aproximación a estos principios, aplicada al marco concreto de los sistemas de información geográfica, ha sido desarrollada en González 1998b.

## V.1.3. Interface de Usuario

En el proceso de representación descrito en el apartado anterior, ¿cómo solicita el usuario un referente? Es más, ¿cómo especifica el sustrato deseado, o las preferencias personales? Estas preguntas han de ser enfocadas desde el punto de vista de un interface de usuario capaz de posibilitar el procesos descrito, pero sin añadir complejidad innecesaria a un mundo ya bastante complejo.

En general, los sistemas de información actuales confunden y mezclan diferentes niveles de representación, mostrando al usuario entidades que son un poco de todo y nada en realidad; por ejemplo, una ficha típica en un sistema de base de datos convencional como la mostrada en la Figura V-3 ofrece información muy diversa: un código identificativo del objeto mostrado, fecha y autor del hallazgo, datos descriptivos (y, por lo tanto, objetivados) del objeto, e información con carga intencional, como el campo Destino.

El objeto mostrado, obviamente, no es la muestra de tierra que se ha recogido, sino una representación de la misma; podría corresponder, en principio, a la capa E. Sin embargo, el campo Destino sugiere que este objeto está siendo utilizado para una misión concreta, lo cual indica que el objeto debería colocarse en la capa A. Por otra parte, los diferentes elementos del interface de usuario, es decir, los cuadros de texto, las listas desplegables, e incluso el mero hecho de que la información acerca de esta muestra se ofrezca al usuario en una ficha, corresponden a decisiones propias de la capa P. Este enfoque tradicional, aunque funciona en sistemas de complejidad pequeña o media, orientados a funciones concretas, nunca podrá responder a las demandas de sistemas complejos y de orientación polivalente. En este sentido, planteamos la necesidad de repartir la información anteriormente enumerada en las capas del modelo MEAP adecuadas, para garantizar así una total independencia entre los diferentes niveles de representación.

En concreto, el interface de usuario de un sistema de información basado en una arquitectura MEAP debería poner a disposición del usuario todos los objetos de la capa E contenidos en el sistema, y ofrecer buenas herramientas de búsqueda y filtrado, siempre en un contexto libre de carga intencional

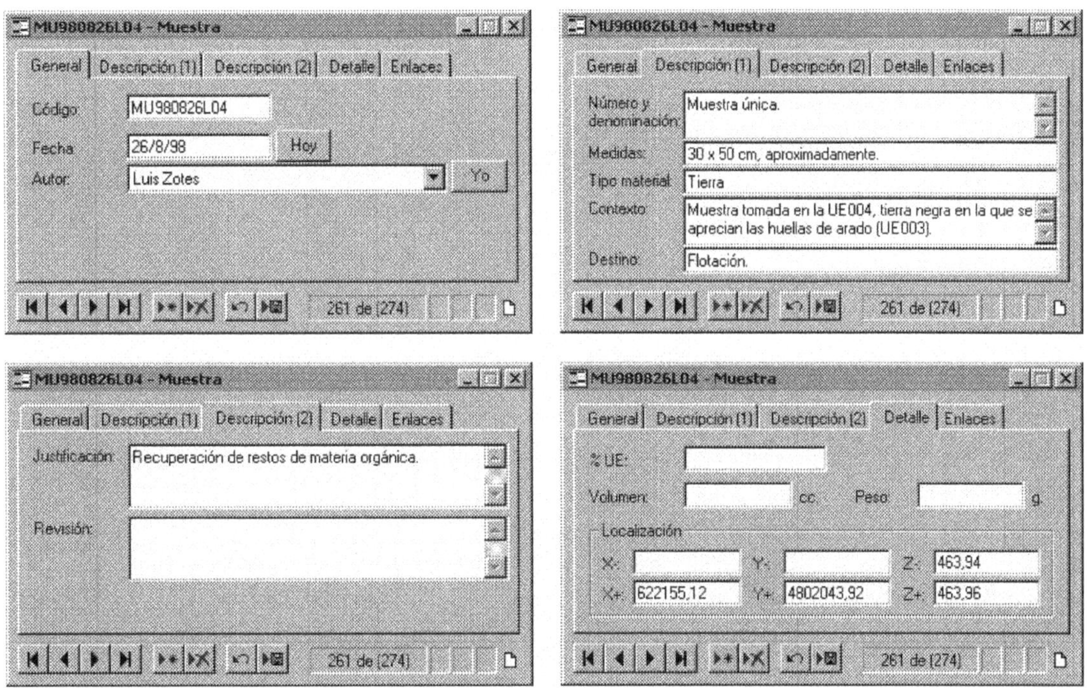


Figura V-3. Ficha correspondiente a la clase Muestra en un sistema de información para arqueología. Obsérvense los campos de la ficha, correspondientes a los diferentes atributos de la clase.

o funcional. Al mismo tiempo, debería permitir que el usuario eligiese uno de estos objetos, o bien grupos de los mismos, para obtener a partir de ellos referentes en la capa A; la realización de funciones concretas sobre objetos de la capa E concretos llevaría a la creación de objetos de la capa A. Por ejemplo, el envío de una muestra a un laboratorio de análisis crearía un objeto de la capa A relacionado con el objeto inicial de la capa E. Los objetos de la capa A, igualmente, podrían ser buscados y filtrados. A su vez, todos estos objetos, tanto de la capa E como de la capa A, serían presentados al usuario de un modo u otro según éste lo requiriese. Por ejemplo, una muestra concreta podría aparecer en una ficha como la de la Figura V-3, o bien como un símbolo en un mapa, o bien como un párrafo de texto en un documento.

### V.1.4. Propuesta Tecnológica Específica

Como resumen, nuestra propuesta tecnológica específica en cuanto a arquitectura de sistemas incluye los siguientes puntos clave:

- Utilización del modelo MEAP como marco arquitectónico para la construcción de sistemas de información.
- Separación de la información relativa a cada "concepto de usuario" en las capas E, A y P, según sea necesario, en el interior del sistema.
- Uso de un interface de usuario orientado hacia la función.

La utilización del modelo MEAP para la construcción de sistemas de información garantiza un buen uso del concepto de representación, esencial en humanidades, y permite que estos sistemas validen los dominios tanto de aplicación como informático, tal y como se ha explicado en *El Modo de Teorizar*, pág. 10. Una consecuencia directa de la aplicación del modelo MEAP es el reparto de la información relativa a cada concepto que los usuarios del sistema, de modo informal[156], puedan explicar, en diferentes objetos internos al sistema, que se distribuirán en diferentes capas, pero que el usuario no tiene por qué ver diferenciados en el interface de usuario. En concreto, es muy importante proporcionar *funciones* claras sobre *estructuras* no necesariamente tan explícitas, permitiendo así a los usuarios trabajar en clave funcional y no estructural[157].

[156] Véase *Problemas y Diferencias*, pág. 62, para una discusión acerca del conocimiento informal de los usuarios de un sistema de información.

[157] Los problemas de obligar a los usuarios a trabajar en clave estructural serán discutidos en profundidad a lo largo de la sección siguiente, *Bases de Datos Orientadas a Objetos*, y especialmente en el apartado *Interface de Usuario*, pág. 123.

## V.2. Bases de Datos Orientadas a Objetos

Es raro el sistema de información que no necesite de una base de datos. De hecho, las bases de datos son a menudo los mecanismos gracias a los cuales la información sobrevive al final de los procesos[158] informáticos, garantizándose de este modo la persistencia de la misma. El diseño, construcción, mantenimiento y administración de sistemas de gestión de bases de datos son y han sido temas críticos en la industria del software, a los que se han dedicado muchos recursos, a pesar de lo cual, sin embargo, no han evolucionado como sería de esperar.

### V.2.1. Situación Actual

El mundo de las bases de datos se halla hoy en una situación muy peculiar, infrecuente en la industria informática, y que requiere de un tratamiento especial. En concreto, el paradigma dominante en cuanto a bases de datos se refiere es el denominado "relacional", o basado en relaciones, tal y como explica Codd a lo largo de su serie de artículos publicados en los años 70 acerca del tema. Esta forma de modelar la información para que pueda ser archivada y manipulada por máquinas, aunque ha servido muy bien durante muchos años en numerosos contextos, presenta algunas carencias que la hacen poco adecuada para nuestros objetivos. Estas carencias pueden ser resumidas en dos puntos:

- El paradigma relacional es demasiado simple para acomodar las necesidades de modelado presentes en entornos altamente complejos.
- La integración de un sistema relacional con un lenguaje de programación orientado a objetos es una tarea complicada y poco intuitiva.

El primer punto es, sin duda, muy amplio y profundo. El paradigma relacional, aunque tecnológicamente muy maduro y asequible, continúa siendo demasiado simple como para poder resolver los problemas de modelado de información presenten en los entornos a los que hoy en día se tratan de aplicar las tecnologías de la información: solamente dispone de tipos de datos simples, como números, fechas, o secuencias de caracteres; carece de herramientas semánticas para tratar con agregaciones o especializaciones; no dispone de mecanismos para gestionar la dimensión temporal de la información; etc. El segundo punto es de índole más práctica, pero no menos importante. La integración entre el sistema de gestión de bases de datos que almacene la información y el programa que la manipule ha de ser sencilla y suave, o mejor aún, no ser si quiera necesaria. ¿Cómo es posible alcanzar este objetivo? Extendiendo el paradigma orientado a objetos para cubrir también la gestión de bases de datos.

Numerosos autores han estudiado el tema de las bases de datos orientadas a objetos; Kim 1990 y Hughes 1991 constituyen dos buenos ejemplos. Una base de datos orientada a objetos es, simplemente, una base de datos que almacena objetos y, por lo tanto, información acerca de su identidad, los valores de sus atributos, sus relaciones con otros objetos, la clase a la que pertenecen, y los métodos a los que pueden responder. Un sistema de gestión de bases de datos orientadas a objetos (SGBDOO en adelante) permitirá la definición de una estructura de clases y el posterior uso de la misma para dar forma a la información que se almacene. Es conveniente resaltar que, de este modo, un SGBDOO guarda información a dos niveles conceptuales diferentes:

- Nivel de instancia, correspondiente a la información de interés para el uso y explotación de la base de datos.
- Nivel de tipo, correspondiente a la información de interés para el propio SGBDOO.

La →información al *nivel de instancia*← está formada por entidades de interés para el dominio de aplicación de la base de datos; por ejemplo, un sistema orientado a gestionar el patrimonio cultural podría incluir al nivel de instancia entidades tales como varios yacimientos arqueológicos, alguna ruta turística, y unos cuantos edificios de interés.

[158] Utilizamos aquí el término "proceso" en su sentido técnico, referente a la instancia activa de un programa.

Al mismo tiempo, guardaría la información necesaria para reflejar el hecho de que una de las rutas turísticas pasa cerca de dos de los yacimientos y uno de los edificios. La →información al *nivel de tipo*←, por otra parte, está formada por entidades de interés para el dominio informático, pero que en última instancia redundará en beneficio del dominio de aplicación. Por ejemplo, el sistema descrito en el ejemplo anterior incluiría al nivel de tipo entidades tales como las descripciones exhaustivas de las clases Yacimiento, Ruta y Edificio, y de la relación PasaCercaDe.

Es fácil observar que la información al nivel de instancia se compone de objetos, avatares y tuplas, mientras que la información al nivel de tipo se compone de clases, roles y relaciones. Esta diferenciación no es nueva ni exclusiva de los SGBDOO, ya que existe en el mundo relacional desde hace décadas; los "catálogos" de muchos sistemas de gestión de bases de datos relacionales proporcionan información al nivel de tipo. Es este ámbito, la ventaja de los sistemas orientados a objetos frente a los relacionales no es cualitativa, sino cuantitativa, y reside en la enorme capacidad de estos últimos para manejar información al nivel de tipo, como se explicará en los apartados que siguen.

## V.2.2. Niveles de Clasificación

Como ya hemos explicado en *Objetos y Clases*, pág. 41, una clase es una "plantilla" o molde que sirve para crear objetos que basados en ella. De un modo similar, las relaciones son "plantillas" para las tuplas, y los roles para los avatares. Estas relaciones entre clases y objetos, relaciones y tuplas, y roles y avatares han sido denominadas relaciones de instanciación/clasificación, y su uso adecuado constituye, probablemente, la herramienta más potente de todas las que puedan utilizarse para modelar información. De todos modos, y como se ha planteado en González 1998a, estas relaciones no se dan entre entidades a *dos niveles concretos*, sino entre dos entidades a *dos niveles contiguos* pero no predeterminados, de modo que una entidad que es tipo de otra (la cual es instancia de la primera) puede ser a su vez instancia de una tercera, y ésta de una cuarta, etc. Recorriendo la cadena de instanciación/clasificación en el otro sentido, una entidad que es instancia de otra (la cual es su tipo) puede ser, a su vez, tipo de una tercera, y ésta de una cuarta, etc. En realidad, esta cadena de relaciones de instanciación, que puede sugerir que "tipo" e "instancia" son, simplemente, roles que diferentes entidades pueden tomar en cada momento, sirve de poco como tal continuo. Es necesario, por el contrario, establecer un punto de conexión entre esta cadena y el nivel de instancia de la información que necesitamos representar; de este modo, un eslabón concreto de la cadena corresponderá a la información de interés para el dominio de aplicación. A partir de éste, el eslabón inmediatamente superior corresponderá a la información al nivel de tipo, como se puede ver en la Figura V-4.

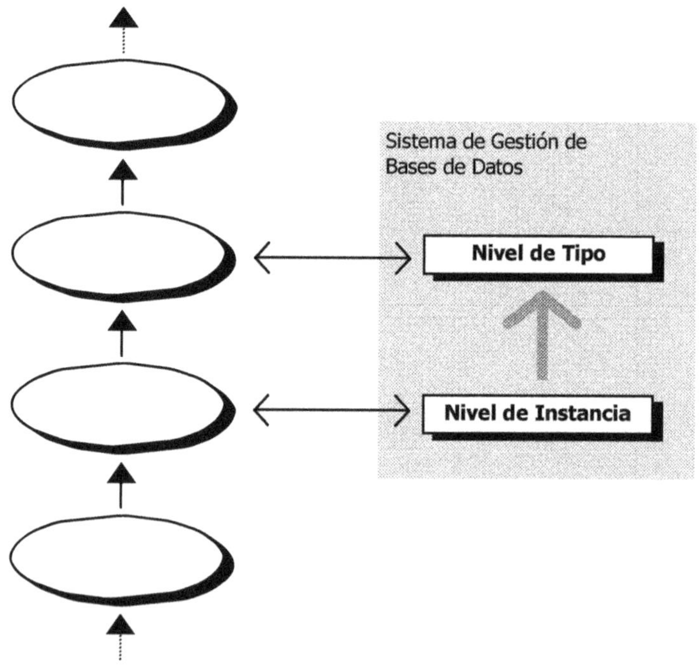


Figura V-4. Niveles de clasificación en un sistema de gestión de bases de datos. A la izquierda se representa la cadena de instanciación/clasificación, teóricamente infinita, y se indican las relaciones de instanciación mediante flechas dirigidas de la instancia hacia el tipo. A la derecha se representa un sistema de gestión de bases de datos que ha establecido cuál es su nivel de instancia y, por lo tanto, cuál es su nivel de tipo, para un dominio de aplicación concreto.

Como hemos anticipado, la cadena infinita de instanciación/clasificación sirve de poco, ya que, en la práctica, es extremadamente complejo imaginar estas relaciones más allá de los dos o tres eslabones que nos son familiares[159]. Su utilidad viene dada por la capacidad de un sistema de información (y, concretamente, por un sistema de gestión de bases de datos) para establecer claramente a qué eslabón corresponde su nivel de instancia. Es obvio que la información al nivel de instancia es necesaria (por definición), pero, ¿para qué sirve el eslabón superior, correspondiente a la información al nivel de tipo?

## V.2.3. Metainformación

La información relativa al nivel de tipo dentro de un sistema se denomina *metainformación* y, como hemos visto, constituye información relevante para el propio sistema, no para el dominio de aplicación, al menos en primera instancia. Desde el punto de vista de sistemas de representaciones, podemos definir metainformación como *la información constituida por referentes cuyos sustratos son entidades internas al sistema.*

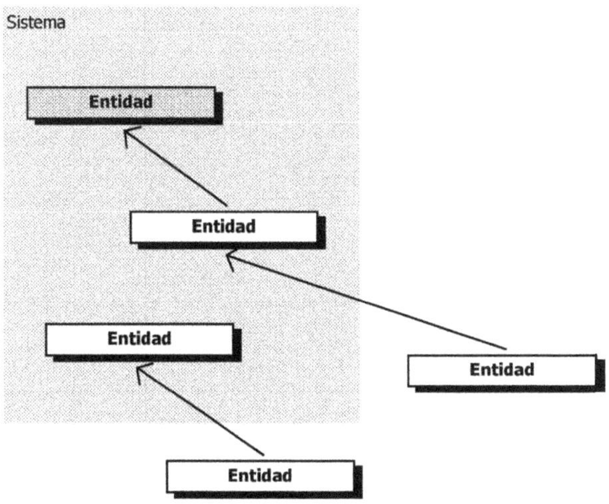


Figura V-5. Metainformación en un sistema. Las flechas entre entidades indican las relaciones de representación, apuntando de sustrato a referente. Las entidades externas al sistema, de interés para el mismo, son representadas por entidades internas al sistema. A su vez, algunas entidades internas son de nuevo representadas dentro del sistema como nuevas entidades; estas últimas, en gris oscuro, componen la metainformación del sistema.

### V.2.3.1. Usos Habituales

Como hemos dicho, la metainformación es un recurso que no es nuevo, ya que numerosos sistemas de gestión de bases de datos contienen metainformación y proporcionan algún mecanismo de acceso a la misma. Sin ir más lejos, sistemas relacionales como Microsoft SQL Server 6.5 ofrecen, dentro de cada base de datos concreta, tablas del sistema[160] que contienen información acerca de la estructura de la propia base de datos. Por ejemplo, es posible saber qué tablas existen dentro de una base de datos de SQL Server 6.5 mediante la siguiente consulta:

```
select *
from sysobjects
where type = 'u'
```

El resultado de esta consulta es una lista de las tablas existentes, definidas por el usuario[161], dentro de una base de datos concreta. Viendo en esta lista el código de una de las tablas, podríamos plantear:

```
select *
from syscolumns
where id = 16003088
```

Esta consulta proporcionaría una lista con los nombres y características de todas y cada una de las columnas de la tabla cuyo código es 16003088.

Es necesario resaltar que, en el ejemplo anterior, el lenguaje de consulta utilizado para obtener información acerca de la estructura del sistema *es el mismo* que se emplea para interrogar a la base de datos acerca de información al nivel de instancia. Es más, la tabla con código 16003088 tiene por nombre **Piezas**, y contiene información acerca de piezas arqueológicas, mientras que las tablas **sysobjects** y **syscolumns** utilizadas en las consultas anteriores contienen información acerca de las tablas de la base de datos

[159] Como ejercicio mental al respecto, sugerimos que se trate de seguir el siguiente discurso: en el lenguaje de programación Smalltalk, un objeto es una entidad que puede recibir "mensajes", o peticiones para ejecutar métodos. Como objeto que es, habrá sido construido a partir de una clase; dicha clase es, a su vez, un objeto, que acepta peticiones de creación de objetos. Si acepta peticiones, es un objeto también, y habrá sido creada a partir de una "metaclase" de nivel superior. ¿Qué peticiones ha de aceptar esta "metaclase"? ¿Cuántas "metaclases" de este tipo deben existir en un sistema de información?

[160] Según el paradigma relacional, "todo es tabla", es decir, toda la información se almacena en tablas con filas y columnas, tanto la información "de usuario" (nivel de instancia) como la "del sistema" o metainformación.

[161] Es decir, relevantes para el dominio de aplicación, y por tanto al nivel de instancia.

y de las columnas de cada una; de hecho, la propia tabla **sysobjects** contiene información indicando que existe una tabla denominada **sysobjects**[162]. Esto nos demuestra que la metainformación no es información sustancialmente diferente a la información al nivel de instancia, sino que constituye un tipo específico de esta, siendo almacenada y manipulada mediante los mismos mecanismos.

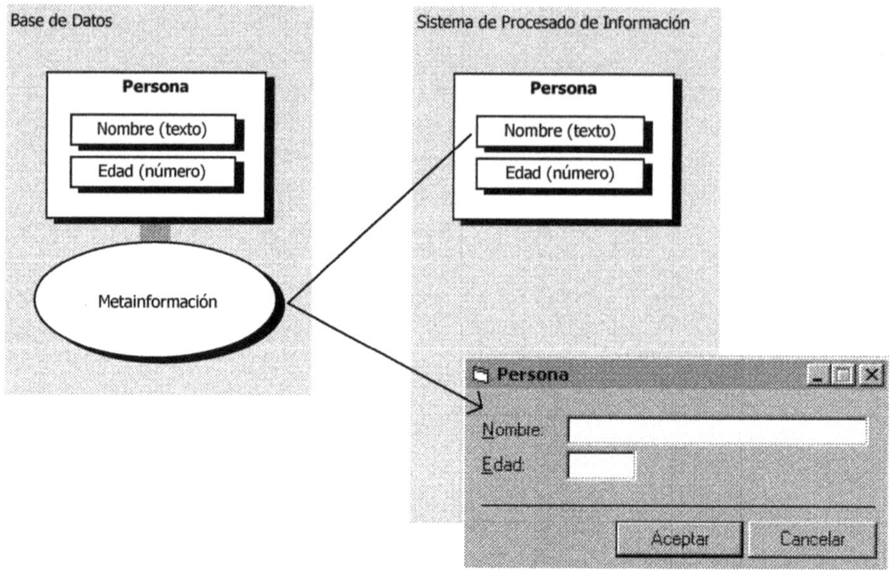


Figura V-6. Uso convencional de la metainformación de una base de datos. Tanto la estructura de la base de datos como la estructura del sistema de procesado de información reflejan la existencia de un concepto denominado "Persona", con un atributo "Nombre" que puede contener un texto. El sistema de procesado de información puede consultar la metainformación de la base de datos para conocer la longitud máxima permitida de este texto.

Muchos sistemas actuales utilizan la metainformación que el sistema de gestión de bases de datos puede ofrecer para conocer la estructura de la base de datos y actuar en consecuencia. Por ejemplo, un sistema que muestra un formulario en pantalla con un campo de texto para introducir el nombre de una persona podría consultar la metainformación de la base de datos para saber cuál es el máximo número de caracteres que la base de datos puede almacenar para el nombre de la persona, y rechazar los nombres más largos que dicho máximo. De todos modos, este tipo de uso de la metainformación no deja de ser un uso "a medio camino" entre no utilizar metainformación y construir un sistema *basado* en metainformación, como se explicará en apartados siguientes. Además, aunque los sistemas actuales pueden suministrar metainformación adecuada en cuanto a tablas, clases, campos, atributos y relaciones, no son capaces de recoger (previamente) y ofrecer (más tarde) toda la semántica que estas entidades portan, premisa indispensable para conseguir *sistemas basados en metainformación con redundancia mínima.*

### V.2.3.2. Sistemas Basados en Metainformación con Redundancia Mínima

Uno de los principales problemas del uso de la metainformación en el seno de sistemas actuales viene dado por el hecho de que cierta información ha de existir por duplicado para que el sistema sea viable. La Figura V-6 muestra un esquema de la estructura de un sistema de este tipo.

En el sistema reflejado en el ejemplo, un sistema de procesado de información hace uso de una base de datos. Este sistema ha sido diseñado y construido para tratar con conceptos de tipo **Persona**, y en concreto, con un atributo **Nombre** de tipo texto. La base de datos ha sido diseñada de acuerdo con las mismas premisas, existiendo una tabla o clase (dependiendo del paradigma, relacional u orientado a objetos, del sistema de gestión de bases de datos) **Persona** con un atributo **Nombre** de tipo texto. Esta redundancia de información, fácilmente identificable como una violación de un principio clave para una buena calidad del software[163], conlleva que cualquier discrepancia

[162] Este hecho constituye un ejemplo de lo que podríamos denominar *metainformación reflexiva*, que si bien ofrece una magnífica claridad y limpieza conceptual, puede complicar sustancialmente el uso de metainformación si no se adoptan las precauciones necesarias.

[163] Véase al respecto el *Single Choice Principle* en Meyer 1997, pág. 63.

entre ambos diseños resulte en un mal funcionamiento del sistema global. Minimizar esta redundancia es, por tanto, un objetivo a abordar; el mero hecho de pensar en sistemas basados en metainformación desde un punto de vista que considere la calidad del software como objetivo importante nos obliga a buscar la máxima reducción de esta redundancia.

De forma obvia, existen dos posibles alternativas para minimizar la redundancia de información al nivel de tipo: recortar ésta en la base de datos, o bien recortarla en el sistema de procesado de información. Una posible vía intermedia, consistente en recortarla en ambos lados y conseguir que la metainformación restante en cada uno de ellos complemente (pero no duplique) la del otro, es más compleja y requiere, en cualquier caso, pasar previamente por ambas de las alternativas sencillas. De este modo, estudiaremos la posibilidad de reducir la metainformación en cada uno de los lados del sistema global, sustituyendo la metainformación propia por consultas a la metainformación ajena.

## Reducción en Base de Datos

En general, una base de datos es un almacén de información *estructurado*, y por lo tanto, su diseño y construcción necesitan de un profundo conocimiento de la estructura de la información que ha de almacenar[164]. Este hecho, en principio, aboga en contra de la reducción de metainformación en base de datos. Sin embargo, existen numerosos sistemas experimentales (e incluso alguno comercial) basados en información poco estructurada o, eligiendo un término algo afortunado, *subestructurada*[165]. Estos sistemas almacenan elementos de información, comparables a los registros de un sistema relacional o a los objetos de un sistema orientado a objetos, pero no necesitan de la definición previa de los diferentes tipos de los mismos, y mucho menos de los atributos de cada uno. Para cada elemento almacenado, estos sistemas guardan un número arbitrario de propiedades denominadas *pares atributo-valor*, conjuntos atómicos de información que se autodescriben, ya que ellos mismos portan el nombre del atributo que constituyen, el tipo de datos, y el valor de los mismos. Existe, pues, cierta estructura en el almacén de información, pero es tan genérica y polivalente, que éste puede calificarse como subestructurado[166]. La Figura V-7 muestra un diagrama de un sistema de este tipo.

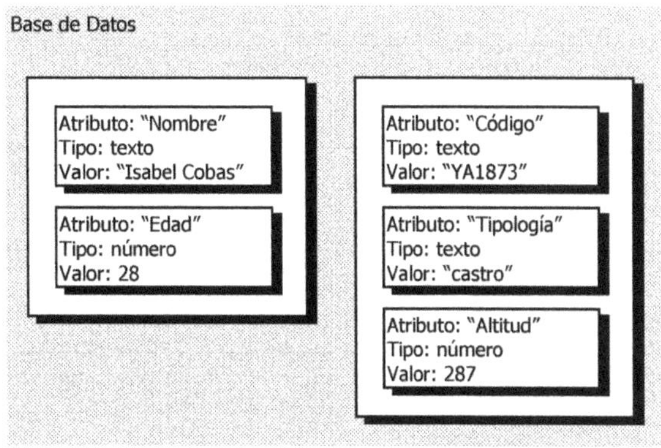


Figura V-7. Base de datos subestructurada. La base de datos almacena dos elementos. Uno de ellos contiene un par atributo-valor correspondiente al nombre de la persona de los ejemplos anteriores (véase Figura V-6), y otro correspondiente a la edad. Otro elemento posee pares atributo-valor diferentes. No existe estructura alguna en cuanto a tablas o clases.

Los sistemas subestructurados eliminan la necesidad de mantener metainformación explícita en cuanto a clases y atributos, pero plantean sin embargo algunos problemas nuevos. Por ejemplo, no es posible conocer directamente "de qué tipo es" cada elemento de información almacenado. En el ejemplo anterior, puede parecer apropiado decir que el elemento de la izquierda "es de tipo" Persona, y el elemento de la derecha "es de tipo" Yacimiento; sin embargo, el sistema no tiene conocimiento de este hecho, ya que ni siquiera conoce que los diferentes elementos que almacena pertenecen a diferentes tipos. Esto es, en todo caso, una *interpretación* realizada a mayores, y en cualquier caso *completamente ajena* a la base de datos subestructurada. En el caso de que fuese necesario adscribir cada elemento de información a un tipo determinado, es posible in-

[164] Según Korfhage, *all data have some organization, if only the organization imposed by the process of collecting and storing the data* (Korfhage 1997, pág. 8). El enfoque subestructurado trata de minimizar esta organización implícita de los datos.

[165] Estos sistemas se han denominado algunas veces *tagged-information systems* o *tagged-data systems*, ya que almacenan información "marcada" o "etiquetada".

[166] Véase Coombs y Coombs 1999 para una comparación entre los sistemas de bases de datos tradicionales y una alternativa de vocación subestructural basada en el estándar X.500 del ITU (*International Telecommunications Union*).

cluir en cada uno un par atributo-valor como los que se muestran en la Figura V-8.

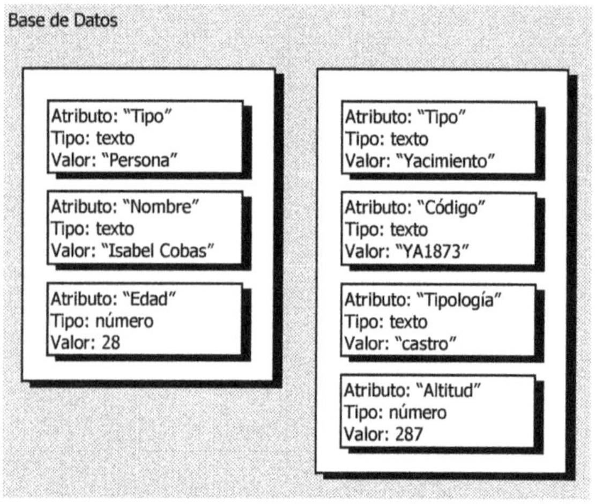


Figura V-8. Base de datos subestructurada en la cual cada elemento de información posee un par atributo-valor indicador del tipo. Este par indicador de tipo es un par completamente estándar, y será tratado como cualquier otro, pudiendo ser ignorado en los casos en que no sea necesaria la adscripción de cada elemento a un tipo concreto.

Un sistema comercial de almacenamiento basado en información subestructurada es el sistema de "sopas" del sistema operativo Newton OS, utilizado por los ordenadores personales Newton MessagePad de Apple. Este sistema operativo carece de los conceptos convencionales de "archivo" y "directorio", y ofrece en cambio la posibilidad de guardar elementos de información, denominados *frames*, en agregados persistentes denominados *soups*. Cada *frame* consta de uno o más *slots*, o propiedades formadas por un nombre (el atributo en nuestra terminología de atributo-valor) y un valor. Opcionalmente, un *frame* puede poseer un *slot* con nombre _class, cuyo valor define la clase o tipo al que pertenece dicho *frame*. Véase McKeehan y Rhodes 1997, cap. 9 para una descripción completa del sistema de almacenamiento del Newton OS.

El Newton OS demuestra en la práctica que, si bien los elementos de información almacenados no se ajustan a ninguna estructura predefinida (esto es, no existe metainformación explícita y preexistente), sí es posible utilizar las pequeñas dosis de metainformación disponibles dentro de cada par atributo-valor para obtener información acerca de la estructura de la información almacenada. En efecto, el Newton OS promueve y facilita que diferentes programas, cada uno de los cuales puede haber sido desarrollado sin conocimiento previo de los demás, puedan acceder a la información almacenada por cada uno de los otros. Cada programa concreto posee metainformación específica en la que "hace encajar" dinámicamente la información obtenida de las *soups*.

En definitiva, podemos decir que es posible reducir la metainformación existente en base de datos utilizando sistemas subestructurados. No hemos encontrado experiencias en cuanto al uso de sistemas de este tipo con grandes volúmenes de información, aunque nada impide, en principio, el éxito de experimentos en esta línea.

## Reducción en el Sistema de Procesado de Información

Aceptando el principio enunciado en el apartado anterior, es decir, que las bases de datos constituyen almacenes de información estructurados, podemos plantear la posibilidad de eliminar la metainformación innecesaria del sistema de procesado de información que utilice dichas bases de datos. Un posible enfoque es diseñar este sistema de tal modo que consulte a la base de datos siempre que necesite conocer cualquier detalle acerca de la estructura de la información que maneja. En principio, contando con una riqueza expresiva aceptable por parte del sistema de gestión de bases de datos (este tema será tratado en el apartado siguiente), y con los mecanismos de consulta de metainformación adecuados, este enfoque es posible, pero plantea un problema altamente complejo: el procesado de información realizado por el sistema es, prácticamente sin excepción, altamente dependiente de la estructura de la misma. Es decir, la mayor parte de las tareas que el sistema de procesado de información vaya a realizar sobre la misma solo pueden ser diseñadas e implementadas partiendo de una estructura de información concreta. Esto es una consecuencia directa del Principio de la Estructura Preexistente, descrito en *El Modo de Teorizar*, pág. 10.

El mismo principio también nos indica que, tal y como hemos planteado al comienzo de este apartado, las tareas que un sistema de procesado de información vaya a realizar solo pueden ser diseñadas e implementadas partiendo de una estructura de información concreta, lo cual implica que dicho sistema de procesado de información ha de conocer de antemano dicha estructura. O lo que es lo mismo, dicho sistema siempre contendrá la metainformación apropiada. Como el hecho de que un sistema contenga metainformación no significa que ésta se presente de forma explícita y utilizable, sino que dicho sistema es *completamente dependiente* de las suposiciones que dicha metainformación conlleva, nos encontramos con una gran dificultad a la hora de reducir la metainformación en el lado del sistema de procesado de información. Es posible, sin embargo, buscar modos de encapsular la dependencia mencionada dentro de ciertos módulos del sistema, y este es el enfoque adecuado.

En concreto, planteamos la posibilidad de minimizar la dependencia de la estructura de la información en cuanto a un componente omnipresente y especialmente complejo: el interface de usuario. El interface de usuario de un sistema siempre refleja de algún modo la estructura de la información con la que el sistema trabaja. Si además se ha utilizado un paradigma orientado a objetos, mediante el cual las entidades que el sistema manipula internamente muestran una fortísima correspondencia con las sus sustratos de la realidad observada, este reflejo es mayor todavía. El problema de la redundancia de metainformación es, por lo tanto, especialmente patente en cuanto al interface de usuario. En *Interface de Usuario*, pág. 123, presentaremos el concepto de *interface de usuario emergente*, clave para aliviar la dependencia de éste con respecto a la estructura de la información subyacente.

#### V.2.3.3. Necesidades de Expresividad

En cualquier caso, la incorporación de la capacidad de uso intensivo de metainformación a un sistema de gestión de bases de datos exige que éste posea ciertos mecanismos que garanticen un modelado adecuado de la información. Dado que la metainformación consiste, en última instancia, en información descriptiva de la estructura de la realidad observada, es necesario que el sistema de gestión de bases de datos pueda aceptar descripciones lo suficientemente expresivas como para lograr un modelo fiel y libre de construcciones artificiales ajenas al dominio de aplicación. Sin ir más lejos, estas descripciones utilizarán los ya conocidos conceptos de clase, relación y rol, y distinguirán entre relaciones de asociación, agregación, especialización e instanciación.

Habitualmente, los sistemas de gestión de bases de datos incorporan algún lenguaje, ya sea textual o bien icónico, para describir la estructura de la información que una base de datos concreta va a manejar. Aceptando que la metainformación debe residir en la base de datos[167], podemos deducir que este lenguaje ha de ser un lenguaje orientado a objetos, tal y como se ha definido en *Lenguajes Orientados a Objetos*, pág. 42, y ha de soportar las nociones de especialización de clases, relaciones de asociación y agregación, e instanciación de clases en objetos y de relaciones en tuplas, como mínimo. Si nos decantamos por colocar la metainformación en el sistema de procesado de información[168], el lenguaje que se utilice para construir este sistema ha de poseer las mismas características que se han descrito. En cualquier caso, la metodología que se emplee para diseñar estos sistemas ha de respaldar y acomodar los presupuestos del paradigma orientado a objetos, por supuesto.

### V.2.4. Gestión del Tiempo

Una asignatura pendiente de los sistemas de gestión de bases de datos actuales es la gestión del tiempo. Existe numerosa literatura al respecto, principalmente en forma de capítulos de libros o pequeños apartados que, en el seno de discusiones más amplias, abordan el tema en el contexto específico de una tecnología concreta o de un producto en particular, a menudo denominándolo "versionado de objetos"[169]. Aunque tales aportaciones son útiles, creemos que es necesario realizar estudios acerca de la gestión del tiempo a un nivel más abstracto, centrándose en fundamentos teóricos y metodológicos en vez de en la implementación de la misma en contextos específicos.

La necesidad de gestionar el tiempo en una base de datos surge de la observación del cambio. La realidad observada cambia a lo

[167] Lo cual es solamente una opción, como se ha explicado en *Reducción en Base de Datos*, pág. 119.

[168] Véase *Reducción en el Sistema de Procesado de Información*, pág. 120, para una descripción de esta opción.

[169] Véanse al respecto, por ejemplo, Kim 1990, pág. 145 y ss.; o Hughes 1991, pág. 229 y ss.

largo del tiempo, y lo que ayer vimos ya no es lo que vemos hoy, y no será lo mismo que veamos mañana. Pero, ¿de qué naturaleza es este cambio?

Podemos abordar el análisis de esta cuestión desde la dualidad clase/relación o, hablando de instancias, objeto/tupla. En un sistema de información, los objetos son creados como respuesta a la observación de nuevos conceptos en la realidad observada, destruidos porque efectivamente han desaparecido de dicha realidad (o bien ya no son interesantes), y modificados por razones paralelas. Las tuplas de objetos, a su vez, se crean y eliminan en el sistema respondiendo igualmente a cambios de la realidad observada, pero nunca se modifican, ya que, al no poseer *identidad*, un cambio (en el sentido convencional del término) en una tupla, que solo puede consistir en la sustitución de un objeto por otro, es totalmente equivalente a la eliminación de la tupla original y la creación de una nueva tupla. Dado que los objetos sí poseen identidad, y que ésta es invariante, podemos clasificar las operaciones de cambio descritas en tres tipos, según la entidad sobre la que actúe y su "intensidad" de cambio:

- Creación y eliminación de objetos.
- Modificación de objetos.
- Creación y eliminación de tuplas.

A continuación trataremos en detalle cada una de estas operaciones de cambio.

### V.2.4.1. Creación y Eliminación de Objetos

A lo largo de la vida de una base de datos orientada a objetos, objetos nuevos pueden ser creados y objetos existentes eliminados. Que la aparición de objetos nuevos aporta habitualmente nueva información al sistema está fuera de toda duda; sin embargo, no podemos asumir de modo similar que la eliminación de objetos existentes reduce la cantidad de información del mismo, sino que en muchos casos también la incrementa. En general, la desaparición de una entidad de nuestra realidad observada no supone que, a partir del momento en que la dejamos de percibir, anulemos u olvidemos los efectos e implicaciones que esta entidad haya podido tener. Es más, a menudo es conveniente (e incluso necesario) registrar que tal entidad existió para formar así un recuerdo o historia de dicha realidad observada. Además, tanto la aparición como la desaparición de objetos cambian las posibilidades en cuanto a las tuplas que pueden ser formadas en la base de datos.

De este modo, una base de datos orientada a objetos debe ofrecer mecanismos de registro histórico capaces de recoger los hechos referentes a la existencia de ciertos objetos hasta ciertos momentos, a partir de los cuales han dejado de existir. Muchos sistemas verticales actuales presentan tal funcionalidad, permitiendo mantener un "registro histórico" en que el sistema, de forma más o menos automática, anota los sucesos que crean o eliminan objetos. Este registro suele mantenerse, de algún modo, separado del almacén de información que propiamente constituye la base de datos, y a menudo no es accesible mediante las mismas herramientas o lenguajes. Otra alternativa habitual es dotar a cada clase o tabla de uno o más atributos que recojan los momentos de creación o eliminación de cada objeto o registro, permitiendo así disponer de esta información de un modo mucho más homogéneo, pero distorsionando lo que podría ser un buen modelado de la realidad observada mediante la incorporación de atributos foráneos.

Proponemos un enfoque distinto, que no necesite de la alteración del modelo de clases recogido en la base de datos, y que gestione el tiempo, en definitiva, a un nivel superior, permitiendo a las clases mencionadas ser independientes y, por así decirlo, ignorantes, de la gestión temporal a la que se hallan sometidas.

### V.2.4.2. Modificación de Objetos

Entendemos por modificar un objeto la acción de cambiar el valor de uno o más de sus atributos. En este sentido, los objetos de una base de datos son modificados, habitualmente, tanto o más a menudo que son creados o eliminados. De igual modo que en el apartado anterior, estas modificaciones suelen responder a cambios detectados en la realidad observada, y los sistemas de registro histórico empleados suelen ser similares, aunque existen algunas alternativas a mayores. Por ejemplo, es frecuente dotar a algunas clases de atributos similares, solamente diferenciables por el momento al que se refieren. De este modo, cada objeto específico recoge información diacrónica acerca de su estado[170]. Por supuesto, los problemas surgen cuando el tiempo pasa más allá de las previsiones realizadas.

Otra técnica, poco utilizada pero más flexible, consiste en la creación de un objeto nuevo cada vez que sea necesario modificar un atributo de un objeto original. El objeto nuevo copia los valores de todos sus atributos del objeto original, excepto el atributo a cambiar, que recoge el nuevo valor. El objeto nuevo pasa a "suplantar" al objeto original, y éste se coloca en un estado especial que indica su pertenencia al pasado. Mediante órdenes específicas, el sistema puede mostrar todos los objetos "pretéritos" asociados a un objeto concreto. Aunque esta técnica puede funcionar bien si se implementa de un modo adecuado, es muy mejorable dotando al sistema de un gestor de versiones que oculte al usuario la existencia de múltiples objetos en la base de datos para cada entidad de la realidad observada, y ésta es la vía que hemos elegido para la gestión del tiempo en bases de datos orientadas a objetos, como explicaremos más adelante.

### V.2.4.3. Creación y Eliminación de Tuplas

Las tuplas existentes en una base de datos orientada a objetos representan las relaciones entre entidades presentes en la realidad observada, y por lo tanto han de cambiar según cambien éstas. Como ya hemos explicado, las tuplas no poseen identidad, por lo que la modificación de una es equivalente a su eliminación y a la creación de una nueva tupla que refleje el cambio. De todos modos, ambas operaciones han de ser llevadas a cabo de un modo atómico para garantizar el estado consistente de la base de datos.

Los registros históricos descritos en los apartados anteriores pueden acomodar los cambios temporales en las tuplas de la base de datos solamente si se contemplan éstos desde un punto de vista centrado en los objetos participantes en las mismas; es posible anotar en un registro en qué tuplas ha participado un objeto dado a lo largo del tiempo, incluyendo posiblemente los momentos de comienzo y final de la relación. De todos modos, esta alternativa puede ocasionar problemas de consistencia interna de la base de datos, ya que es necesario asegurar que, tras la creación o eliminación de una tupla, los registros históricos de *todos los objetos involucrados* en la misma son actualizados en consonancia.

Una vez más, proponemos un enfoque distinto, no basado en registros históricos, sino en una gestión del tiempo a la cual los objetos y las tuplas de la base de datos sean ajenos.

### V.2.4.4. Tiempo Arbitrario

Completando lo expuesto en apartados anteriores, proponemos la introducción del concepto de *tiempo arbitrario*, o *momento en el cual la representación de la realidad observada ofrecida por un sistema de información es válida.* La mayor parte de los sistemas actuales sufren de "actualismo", ya que su tiempo arbitrario es siempre el momento presente, y no existe manera de cambiar tal cosa; estos sistemas se "mantienen actualizados", es decir, existe cierta preocupación por que la información recogida en los mismos refleje la realidad observada en el presente, y de ellos se elimina la información que fue valida en el pasado pero ya no lo es ahora. Nuestra propuesta, por el contrario, contempla sistemas con *tiempo arbitrario variable* (y de ahí su nombre), que pueda ser modificado por los usuarios de los mismos según la necesidad de cada momento, y que muestren representaciones de la realidad observada acordes a dicho tiempo arbitrario.

## V.2.5. Interface de Usuario

Desde un punto de vista simplista, los interfaces de usuario son necesarios dado que las personas han de interactuar con las máquinas para que éstas sean de utilidad. Los sistemas de información actuales obligan, en la mayoría de los casos, a que la persona que trata de interactuar con ellos conozca de antemano los criterios de modelado de información que han sido utilizados para construir el sistema y, en numerosos casos, la propia estructura interna del sistema, que

[170] Un buen ejemplo de esta técnica aparece, una y otra vez, en sistemas de gestión catastral. La tabla "Lugar" suele poseer campos denominados "Población en 1900", "Población en 1950", "Población en 1975", "Población en 1985" y "Población Actual".

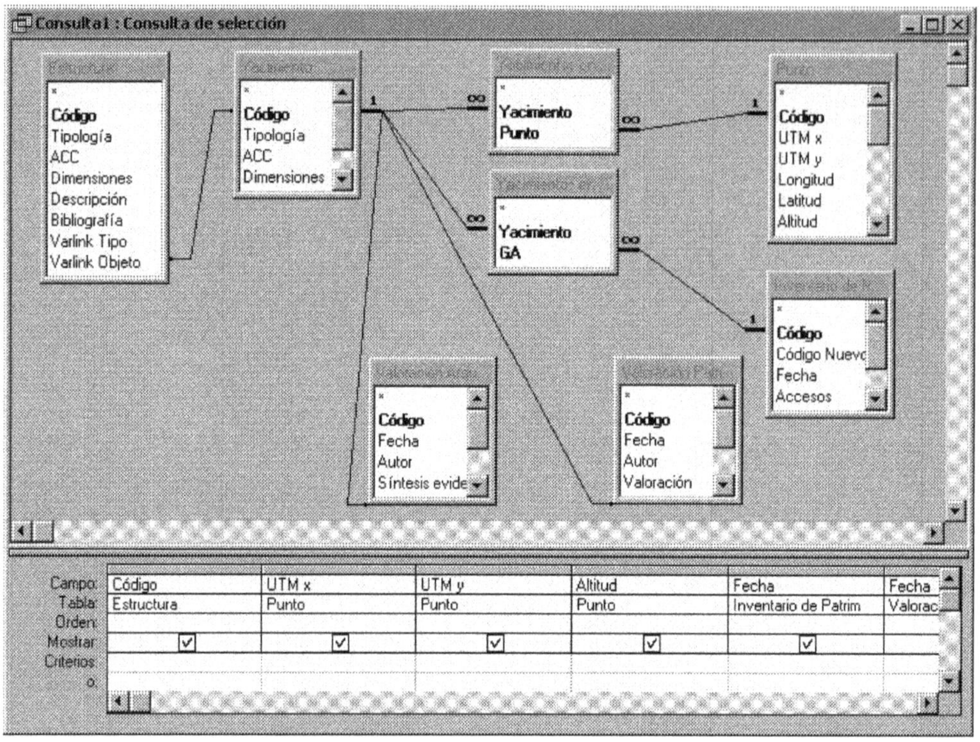


Figura V-9. Interface de usuario de Microsoft Access 95 para la elaboración de consultas. Cada recuadro en la parte superior de la figura representa una tabla, y cada línea de texto dentro de él, un campo de la tabla. Las líneas entre tablas representan relaciones. La cuadrícula de la parte inferior de la figura permite especificar campos de salida, criterios de selección, criterios de ordenación, y criterios de agregación.

suele ser diferente de la estructura de la realidad observada relevante. Según el Principio de Usabilidad[171], la capacidad de un individuo para utilizar un sistema de información viene dada, en gran medida, por la fidelidad del modelo que dicho sistema alberga sobre dicho dominio, y los sistemas actuales no suelen contener modelos muy fieles. El resultado de esta deficiencia es una escasa transferencia de conocimientos por parte del individuo desde su realidad observada hacia el sistema que trata de usar, y la consecuencia última, una mala usabilidad[172].

Por ejemplo, un sistema de gestión de bases de datos relacionales actual, moderno y "fácil de usar" desde un punto de vista tradicional, tal como Microsoft Access 95, presenta un interface de usuario que transparenta la estructura interna de la base de datos. Aunque algunos defensores de estos sistemas opinan que el interface de usuario mostrado en la **¡Error! No se encuentra el origen de la referencia.** no está pensado ni destinado a usuarios finales sin formación en informática, el hecho cotidiano es que estos interfaces de usuarios son, habitualmente, el único modo que estos usuarios poseen para consultar sus bases de datos. De hecho, la documentación oficial del producto, dirigida a usuarios de este tipo, respalda y enseña a utilizar este interface de usuario. Una base de datos medianamente compleja, que incluya más de cincuenta o sesenta tablas, modela un segmento de la realidad según ciertos criterios que los desarrolladores de dicha base de datos han seguido durante su diseño. Ante una ventana que muestra la lista de tablas disponibles, un usuario necesita conocer dicha realidad, así como los criterios de modelado, para plantear una consulta que tenga sentido en el contexto de la base de datos en cuestión. En realidad, el usuario no tendría ni por qué conocer el concepto de tabla, y mucho menos preocuparse de qué significa cada campo de cada tabla o cada relación en un sistema relacional.

La raíz del problema se encuentra, por un lado, en que este enfoque pretende que los usuarios trabajen en clave estructural, mientras que el conocimiento informal de los

[171] Véase *Sistemas de Información*, pág. 36, para una explicación de este principio.

[172] Véase *Facilidad de Uso*, pág. 58, para una discusión de este factor de calidad.

mismos aconseja el trabajo en clave funcional[173]. Por otro lado, el problema es acrecentado por las carencias de los sistemas relacionales en cuanto al modelado de la realidad observada. Algunos puntos especialmente críticos son:

- En general, el paradigma relacional es demasiado simple como para modelar la realidad observada más allá de lo trivial.
- No suele existir soporte para nombrar, clasificar, o caracterizar de modo alguno las relaciones entre tablas, más allá de la especificación simplista de la multiplicidad de las mismas.
- La fuerte fundamentación en la teoría de relaciones, aunque muy útil cara a la implementación de sistemas informáticos[174], es nefasta para el desarrollo de interfaces de usuario de buena calidad.

Un interface de usuario →*proactivo*←, sin embargo, mostraría el sistema al usuario desde un punto de vista modular, descomponiéndolo según la realidad observada que modela, y permitiendo al usuario por lo tanto una interacción modular. Además, y apoyándose en esta modularidad, el interface de usuario proactivo marcaría claramente las inmediaciones del módulo con el que el usuario interactúa en cada momento, ofreciendo una semántica de inmediatez tanto espacial como temporal. Esto se concreta en la posibilidad de una interacción inmediata por parte del usuario. Yendo más allá, un interface de usuario proactivo ocultaría al usuario aquellas partes del sistema que no fuesen directamente accesibles desde el módulo con el cual el usuario interactúa en un momento dado, ofreciendo solamente información relativa al contexto de la interacción, y permitiendo así una interacción contextual. De hecho, la *interacción contextual* constituye el principio fundamental de los interfaces de usuario proactivos.

Un interface de usuario proactivo construido basándose en los principios expuestos implica necesariamente un cambio de actitud por parte de los usuarios del sistema. En sistemas convencionales, la interacción con los mismos se produce a partir del momento en que un usuario suministra una gran cantidad de información, a la que el interface de usuario responde mínimamente[175]. Los sistemas con interfaces de usuario proactivos, sin embargo, necesitarán un especificación inicial más ligera por parte del usuario, y ofrecerán a cambio información contextual mucho más rica. De hecho, la proactividad de un interface de usuario proactivo reside en su capacidad de actuar *antes que el usuario* en cuanto a la delimitación del contexto de trabajo.

Véase González 1999b para una explicación detallada de las implicaciones y necesidades de los interfaces de usuario proactivos.

## V.2.6. Propuesta Tecnológica Específica

A modo de recapitulación, nuestra propuesta tecnológica específica en cuanto a bases de datos incluye los siguientes puntos clave:

- Reducción de la metainformación a un módulo aislado del sistema de procesado de información y utilización de bases de datos subestructuradas.
- Utilización de un gestor de versiones incorporado al sistema de gestión de bases de datos, que implemente la gestión temporal de un modo ajeno a los objetos y tuplas almacenados. El uso de bases de datos subestructuradas hace que el diseño e incorporación de este gestor de versiones sean tareas más sencillas.
- Uso de interfaces de usuario proactivos, que proporcionen la posibilidad de interacción contextual a los usuarios.

[173] Esta cuestión puede ser resulta utilizando el modelo MEAP para diseñar la arquitectura del sistema, tal y como se ha explicado en *La Arquitectura* MEAP, pág. 110.

[174] Típicamente, los desarrollos informáticos en la década de los 70 se centraron fuertemente en la implementación y dejaron muy de lado el aspecto humano y social del software, obedeciendo quizá a una tendencia hiperpositivista generalizada. A finales de los 90, parece que se comienza a ver un poco de luz en este sentido, y algunos informáticos teóricos se vuelven hacia un pensamiento más humanístico. Véase Hohmann 1997 para una buena discusión del tema.

[175] Este problema ha sido detectado informalmente por casi cualquier usuario de un ordenador personal, y de un modo más formal por Alan Cooper; véase Cooper 1999, pág. 71, *Polite Software Gives Instant Gratification*.

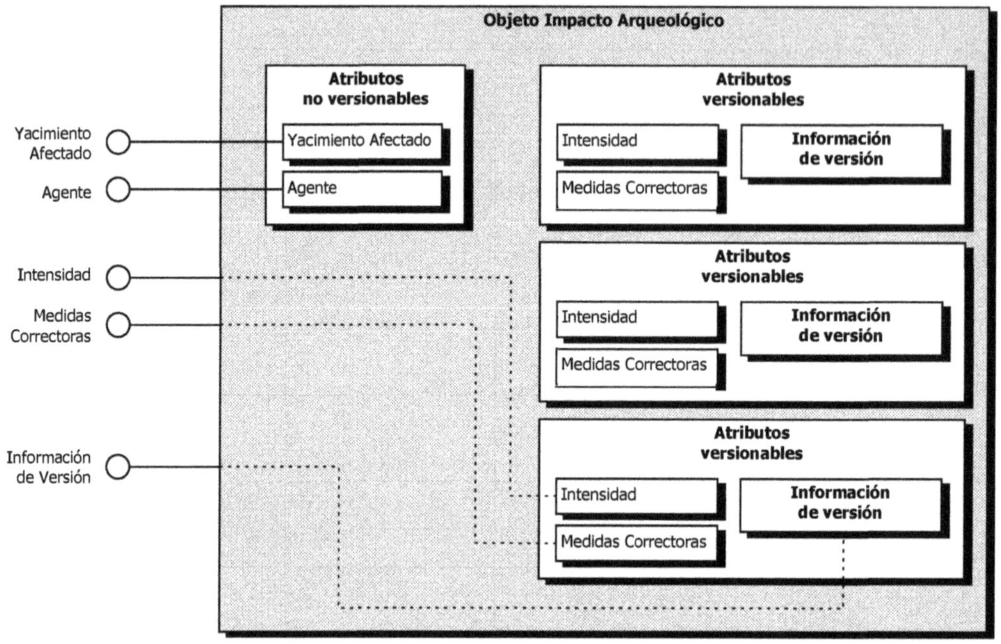


Figura V-10. Objeto como agregado de partes versionables y no versionables. El objeto muestra un interface único y claro, pero internamente se implementa como un conjunto de atributos no versionables y uno o más conjuntos de atributos versionables, de los cuales existirá uno por cada nueva versión del objeto. El gestor de versiones se encargará de hacer corresponder los atributos externos del objeto susceptibles de ser versionados a sus representaciones internas, eligiendo la versión adecuada. Para elegir la versión adecuada, a su vez, el gestor de versiones utilizará cierta información de versión asociada a cada conjunto de atributos versionables (véase Figura V-11).

Encapsulando la metainformación en un módulo aislado del sistema de procesado de información se consiguen dos ventajas: primero, no existen redundancias de metainformación y, por lo tanto, queda solventado el problema de la baja calidad del software resultante explicado anteriormente. En segundo lugar, la base de datos queda libre de metainformación, pudiendo ser de este modo utilizada por otros sistemas y, más importante, en el seno de estructuras diferentes. La erradicación total de metainformación de la base de datos se puede conseguir, como hemos explicado, utilizando sistemas subestructurados.

Además, el sistema de gestión de bases de datos ha de incorporar un gestor de versiones que muestre cada objeto como un todo coherente, pero que sin embargo manipule los atributos versionables de forma diferente a aquellos que sean versionables. Por atributo versionable entendemos aquél que puede cambiar a lo largo del tiempo, y de cuya historia es conveniente guardar recuerdo. Por atributo no versionable entendemos aquél que, aunque pueda cambiar a lo largo del tiempo, no necesite de un registro histórico. Un ejemplo del primer caso podría ser el del atributo Intensidad del Impacto en la clase Impacto Arqueológico; un ejemplo del segundo, los atributos Nombre o DNI de la clase Persona. Paralelamente, las tuplas deberán ser también manejadas por este gestor de versiones, especificando atributos de validez temporal para cada una. Véase la **¡Error! No se encuentra el origen de la referencia.** para un ejemplo.

El objeto, desde el exterior, muestra un interface convencional, es decir, posee una serie de atributos a los que cualquier otro objeto puede acceder. Estos atributos visibles desde el exterior, según hayan sido considerados versionables o no versionables durante el diseño del sistema, serán asociados a concreciones no versionables o bien versionables. En este último caso, el gestor de versiones deberá mantener asociados los atributos externos del objeto con sus concreciones internas del conjunto versionable adecuado, según el tiempo arbitrario especificado para el sistema. Para ello, el gestor de versiones podrá utilizar cierta información de versión asociada a cada conjunto versionable. Esta información de versión, como muestra la Figura V-11, incluye un número de versión, una referencia al autor de la misma, y unas fechas de comienzo y final de validez temporal para dicha versión, como mínimo. Habitualmente, la versión "actualmente válida" de un objeto no poseerá fecha Hasta, ya que es válida en el presente y no se conoce su fecha de final de validez. De todos modos, es posible que, en algunas ocasiones, sea posible anticipar la fecha de final de validez para una versión concreta de un objeto (como en el caso de plazos oficiales, por ejemplo). En estos casos, no hay nada que impida especificar estas fechas por adelantado, garantizando de este modo un control temporal eficaz, incluso proyectado hacia el futuro. Es necesario, de todos modos, obrar con cautela en estas ocasiones.

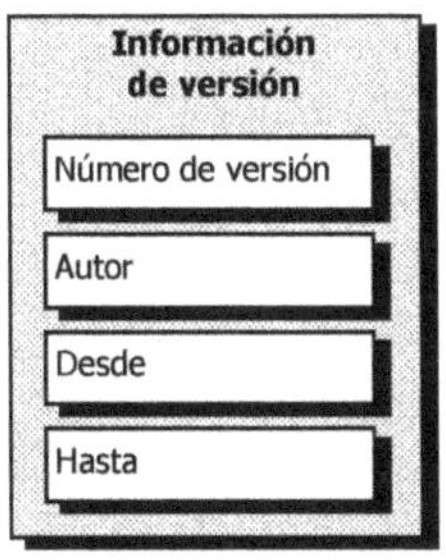


Figura V-11. Estructura interna de la información de versión asociada a cada conjunto de atributos versionables. Esta información incluye un número de versión, una referencia al autor de la misma, y un par de fechas entre las cuales la versión es válida.

Finalmente, el interface de usuario de una base de datos habrá de ser proactivo, es decir, brindar a los usuarios la posibilidad de una interacción no solo modular o inmediata, sino contextual. Para ello, este interface de usuario deberá reflejar la estructura de la realidad observada que modela el sistema, siendo a la vez sumamente flexible, ya que tendrá que adaptarse de modo dinámico a cualquier cambio en dicha estructura. En este sentido, el interface de usuario propuesto puede describirse como *emergente*, dado que el sistema lo generará dinámicamente a partir de la metainformación encapsulada en el módulo correspondiente.

La Figura V-12 muestra un esquema de un sistema basado en los principios que se plantean.

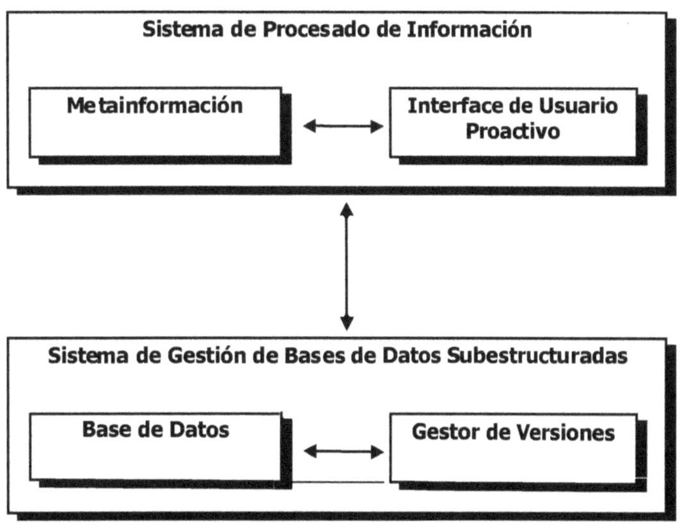


Figura V-12. Sistema de base de datos subestructuradas basado en metainformación aislada, un gestor de versiones integrado, y un interface de usuario proactivo basado en metainformación.

No olvidemos que las necesidades de expresividad impuestas por un modelo como el que se plantea hacen imprescindible el paradigma orientado a objetos en la concepción, diseño y construcción de un sistema de información que se ajuste a dicho modelo.

## V.3. Modelos del Paisaje

Es inevitable evocar imágenes de índole geográfica cuando pensamos en la gestión de recursos culturales; estas imágenes constituyen referentes de las entidades que contextualizan y dotan de sentido al propio registro, y por lo tanto, han de ser tenidas en cuenta. La manipulación de estos referentes geográficos[176] presenta una problemática específica que es necesario considerar, y acerca de la cual trataremos de dar solución a lo largo de esta sección[177].

Como primer paso para comprender el entorno tecnológico que puede influir actualmente en la gestión de información geográfica, hemos de ser humildes y admitir que, en prácticamente todos los ambientes y dominios de aplicación, existe una confusión generalizada entre *geografía* y *cartografía*. La identificación de referente y sustrato es, cuando menos, peligrosa, ya que puede llevarnos a atribuir a uno cualidades del otro y, al no ser conscientes de que entre ambos media un proceso de representación (con su contexto de representación correspondiente), nos deshacemos de los componentes subjetivos, y temporales y socio-culturales de la segunda al hacerla equivalente a la primera. En este sentido, emplearemos el término "geografía" para referirnos a *la porción de la realidad continua*[178] *que percibimos como entorno topográfico, incluyendo el relieve, el terreno, la vegetación, los suelos, y las modificaciones naturales o artificiales de todos estos elementos*. Por otra parte, emplearemos el término "cartografía" para denominar *cualquier referente que tenga por sustrato una entidad geográfica*.

Sin ir más allá, los sistemas de información geográfica (GIS, *geographical information systems*, en adelante) que existen en el mercado deberían denominarse "sistemas de información cartográfica", ya que manipulan referentes cartográficos y no geográficos. Cierto es que la misma regla podría aplicarse a casi cualquier tipo de sistema de información, pero el caso de los sistemas geográficos/cartográficos lleva las diferencias entre sustrato y referente a límites extremos. En sistemas de información convencionales, como numerosos sistemas bases de datos, las entidades manipuladas por el sistema son referentes construidos por los usuarios a partir de ciertos sustratos en un contexto de representación compartido por una intersubjetividad lo suficientemente amplia como para que dichos referentes sean adecuados. En el seno de esta intersubjetividad, el referente puede ser identificado con el sustrato con escaso peligro. Algún problema puede aparecer si el sistema de información no es capaz de gestionar referentes de algún tipo concreto, situación que puede darse en el contexto que se describe a continuación. Normalmente, los desarrolladores de software que diseñan y construyen sistemas de información parten de unos requisitos proporcionados por los futuros usuarios; si estos requisitos se apoyan en una visión objetivada de la realidad observada por dichos usuarios, los desarrolladores confeccionarán sin duda su propia interpretación y, con ella, referentes distintos de los que, cuando intenten utilizar el sistema, manejarán los usuarios. Es, pues, necesario, partir de unos requisitos de usuario tan subjetivos como sea necesario.

Retomando nuestro discurso acerca de los sistemas de información geográfica, hemos de reconocer que los productos disponibles en el mercado son, habitualmente, capaces de manejar un juego de referentes extremadamente limitados y, lo que es peor, construidos en un marco subjetivo que nada tiene que ver con las necesidades de muchos usuarios finales de estos sistemas. Como se puede leer en Bosque 1992, pág. 38:

> La cuestión estriba en los distintos tipos de unidades de observación espacial que es posible distinguir en la realidad, o sobre un mapa, en función de las propiedades geométricas/topológicas de las entidades geográficas [...]. Generalmente se suele diferenciar entre objetos puntuales (con cero dimensiones topológicas), líneas (una dimensión), polígonos (dos dimensiones) y volúmenes/"superficies" (tres dimensiones).

[176] O, mejor dicho, *cartográficos*, como explicaremos en breve.

[177] Tschan 1999 presenta una muy interesante propuesta al respecto.

[178] Véase *Representaciones, Entidades, Referentes y Sustratos*, pág. 14, para una explicación del concepto de *realidad continua*.

Es muy posible que un referente tipo Línea construido a partir de un sustrato de clase Río sea de utilidad en algunos casos, pero no en todos. Sería deseable, como primera (e inocente) complicación, que los sistemas de información geográfica que menciona Bosque pudiesen manejar referentes de la clase LíneaDoble, para representar ríos, carreteras y otras entidades geográficas más o menos lineales con cierto grosor o anchura. Yendo un poco más allá, sería ideal encontrar un sistema de información geográfica lo suficiente genérico como para poder manipular cualquier tipo de referente cartográfico y, rozando lo improbable (por ahora), que pudiese generar estos referentes a partir de los sustratos adecuados según fuese necesario. En este sentido, es interesante destacar que la capacidad de "integración con bases de datos", como normalmente se le denomina en ámbitos comerciales, constituye una característica que se supone de valor añadido a un GIS; nosotros creemos que, sin embargo, esta capacidad supone un punto de partida sin el cual no tiene sentido hablar de *información geográfica*. Si un GIS es algo más que una herramienta de dibujo (lo cual parece reunir las opiniones de usuarios, desarrolladores y organizaciones que potencian estos sistemas), está claro que ha de ser capaz de considerar la carga semántica de las entidades que maneja o, lo que es lo mismo, y expresándonos desde la óptica de los sistemas de gestión de representaciones, de mantener enlaces entre dichos referentes y los sustratos a partir de los cuales han sido construidos. Productos comerciales tan potentes y populares como ArcInfo, ERMapper o Idrisi pueden realizar multitud de operaciones sobre referentes cartográficos que, previamente, han sido elaborados, y cuyas relaciones con los sustratos correspondientes son ignoradas solemnemente. Cualquiera de estos sistemas acepta sin mayor problema una curva de nivel que corta a otra de diferente cota, cuando tal hecho es conceptualmente imposible en el marco de la forma de representación[179] elegida; esto obedece a que ninguno de estos sistemas considera a las líneas en pantalla (o almacenadas en un disco) como *curvas de nivel*, sino como meras líneas. Por contrastar esta situación con sistemas de información tradicionales, piénsese en una base de datos relacional típica, en la cual un sistema de reglas de integridad[180] permite dotar de cierta carga semántica a las entidades que la herramienta informática manipula; en este caso, los registros de la base de datos (referentes por sí solos inútiles, como las líneas de un GIS) se hallan condicionados, interrelacionados y restringidos en sus valores y comportamientos mediante ciertas reglas de integridad que no existen en sistemas GIS. No pretendemos negar la validez de estos sistemas como herramientas de cálculo y procesado de información cartográfica; de esto no hay duda. Sin embargo, creemos que nuestra crítica, puramente teórica, puede ser llevada adelante buscando soluciones tecnológicas que permitan a un futuro sistema de información *geográfica* responder a las necesidades actuales de modo integral y coherente. Los apartados que siguen tratarán algunos aspectos claves para la consecución de este objetivo.

## V.3.1. El GIS Implícito

La práctica totalidad de las bases de datos para arqueología poseen campos de índole geográfica. Además, siempre existe un apoyo gráfico, aunque rara vez integrado en el sistema principal. En los sistemas actualmente en uso, objetos como yacimientos, estructuras, piezas, o excavaciones, aparecen a menudo georreferenciados mediante campos textuales (lugar, provincia) o numéricos (coordenadas, altitud, sector). Además, frecuentemente existe un apoyo gráfico a la localización, en forma de plantas, croquis, planos de situación, fotografías o secuencias de vídeo. Finalmente, y con menos frecuencia, existen sistemas de información geográfica que permiten almacenar, procesar y ayudar a la visualización de cartografía digital.

179 El término "forma de representación" ha sido tomado de Peterson 1996, pág. 9-10. Véase *Dimensión Contenido*, pág. 20, para una discusión en torno a las formas de representación en el contexto de este trabajo.

180 Esta integridad puede ser de identidad (cada objeto es único), de dominio (algunos atributos solo pueden tomar ciertos valores; por ejemplo, un atributo Estatura no debería valer -4) o referencial (ciertos objetos no tienen sentido sin otros; por ejemplo, un sistema de información arqueológico no debería gestionar yacimientos sin una ubicación geográfica). Véase Microsoft 1996, *Data Definition Language Enhancements*, para una definición de estos tipos de integridad.

Los actuales GIS no son, en realidad, sistemas de información geográfica, sino que deberían ser llamados "sistemas de información cartográfica", ya que manejan, a todos los niveles, cartografía en vez de geografía. Estos sistemas presentan una arquitectura de dos capas: una capa inferior, de base de datos, que almacena información, y una capa superior, o interface de usuario, que permite visualizar y modificar dicha información. La información mostrada y manipulada es siempre la misma que reside en la base de datos. Además, estos sistemas suelen tomar la forma de grandes aplicaciones aisladas, necesitando hardware costoso y largos períodos de formación por parte de los usuarios finales. Todo esto hace que dichos sistemas sean utilizados por poca gente, y que esta gente se dedique casi únicamente a ellos, evitándose así la integración con otros ámbitos de trabajo. La base de datos de un GIS convencional almacena entidades sencillas, tales como puntos, líneas y polígonos, además de relaciones topológicas entre ellas. Es necesario, de este modo, convertir la geografía observada que se desea manipular en información cartográfica antes de ser introducida en el sistema. La obtención de información cartográfica a partir de información geográfica es un caso claro de representación que, como hemos dicho, no consigue mantener el vínculo entre referentes y sustratos. El interface de usuario de un GIS convencional muestra entidades sencillas, como puntos, líneas y polígonos, que representan una realidad geográfica observable ajena al sistema. Dichas entidades son tomadas de la base de datos del sistema, y mostradas sin más. Es posible manipular estas entidades sencillas para crear otras nuevas, que a su vez se almacenarán en la base de datos y serán mostradas directamente. El valor añadido de tal sistema, o lo que es lo mismo, su potencialidad como sistema de información, es nulo o muy bajo.

Un verdadero sistema de información *geográfica* debe presentar una arquitectura de tres capas: una capa inferior, o base de datos; una capa intermedia, o *gestor de representaciones;* y una capa superior o interface de usuario. De este modo, la información almacenada en la base de datos puede ser transformada por la por la capa intermedia antes de ser mostrada al usuario final. Tal sistema debe presentarse en forma de *un subsistema integrado en un sistema mayor*, y no como herramienta aislada. El mismo concepto de gestor de representaciones se extiende mucho más allá de los sistemas de información geográfica, y debe constituir parte integral y omnipresente de cualquier sistema de información para gestión de recursos culturales, como ya hemos explicado en *Gestión de Representaciones*, pág. 112.

Un sistema de información geográfica de tres capas se basa en la generación de referentes por parte de su capa intermedia (el gestor de representaciones) a partir de los datos tomados de la base de datos. Los referentes así obtenidos serán mostrados al usuario final mediante la capa superior o interface de usuario. La base de datos de un sistema de información geográfica de tres capas almacena información acerca de los *objetos geográficos* percibidos en la realidad observable, y no puntos, líneas o polígonos. Esta información ha de ser polivalente, independiente de la escala espacial, marco temporal, o propósito de utilización, y debe tender hacia la objetividad o subjetividad compartida tanto como sea posible. De este modo, se puede decir que la base de datos de un GIS de tres capa es una *base de datos conceptual,* pues almacena *conceptos* y no *concepciones.*

El gestor de representaciones de un GIS de tres capas tiene en cuenta el contexto de representación para elaborar referentes cartográficos a partir de los conceptos geográficos almacenados en la base de datos. Este contexto de representación incluye aspectos tan diversos como la escala espacial, la resolución espacial, el propósito del referente, las preferencias personales del usuario o usuarios, etc. El referente cartográfico obtenido consta de entidades sencillas como puntos, líneas y polígonos, similares a los de un GIS convencional. A diferencia de estos, dichas entidades no residen en la base de datos ni constituyen la información de la que el sistema dispone, sino que han sido generadas "sobre la marcha" y bajo demanda. El sistema mantiene vínculos entre estas entidades cartográficas, que se muestran mediante el interface de usuario, y los conceptos geográficos que representan, posibilitando así la manipulación de éstos a partir de la interacción con aquéllas. De este modo, el valor añadido de dicha presentación final en un GIS de tres capas puede ser muy alto.

Puede encontrarse una primera aproximación práctica a lo que puede ser un GIS de tres capas el Archivo Digital del Registro Arqueológico (ADRA), diseñado y construido por el autor de este trabajo[181]. El ADRA constituye un pequeño sistema de información diseñado para mostrar el entorno cultural y, especialmente, arqueológico, de una zona geográfica arbitraria, y se basa en un interface de usuario cartográfico, integrado con una base de datos relacional y otra vectorial mediante un gestor de representaciones cartográficas. El objetivo de este sistema es esbozar el funcionamiento de un futuro sistema de tres capas y detectar posibles problemas y áreas de mejora. La elaboración de referentes cartográficos bajo demanda se ha denominado "zoom dinámico" en el ADRA. Por ejemplo, a escala 1:40.000, el sistema obtiene la información necesaria de las bases de datos para componer un mapa con curvas de nivel cada 10 metros, representar los núcleos de población mediante polígonos, las carreteras mediante una línea, y la excavación del túmulo nº 3 de San Cosme como un recuadro coloreado. A escala 1:5.000, los núcleos de población aparecen con polígonos individuales para cada construcción y las carreteras como una línea doble. Además, se esboza un esquema de las estructuras del túmulo excavado. A escala 1:200, las estructuras del túmulo se muestran en diferentes colores según la capa temática a la que pertenezcan, pudiendo así diferenciar entre diferentes componentes de la coraza y otros elementos. A escala 1:20, las piedras componentes de las estructuras aparecen con todo detalle.

En definitiva, un *GIS implícito* es un sistema de información geográfica que no constituye un producto en sí, sino un subsistema de un producto mayor, indiferenciable de su entorno para los usuarios del mismo. La base de datos que almacena los conceptos a partir de los cuales el gestor de representaciones elabora los referentes que son mostrados a través del interface de usuario es *la misma* base de datos que el sistema puede utilizar para guardar la información; de hecho, las formas de representación cartográficas son un caso concreto de una generalidad bastante ubicua. Imaginemos que la base de datos de un sistema de información almacena los datos suficientes para describir el río Umia de modo apropiado; habitualmente, estos datos son presentados al usuario dispuestos en una "ficha" o formulario virtual sobre la pantalla del ordenador, de modo que pueda modificar los diferentes campos de los que se compone. Esta realidad, reiteradamente única, es solamente una posibilidad entre otras: también es posible mostrar la información relativa al río Umia como una tabla de datos, o como un texto descriptivo generado a partir de la base de datos mediante algunas reglas, o como una línea sobre un mapa, o como dos líneas paralelas, o como un volumen tridimensional en un modelo digital del terreno. Algunas de estas formas de representación pueden denominarse "cartográficas", y son habitualmente gestionadas por productos específicos denominados GIS. Nosotros proponemos que, lejos de esta especialización inútil y poco fructífera, queden encuadradas dentro de la globalidad del sistema de información, conectadas con otras formas

## V.3.2. Interface de Usuario

El interface de usuario habitualmente más adecuado para mostrar información geográfica es el cartográfico, por supuesto, pero no debemos asumir que siempre lo va a ser. La información geográfica también puede ser mostrada mediante tablas de datos, textos, gráficas o documentos. Como hemos explicado en el apartado anterior, la representación cartográfica es una de tantas, y no debe ejercer monopolio alguno sobre ningún tipo de sustrato. Los sistemas de información geográfica disponibles en el mercado promueven el uso de interfaces cartográficos por su espectacularidad (y por su gran utilidad en numerosos casos, por supuesto), olvidando otras formas de mostrar información. De hecho, el rasgo definitorio de un GIS no es que trabaje con formas de representación cartográficas, sino que trabaje con sustratos geográficos[182]. El modo en que estos son mostrados no está predeterminado. En el más puro sentido estricto, es posible

[181] El ADRA se incluye en un CD-ROM junto a González 1997b. También puede ser obtenido gratuitamente del sitio web http://www-gtarpa.usc.es

[182] Esta idea me fue sugerida por primera vez por mi colega Roberto Gómez, a quien agradezco su perspicacia al respecto.

construir un GIS que carezca completamente de mapas.

### V.3.2.1. Integración Cartográfica

El aspecto más importante a tratar en cuanto al interface de usuario de un sistema con GIS implícito es, probablemente, el de las restricciones que las formas de representación convencionales, no digitales, están imponiendo sobre el modo de trabajo de los modernos sistemas de información geográfica. La forma de representación geográfica convencional más habitual es, sin duda alguna, la cartográfica, que se concreta en mapas, planos, perfiles, y otras entidades similares. Una característica inherente a estas formas es que se presentan en fragmentos o unidades de dimensiones más o menos adecuadas, pero en cualquier caso arbitrarias y artificiales. Por ejemplo, es necesario consultar varias hojas cartográficas para poder repasar el trazado de una carretera, y es necesario utilizar diferentes planos, a diferentes escalas y con diferentes tipos de información, para tener una idea clara de la estructura y apariencia de un edificio. En concreto, la fragmentación del interface de usuario de las formas de representación convencionales se produce a tres niveles diferentes:

- Al nivel espacial, ya que la extensión de la superficie terrestre a menudo hace imposible incluir en una sola hoja cartográfica más que una pequeña parte. Por ejemplo, no es viable elaborar una hoja cartográfica de toda Galicia a escala 1:10.000.
- Al nivel de escala, ya que el referente que constituye una hoja cartográfica es generado en un contexto de representación muy concreto, que determina una escala cartográfica específica y apenas modificable después. Por ejemplo, son necesarias hojas diferentes para mostrar el contexto comarcal de Santiago de Compostela y la distribución de calles en su casco urbano.
- Al nivel temático, ya que dicho referente se genera a partir de un sustrato que contempla algunos aspectos de la realidad observada y no otros. Por ejemplo, no es adecuado mostrar la distribución de todas los niveles en un plano de planta de un edificio, sino que diferentes planos mostrarán diferentes niveles.

Este interface de usuario fragmentado es aceptable en el contexto de la cartografía convencional, sobre papel, pero no es necesario aplicarlo también a la cartografía digital. Es cierto que el uso de metáforas conocidas por el usuario puede facilitar enormemente la facilidad de uso (y el éxito, en definitiva) de un sistema de información, pero también es cierto que es necesario ser críticos con la adopción de cada una de estas metáforas. En el caso que nos ocupa, la metáfora de la hoja cartográfica, a nuestro modo de ver, posee más inconvenientes que ventajas, y es por ello que preferimos descartarla.

De este modo, proponemos un interface de usuario cartográfico que, lejos de fragmentar la información geográfica en hojas, muestre al usuario mapas con extensión, escala y contenido arbitrarios, liberándolo de las tareas de cambio de hoja habituales. El apartado anterior describe cómo el sistema de gestión cartográfica del ADRA es capaz de generar los mapas necesarios dinámicamente, mostrando la misma información a escalas distintas según el usuario lo solicita. Las implicaciones prácticas de estos principios pueden resumirse en una sola: no existen "archivos" que el usuario ha de "abrir" y "cerrar" continuamente[183], sino que el mapa *existe* en el sistema, es uno y sólo uno, y el usuario puede hacer uso de él libremente.

### V.3.2.2. La Perspectiva Humana

Un aspecto, muy concreto pero importante, relativo al interface de usuario de un sistema de información cartográfico es el concerniente a la perspectiva humana. En general, los productos disponibles en el mercado son capaces de mostrar mapas convencionales en planta y modelos digitales del terreno desde numerosos puntos de vista. Creemos que este último hecho debe ser explotado para tener en cuenta los puntos de vista (literalmente y figuradamente hablando) que los seres humanos tienen del paisaje que los

[183] Idrisi, un producto comercial muy popular, es conocido tanto por su aparente sencillez de uso como por su nefasta gestión de archivos.

rodea, situando la "cámara" a poco más de un metro sobre el suelo y considerando un ángulo de visión horizontal de unos 135 grados. El software debe ser capaz de simular una perspectiva cónica similar a la que produce el ojo humano.

La situación descrita puede ser utilizada como base de cualquier proceso de visualización, análisis o estudio similares a los que convencionalmente se realizan, pero dentro de la perspectiva mencionada. Por ejemplo, es interesante visualizar el área de visibilidad desde un yacimiento elevado no como una serie de manchas irregulares sobre un mapa de curvas nivel, sino colocando el punto de vista en dicho yacimiento y haciendo que el software simule el giro que uno puede hacer alrededor de uno mismo para contemplar el valle circundante.

Además, el sistema debería contar con herramientas especialmente diseñadas para trabajar en este contexto. Por ejemplo, debería ser sencillo hallar las diferentes áreas de visibilidad desde el yacimiento mencionado según la estatura del observador, sin necesidad de repetir el cálculo varias veces; por el contrario, el sistema debería conocer que el cálculo de un área de visibilidad solo tiene sentido desde una perspectiva humana, e incluir la variabilidad en los resultados introducida por las diferentes posibles estaturas de los observadores.

## V.3.3. Propuesta Tecnológica Específica

Nuestra propuesta tecnológica concreta en cuanto a la gestión de modelos del paisaje consta de tres puntos clave:

- Integración de las formas de representación cartográficas en la globalidad del sistema.
- Arquitectura de tres capas, en la cual la capa del medio contiene un gestor de representaciones encargado de generar referentes cartográficos a partir de sustratos geográficos.
- Integración cartográfica a nivel espacial, de escala y temático.

El primer y segundo puntos de la lista pueden ejemplificarse aplicando el viejo paradigma arquitectónico denominado MVC (*model/view/controller*), en el que cierta estructura (*model*) es presentada al usuario a través de una o más vistas (*view*) por un gestor centralizado (*controller*). En nuestro caso, la estructura viene dada por la información geográfica almacenada en la base de datos del sistema de información. Nuestro gestor de representaciones constituye parte fundamental del *controller*, mientras que las vistas que el usuario percibe y manipula a través del interface de usuario constituyen el componente *view*. Una de las grandes ventajas del paradigma MVC es que aísla e independiza la información manejada por el sistema de su presentación, tal y como ya hemos explicado a lo largo de *La Arquitectura MEAP*, pág. 110. En efecto, esta opción permite la existencia de numerosas vistas sobre una única estructura (varios objetos de la capa P referidos a un único objeto de la capa E, en terminología MEAP), y estas vistas pueden ser totalmente diferentes. Es particularmente interesante el caso en que diferentes vistas constituyan diferentes formas de representación; por ejemplo, según el paradigma MEAP, es posible visualizar simultáneamente un mapa de un yacimiento arqueológico, un documento describiéndolo, y una lista de las parcelas que ocupa, de modo que todas estas vistas se refieren al mismo objeto subyacente: el yacimiento en cuestión. Las relaciones sustrato-referente existentes posibilitarían, por ejemplo, que la modificación interactiva sobre el mapa del perímetro del yacimiento resultase, de modo inmediato, en la actualización de la lista de parcelas afectadas y en la recomposición del documento mencionado de forma que expresase la nueva extensión y características del yacimiento en cuestión.

El tercer punto de la lista posee implicaciones de más bajo nivel, ya que la integración cartográfica propuesta solo puede conseguirse con infraestructuras hardware y software de altas prestaciones. La tecnología informática avanza muy rápido, y lo que ayer era imposible hoy simplemente es difícil y será asequible mañana. En este sentido, el autor de este trabajo y su equipo han desarrollado la tecnología CVS (cartografía vectorial segmentada) que, a modo de ensayo, implementa un formato de datos espacialmente indexado capaz de almacenar información cartográfica de grandes extensiones de terreno a varios niveles de detalle[184]. También se ha desarrollado una librería de acceso a archivos CVS, que permite utilizar esta tecnología en el seno de cualquier sistema de información de forma cómoda y sencilla, y algunas utilidades de conversión de formatos y visualización. Actualmente, el sistema SIA+[185], desarrollado por el autor de este trabajo, utiliza la tecnología CVS para mostrar mapas de localización de yacimientos arqueológicos, gestionando una superficie de unos 30.000.000 km$^2$ con un rango de escalas que va desde 1:1.500.000 hasta 1:10.000, incluyendo curvas de nivel, red hidrográfica y mapa de ayuntamientos. El usuario no tiene, en ningún caso, que abrir archivos o elegir entre diferentes "hojas cartográficas" o conjuntos de datos.

Creemos que la investigación básica en cuanto a estructuras de datos, algoritmos de almacenamiento y recuperación e indexación multidimensional, junto con la evaluación de diferentes alternativas de sistemas de almacenamiento de datos, pueden dar frutos muy interesantes en el futuro cercano.

---

[184] Véase González 1999a para una descripción detallada de la tecnología CVS.

[185] Véase *El Sistema de Información Arqueológica*, pág. 143, para una descripción completa de este sistema.

# V.4. Gestión Documental y Trabajo Cooperativo

¿Por qué unir dos conceptos como *gestión documental* y *trabajo cooperativo* en el mismo título? Es más, ¿qué tienen en común? Según Bielawski y Boyle 1997, la mayor parte de la información necesaria para el adecuado funcionamiento de la organización media[186] de hoy en día reside en documentos[187], entendiendo como "documento" una porción de información codificada esencialmente como texto escrito sobre un soporte de papel. Si además tenemos en cuenta que la organización media de hoy en día se compone de numerosos individuos, podemos deducir directamente que el principal modo de intercambio de información en el seno de la organización media es el documento, lo cual contesta las dos preguntas planteadas al comienzo de esta sección. Es más, ampliando el concepto de *documento* a algo más que lo descrito (por ejemplo, para que englobe también a los documentos electrónicos), podemos extender la correspondencia entre gestión documental y trabajo cooperativo mucho más allá. No es descabellado tratar, incluso, a las bases de datos y otros almacenes de información como documentos un poco especiales. De hecho, Maler y El Andaloussi definen "documento" como *A collection of information that is processed as a unit* (Maler y el Andaloussi 1996, pág. 6).

A lo largo de esta sección profundizaremos en la problemática que en la actualidad presenta la gestión documental, y como ésta afecta directamente al rendimiento (en el más amplio sentido de la palabra) de los grupos de personas.

186 Sabemos que hablar de una "organización media" supone realizar una generalización a veces muy intensa; en este contexto deben tomarse las ideas elaboradas a lo largo de esta sección.

187 *Industry estimates place over 80% of corporate knowledge assets in documents*; Bielawski y Boyle 1997, pág. 1.

## V.4.1. Comunicación y Flujo de Trabajo

Una vez que hemos asumido que la comunicación entre individuos es fundamental para el buen funcionamiento de cualquier grupo que trabaje cooperativamente[188], podemos definir *trabajo cooperativo* como *aquel desempeñado por un grupo de individuos que comparten objetivos comunes en cuanto al resultado de dicho trabajo, y que dependen unos de otros para su consecución*; en estas situaciones, el éxito del trabajo se halla supeditado al éxito individual de cada componente del grupo, de tal modo que el fracaso de uno de ellos conlleva el fracaso del colectivo.

Como se explicó en *Realidad y Subjetividad*, pág. 16, varios individuos solo pueden comunicarse entre sí si poseen cierta intersubjetividad, es decir, si comparten una parte de sus concepciones en forma de conceptos. Tomando como modelo el enfoque de Hohmann, basado en el modelado de los fenómenos de comunicación como intercambios de mensajes (Hohmann 1997, pág. 224 y ss.), podemos considerar que un tipo de mensaje muy habitualmente utilizado es el documento. Siguiendo con la tesis de Hohmann, los mensajes pueden ser descritos a tres niveles diferentes (Hohmann 1997, pág. 225):

- A nivel léxico, un mensaje se compone de una serie de símbolos individuales, especificados de antemano mediante un alfabeto determinado. Un mensaje es correcto a este nivel si todos sus símbolos pertenecen a este alfabeto.
- A nivel sintáctico, un mensaje se forma combinando los símbolos individuales mencionados anteriormente según ciertas reglas especificadas de antemano. Un mensaje es correcto a este nivel si todo su contenido se ajusta a dichas reglas.
- A nivel semántico, un mensaje porta información definida a partir de cómo se combinen reglas sintácticas y símbolos léxicos, y del significado

188 Existen otros modos de trabajo en grupo, como los basados en trabajo competitivo, pero no entraremos a discutirlos debido a que la opción cooperativa es la más utilizada y parece ser la más efectiva.

atribuido de antemano a cada uno de estos elementos.

De hecho, Hohmann habla de un *shared knowledge* sin el cual no es posible la comunicación. Desde la óptica planteada en *Realidad y Subjetividad*, pág. 16, este *shared knowledge* no es más que la intersubjetividad que deben compartir los individuos que intentan comunicarse. El enfoque de Hohmann, sin embargo, aporta una cuestión muy interesante a nuestro razonamiento: la mencionada intersubjetividad debe darse en todos y cada uno de los tres niveles enumerados anteriormente. Como dice Hohmann (Hohmann 1997, pág. 226),

> Meaningful communication requires two things. First, both sender and receiver must possess a shared understanding of the lexical and syntactical contents of the message. Second, there must be a minimum shared semantic content serving as the starting foundation upon which further understanding can be constructed.

Un hecho fácilmente observable, también recogido por Hohmann, es la facilidad del ser humano para dar más peso al componente semántico de un mensaje y ser, al mismo tiempo, más permisivo en cuanto al contenido léxico y sintáctico. Gracias a este hecho, a menudo es posible inferir el contenido semántico de un mensaje aún cuando su estructura léxica o sintáctica no sea correcta. De todos modos, estas situaciones incrementan el grado de ambigüedad del mensaje, ya que normalmente no hay posibilidad de asegurar las conjeturas que el receptor de un mensaje ambiguo realice automáticamente.

## V.4.1.1. Formalidad

Volviendo al caso particular de los documentos como mensajes, es necesario destacar que un documento creado, distribuido y utilizado en el seno de una organización constituye un mensaje con múltiples destinatarios. No trataremos de involucrar en nuestra discusión a aquellos documentos personales o íntimos, dirigidos a un único destinatario, y habitualmente fuera del contexto profesional, que es el que nos ocupa. Encontrándonos en una situación de posible ambigüedad en el mensaje, el cual es dirigido a numerosos destinatarios, es necesario introducir el concepto de *formalidad*, que podemos definir como *el grado de adecuación de un resultado a las estructuras que lo definen* (Hohmann 1997, pág. 173). En el caso de los mensajes y de la comunicación interpersonal, y desde nuestro punto de vista, estas estructuras se concretan en el alfabeto léxico, las reglas sintácticas, y la semántica inicial utilizados para la elaboración de documentos. De este modo, podemos asumir las recomendaciones de Hohmann relativas a la formalidad de los mensajes (Hohmann 1997, pág. 238):

- La formalidad debe aumentar cuando aumente el número de destinatarios.
- La formalidad debe aumentar cuando crezcan las probabilidades de interpretación ambigua por parte del destinatario.
- En general, es preferible errar por exceso de formalidad que por su defecto.

De este modo, asumiremos desde este momento que los documentos utilizados en el seno de una organización deben ser lo suficientemente formales como para garantizar una comprensión adecuada por parte de todos sus destinatarios, y con un grado de ambigüedad mínimo. "Suficientemente formales" suele significar, en este caso, "muy formales". La ausencia de la formalidad requerida, como hemos explicado, podrá producir ambigüedad y falta de entendimiento, lo cual implica una mala comunicación interpersonal en el grupo cooperativo y, en definitiva, el fracaso de los esfuerzos colectivos.

## V.4.1.2. Estándares Documentales

Una vez justificado que los documentos utilizados en el seno de organizaciones cooperativas han de ser altamente formales, es necesario diseñar los mecanismos que permitan poner en práctica este precepto, y asegurar que el trabajo adicional requerido para elaborar documentos más formales[189] es compensado con creces por un mejor funcionamiento del grupo. La especificación

[189] En efecto, la elaboración de resultados es más costosa cuanto más formales son éstos (Hohmann 1997, pág. 230-231).

y uso de estándares documentales constituye una posibilidad muy interesante.

Planteamos la posibilidad de establecer estándares documentales a los niveles léxico y sintáctico, ya que son éstos niveles los que definen reglas para comprobar la corrección de un documento (véase *Comunicación y Flujo de Trabajo*, pág. 135). Según la definición de "formalidad" proporcionada en el apartado anterior, la adherencia de un documento a los estándares que a continuación proponemos será el factor que determine la formalidad del mismo.

## Nivel Léxico

A nivel léxico, un documento se compone de *términos*, es decir, palabras o grupos de palabras con significado establecido previamente y conocido por remitente y destinatario. Es necesario que el acuerdo entre éstos respecto a la terminología empleada sea máximo, principalmente en cuanto a terminología técnica o específica de un ámbito profesional concreto. Ciertamente, son estos ámbitos, sobre todo en humanidades, los que a menudo presentan un mayor grado de arbitrariedad en las asignaciones término-significado, debido a dos factores fundamentales: el componente subjetivo intrínseco a las disciplinas de humanidades, y la ausencia de una "tradición científica" estricta y aséptica en sus definiciones. Así pues, cualquier organización que desee mejorar la comunicación entre sus individuos componentes, se encuentra con la necesidad de establecer claramente el alfabeto léxico a emplear en la redacción de documentos, y con la enorme dificultad de conseguir un consenso al respecto. Estos hechos nos llevan a creer que es fundamental realizar trabajos dirigidos hacia la especificación de estándares terminológicos en humanidades y hacia el diseño y construcción de sistema informáticos que permitan consultar, utilizar y revisar grandes cantidades de términos técnicos. Algunas organizaciones han desarrollado "tesauros" terminológicos[190], pero siempre reducidos a ámbitos profesionales o geográficos muy parciales.

Por otra parte, no podemos olvidar que muchos símbolos componentes de los documentos no son términos en el sentido estricto de la palabra, sino imágenes, esquemas, gráficos u otros tipos de referentes visuales. Del mismo modo que creemos necesaria la investigación relativa a estándares terminológicos, no lo es menos la relativa al uso de estos símbolos no textuales.

## Nivel Sintáctico

A nivel sintáctico, un documento se compone de diferentes *secciones* de tipo y extensión muy diversos: capítulos, apartados, títulos, epígrafes, apéndices, tablas, etc. Cada una de estas secciones se compone de numerosos símbolos léxicos combinados de formas concretas, y unas pueden contener a otras. La estructura de un documento[191], en este sentido, viene dada por los diferentes tipos de secciones que aparecen dentro de él, y por las relaciones entre éstas. Un ejemplo, basado en Maler y el Andaloussi 1996, pág. 13, podría ser el siguiente:

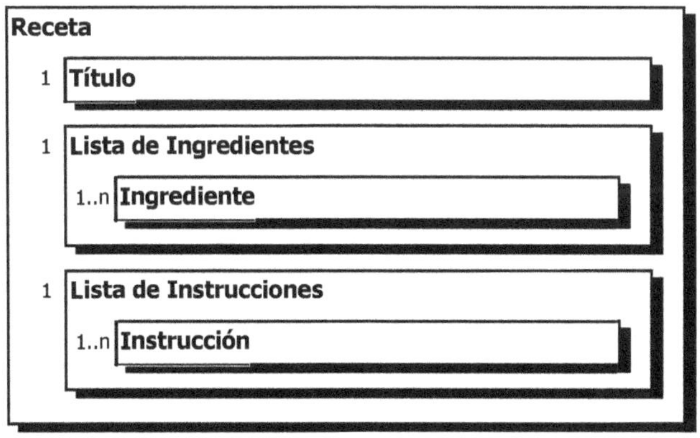


Figura V-13. Estructura de una receta de cocina. Obsérvense las agregaciones entre secciones. Una receta se compone de un título, una lista de ingredientes, y una lista de instrucciones. A su vez, una lista de ingredientes se compone de 1 a *n* ingredientes, y una lista de instrucciones se compone de 1 a *n* instrucciones.

Está claro cada tipo de documentos presenta una estructura concreta. Por ejemplo, un informe de impacto arqueológico no se compone de una lista de ingredientes y una lista de instrucciones, como una receta de cocina. De este modo, es fundamental el concepto de *tipo de documento*, caso concreto del concepto de *clase*, pero aplicado específicamente a documentos. Como parte de la definición de "documento", Maler y El Andaloussi dicen que *A document is classified as being of a particular document type* (Maler y el Andaloussi 1996, pág. 6). Una organización

[190] Véase al respecto IAPH 1998, por ejemplo.

[191] Revísese la definición de "estructura" en *Estructura y Validez*, pág. 25.

puede confeccionar una lista de los tipos de documentos que utiliza, y especificar la estructura de cada uno de ellos mediante una *definición de tipo de documentos* o DTD (*document type definition*). Este último concepto es a menudo utilizado en el contexto del estándar ISO[192] 8879, que constituye un lenguaje para la representación documental denominado SGML[193] (*standard generalized markup language*), aunque nosotros los utilizaremos de forma independiente de dicho estándar.

La confección de DTDs para los tipos de documentos utilizados en una organización no es tarea sencilla, y es habitualmente necesario un análisis documental previo que solo puede ser llevado a cabo por profesionales especializados. Algunas grandes organizaciones, como Columbia University Press o Intel Corporation, han creado DTDs para algunos de sus tipos de documentos, y los utilizan con éxito a diario. En la práctica, la creación de un DTD solo es rentable si se utilizan herramientas tales como:

- Editores de texto capaces de asimilar la especificación de un DTD, y forzar a que el autor del texto se adapte a la estructura impuesta por aquél.
- Sistemas de almacenamiento de documentos que permitan consultar, recuperar, ordenar y navegar a través de un gran número de documentos con facilidad.
- Visualizadores documentales capaces de mostrar documentos, ya sea en pantalla o impresos, con un aspecto apropiado según la estructura impuesta por el DTD correspondiente.

Estas herramientas, en general, pueden encontrarse en el mercado, principalmente adaptadas a trabajar con el anteriormente citado estándar ISO 8879. Nuestra impresión particular es que, a pesar de la elegancia teórica del SGML y de su enorme capacidad expresiva, la puesta en práctica de estándares documentales a nivel sintáctico solo ha sido conseguida por organizaciones muy grandes a costa de invertir cantidades ingentes de dinero en ello. La estandarización sintáctica de documentos continúa siendo una utopía para cualquier organización mediana o pequeña. La aparición del XML (*extended markup language*), una simplificación del SGML elaborada por el World-Wide Web Consortium a partir de 1996, y el subsiguiente apoyo de compañías muy fuertes, entre ellas Microsoft, pueden facilitar mucho estas labores en el futuro cercano[194].

### V.4.1.3. Flujos de Trabajo

Así como es posible formalizar la estructura documental mediante diccionarios de términos y DTDs, también es posible formalizar las vías de intercambio de información entre personas mediante flujos de trabajo. Un *flujo de trabajo* es, en esencia, *una especificación de los agentes, rutas de comunicación y criterios temporales y de decisión involucrados en un procedimiento de trabajo concreto*. Un procedimiento de trabajo es, en esencia, un subconjunto del trabajo cotidiano con cierta cohesión interna, como, por ejemplo, solicitar un permiso de excavación arqueológica o tramitar la solicitud de un proyecto de investigación. La especificación de un flujo de trabajo incluye, pues:

- Los agentes que participan en él, es decir, las personas y grupos de personas involucrados.
- Las rutas de comunicación existentes, es decir, qué agentes se comunican con qué otros y de qué modo.
- Los criterios temporales vigentes, incluyendo plazos y tiempos mínimos y máximos dentro de los cuales hayan de tener lugar las mencionadas comunicaciones.
- Los criterios de decisión necesarios para determinar en qué casos ha de tener lugar cada una de dichas comunicaciones.

Los agentes y rutas de comunicación de un procedimiento de trabajo pueden expresarse mediante diagramas, los cuales pueden ser completados con explicaciones detalla-

[192] La ISO (*International Organization for Standardization*) es una federación mundial de cuerpos nacionales dedicados a la estandarización de estructuras y procesos. Puede verse una definición más completa en Maler y el Andaloussi 1996, pág. 502.

[193] Una buena introducción al SGML puede ser Maler y el Andaloussi 1996 o Alschuler 1995.

[194] Véase http://www.w3.org/xml para más información.

das de criterios temporales y de decisión. Cada flujo de trabajo debe constituir una especificación completa, coherente y no ambigua del procedimiento de trabajo que modela, y deberá ser utilizado por los agentes involucrados para conocer sus responsabilidades en el seno del mismo.

Una organización que modele sus procedimientos como flujos de trabajo podrá utilizar sistemas informáticos que asimilen dichos flujos y garanticen la distribución de la información a los agentes adecuados en los momentos adecuados, tomando incluso decisiones de enrutamiento de información según los datos proporcionados por diversas fuentes. Existen en el mercado productos de este tipo, como KeyFile o Lotus Notes.

## V.4.2. Versionado Documental

Como hemos introducido en *Implicaciones y Conexión con los Fundamentos,* pág. 32, la existencia de sistemas capaces de gestionar diferentes versiones de cada documento es fundamental para una adecuada gestión de recursos culturales. En concreto, y considerando a los documentos como referentes de algún sustrato existente, está claro que diferentes versiones de un mismo documento podrán diferir respecto de cualquiera de los componentes del contexto de representación enumerados en *El Contexto de Representación,* pág. 18: subjetividad, entorno socio-cultural y temporalidad. En la práctica, podemos obviar la posibilidad de que el entorno socio-cultural cambie lo suficiente entre dos versiones documentales como para permitir que éstas sean, en efecto, versiones del mismo documento; de hecho, es muy probable que los autores de las mismas no pudiesen comunicarse adecuadamente debido a condiciones estructurales diferentes[195]. El resultado de esto es que un documento, visto como referente, puede cambiar en dos direcciones: la subjetiva y la temporal.

De este modo, podemos decir que dos entidades son *versiones* del mismo documento *si constituyen referentes elaborados sobre el mismo sustrato, pero en contextos de representación parcialmente diferentes.* Es necesario resaltar que los contextos de representación han de ser parcialmente diferentes; si son idénticos, las dos entidades no son versiones del mismo documento, sino documentos iguales; si los contextos son completamente distintos, las dos entidades tampoco son versiones del mismo documento, sino documentos diferentes.

En la práctica, un sistema que permita gestionar versiones documentales ha de ser capaz de manejar los conceptos de subjetividad y temporalidad a un nivel infraestructural. Muchas aplicaciones informáticas existentes en el mercado permiten asociar a cada documento una fecha y hora de creación o modificación, así como el nombre del autor del mismo, pero esto no garantiza en modo alguno la posibilidad de gestionar dos documentos con el mismo autor como versiones de una misma entidad.

Como reflexión final, es adecuado plantearse entonces el sentido del término "documento". Al comienzo de esta sección definíamos documento como una porción de información codificada esencialmente como texto escrito sobre un soporte de papel, y extendíamos esta definición para abarcar otros soportes además del papel. De todos modos, y según lo que se explica en este apartado, la entidad así definida constituye una versión documental, no un documento, ya que se ha construido en un contexto de representación concreto. El "documento" pasa a ser una entidad mucho más abstracta, difícilmente visualizable, y que, de forma intuitiva, ha de englobar a todas las versiones documentales existentes. De este modo, podemos re-definir *documento* como *el conjunto de versiones documentales realizadas sobre un mismo sustrato.*

## V.4.3. Interface de Usuario

El interface de usuario de un sistema informático capaz de gestionar documentos según lo expuesto a lo largo de esta sección ha de proporcionar mecanismos para realizar las siguientes tareas:

- Crear y elaborar documentos de tipos concretos, la estructura de los cuales se hallará especificada mediante el DTD correspondiente.
- Crear nuevas versiones de documentos existentes, tomando como punto

[195] Véase *El Entorno Socio-Cultural,* pág. 22, para una explicación del concepto de condición estructural.

de partida versiones preexistentes, y cambiándolas según sea apropiado.

- Mostrar documentos en diversos soportes, utilizando diferentes aspectos y formatos de presentación según las necesidades.

En general, es adecuado plantear la creación y elaboración de documentos en un entorno de los denominados "estructurados" e "independiente de formato", es decir, utilizando editores de texto capaces de leer un DTD y forzar a que el documento que se escriba se adhiera a las reglas sintácticas especificadas por él. También ha de evitar que se asigne un formato o apariencia determinada al documento, ya que lo importante es la estructura del mismo, y el aspecto de presentación deberá variar según el soporte utilizado, el destinatario del documento, u otros factores diferentes. Estos editores de texto deben proporcionar al autor la ayuda necesaria para insertar secciones del tipo adecuado en el lugar adecuado, revisar listas de los elementos sintácticos disponibles, y validar la sintaxis de diferentes documentos respecto a sus DTDs correspondientes. Véanse Maler y el Andaloussi 1996, pág. 51, y Alschuler 1995, pág. 51 y ss., para una descripción de estos entornos de edición de documentos.

Por otro lado, la creación de versiones documentales necesita de un interface de usuario que permita al autor examinar las diferentes versiones existentes de un documento concreto, conocer el autor y momento de creación de cada una, y seguir los caminos que lleven de unas a otras. En este sentido, es necesario aclarar que los diagramas de versiones que pueden surgir pueden llegar a ser altamente complejos si el sistema permite la generación de un número indeterminado de versiones nuevas a partir de un número igualmente indeterminado de versiones existentes. Esta flexibilidad máxima permitiría al autor escoger una o más versiones documentales existentes, y fundirlas entre sí o con más información para componer de este modo una versión nueva. La visualización de diagramas de versionado, por otra parte, es sumamente útil para revisar las "cadenas de pensamiento" que han llevado de unas versiones documentales a otras, y que pueden constituir información muy valiosa por sí mismas.

Finalmente, la visualización de documentos en diferentes soportes y con diferentes aspectos necesita, como ya hemos insinuado, la total separación de estructura y apariencia. Por ejemplo, es habitual utilizar letra negrita para resaltar una palabra o palabras en un documento escrito convencional, pero esta técnica puede no resultar efectiva si el documento ha de ser leído por un sintetizador de voz a una persona invidente. Es necesario poder especificar que cierta palabra o grupo de palabras ha de ser enfatizado, pero sin decidir mediante qué método. Diferentes interfaces de usuario (papel impreso, sintetizador de voz) recogerán la necesidad de enfatizar dichas palabras y aplicarán un método u otro (negrita, cambio de entonación) según sea apropiado.

### V.4.4. Propuesta Tecnológica Específica

A modo de resumen, nuestra propuesta tecnológica específica en cuanto a gestión documental y trabajo cooperativo incluye los siguientes puntos clave:

- Formalización de la estructura documental mediante diccionarios terminológicos y DTDs.
- Incorporación del versionado documental como herramienta de trabajo cooperativo.
- Formalización del intercambio de información mediante flujos de trabajo.

Los dos primeros puntos de la lista admiten poca elaboración, ya que las herramientas necesarias para confeccionar diccionarios terminológicos y DTDs existen en el mercado en cantidad y calidad suficientes; de todos modos, es necesario cierto aparato organizativo para garantizar un uso satisfactorio de estas infraestructuras. En cuanto al versionado documental, no existen impedimentos tecnológicos para dotar de estas capacidades a los actuales sistemas de bases de datos y gestión documental.

El tercer punto, sin embargo, merece un comentario mayor. Si bien existen productos comerciales que pueden ayudar a una organización a modelar sus flujos de trabajo, proponemos aquí un modelo de clases que, en nuestra opinión, proporciona un

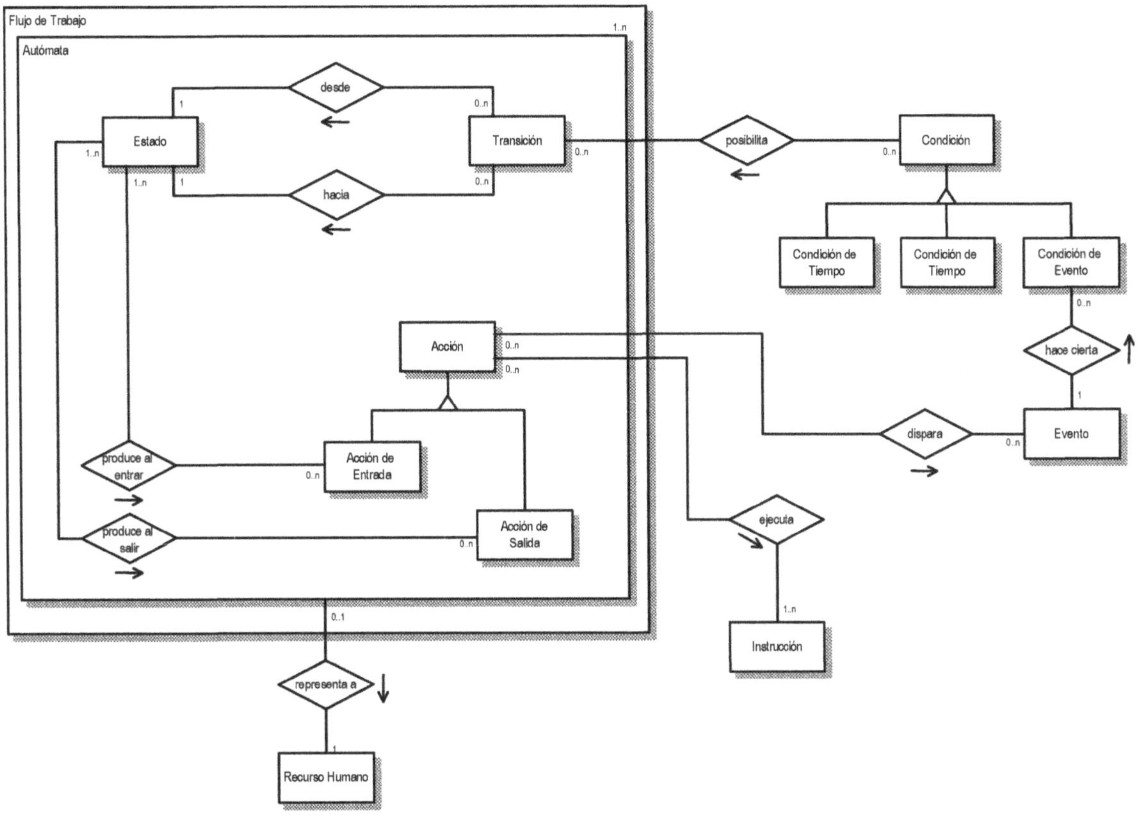


Figura V-14. Modelo de clases para una herramienta de modelado de flujos de trabajo.

marco integral y completo para realizar estas tareas en consonancia con los principios teóricos y metodológicos expuestos anteriormente. Este modelo de clases constituye una herramienta genérica diseñada para modelar cualquier flujo de trabajo en cualquier organización. Los conceptos clave de esta herramienta son:

- **Evento**, o suceso que se produce en un momento dado, y que influye en el flujo de trabajo que se trata de modelar.
- **Condición**, o sentencia que puede ser cierta o falsa en cada momento. Algunas condiciones, denominadas condiciones de evento, se vuelven ciertas cuando se produce un evento asociado; otras, las condiciones de usuario, se vuelven ciertas a discreción de los usuarios; finalmente, las condiciones de tiempo se vuelven ciertas tras un período de tiempo preestablecido.
- **Estado**, o situación específica en la cual se encuentra un Recurso Humano (véase *Recursos Humanos*, pág. 105) en un momento dado. Este estado puede cambiar a otro en cualquier momento.
- **Transición**, o paso de un estado a otro. Cada transición se dispara (es decir, el cambio de estado tiene lugar) cuando todas las condiciones asociadas son ciertas.
- **Acción**, o trabajo que se produce al entrar o salir de un estado.
- **Autómata**, o conjunto de estados, acciones y transiciones que cambia según un conjunto de condiciones externas. Un autómata representa a un recurso humano concreto.
- **Flujo de Trabajo**, o conjunto de autómatas interrelacionados por compartir condiciones y/o eventos.

La Figura V-14 muestra el diagrama de clases correspondiente.

Como hemos dicho, un autómata refleja el comportamiento de un recurso humano concreto o, al menos, para ello debe ser diseñado. Sin embargo, cada recurso humano puede ser modelado por numerosos autómatas, uno para cada flujo de trabajo en que dicho recurso humano participe. Por ejemplo, una misma persona ha de ser modelada por un autómata concreto para reflejar su comportamiento en cuanto a la gestión de publicaciones internas del grupo en el que trabaja, y por otro autómata diferente para recoger su conducta relativa a la solicitud de nuevos proyectos. Al mismo tiempo, los diferentes recursos humanos modelados por autómatas con transiciones posibilitadas por las mismas condiciones, o por condiciones distintas pero ligadas a los mismos eventos, conforman un flujo de trabajo. Es necesario destacar que, según este modelo, un flujo de trabajo no es una entidad definida *a priori*, sino que emerge *a posteriori*, a partir de las interrelaciones mencionadas. Por ejemplo, el autómata que modela el comportamiento de la persona citada en el caso anterior en cuanto a la solicitud de nuevos proyectos formará parte de un mismo flujo de trabajo junto el autómata correspondiente que modele a la instancia de la administración (otro recurso humano) a la que se le solicitan dichos proyectos. Esta característica de "emergencia" dota al modelo propuesto de gran flexibilidad y modularidad.

Dentro de cada autómata es necesario especificar qué estados pueden existir. Normalmente, siempre existirá al menos un estado de "descanso" o inactividad, reflejando la situación en la que el recurso humano se encuentra "a la espera", no participando (activamente) en el flujo de trabajo. También habrá que especificar qué transiciones entre eventos se pueden dar, y en qué condiciones se producirán. Nótese que las condiciones son externas a cualquier autómata, es decir, forman parte del entorno de los mismos, y por lo tanto constituyen un *pool* común que cualquier autómata puede utilizar para posibilitar sus transiciones. Por ejemplo, podríamos definir una condición de tiempo "día 1 del mes", que se haga cierta automáticamente cada primero de mes; numerosos autómatas podrían utilizarla para cambiar de estado el día 1 de cada mes. También es posible definir eventos que, de modo similar, son externos a todo autómata, y pueden ser utilizados por diferentes condiciones.

Además, es posible especificar qué acciones, tanto de entrada como de salida, produce cada estado. Una acción de entrada será ejecutada automáticamente cuando se produzca una transición hacia alguno de sus estados asociados; de modo similar, una acción de salida se ejecutará automáticamente cuando se produzca una transición desde algunos de sus estados asociados. Cada acción, sea de entrada o de salida, puede disparar nuevos eventos como parte de su ejecución, los cuales quizá hagan ciertas algunas condiciones que, a su vez, posibilitarán transiciones en algunos autómatas, cerrándose así el círculo de interacciones y dando lugar, como ya hemos explicado, a flujos de trabajo completos. Adicionalmente, cada acción puede también ejecutar instrucciones de creación, modificación, eliminación o envío de documentos.

En la práctica, numeras situaciones habituales pueden ser modeladas mediante el sistema propuesto. Por ejemplo, las condiciones de tiempo pueden servir para modelar plazos; las condiciones de usuario, para modelar decisiones dependientes de factores humanos que no se pueden o desean automatizar; las relaciones "muchos a muchos" entre acciones y eventos o entre condiciones y transiciones sirven para dar lugar a las complejas interacciones de los flujos de trabajo que se observan en muchas organizaciones.

Para que este modelo sea aplicable, es necesario construir una herramienta software que permita a cualquier organización modelar sus flujos de trabajo y delegar después en ella el seguimiento y control de los mismos. Aunque esto no es tarea imposible en nuestro contexto tecnológico actual, está todavía por hacer.

# VI. El Sistema de Información Arqueológica

Tras haber elaborado nuestras propuestas teórica, metodológica y tecnológica, este capítulo describe en profundidad el Sistema de Información Arqueológica en su versión mejorada, denominado abreviadamente SIA+. Pretendemos que este sistema informático, terminado y en funcionamiento, sirva de referencia y contraste para la discusión teórica de este trabajo.

Durante el acto de defensa de esta tesis se realizará una breve demostración del funcionamiento del SIA+.

# VI.1. Descripción Funcional del Sistema

Esta sección describe la funcionalidad del Sistema de Información Arqueológica desde un punto de vista histórico, es decir, siguiendo la evolución del sistema a lo largo del tiempo, desde su concepción inicial hasta el momento de redactar este texto.

## VI.1.1. La Primera Versión

El Sistema de Información Arqueológica (SIA) comenzó a gestarse durante la primavera de 1993, cuando la necesidad de un sistema informático más o menos global, que diese cabida a conceptos tan dispares como yacimientos, estructuras, evaluaciones de impacto arqueológico, o diarios de campo, se hizo clara.

La funcionalidad necesaria en tal sistema se obtuvo a partir de dos fuentes: la experiencia acerca del trabajo cotidiano del LAFC, ganada gracias a varios meses de trabajo en su seno, y una serie de entrevistas directas con los futuros usuarios del sistema, es decir, los arqueólogos y personal de apoyo que entonces trabajaban en el grupo. Desde el principio se concibió el SIA como un sistema de uso interno, exclusivo del LAFC.

De este modo, se llegó a la conclusión de que el SIA debería ofrecer la siguiente funcionalidad:

- Almacenamiento de información muy diversa, acerca de yacimientos, excavaciones, estructuras arqueológicas, piezas, condiciones ambientales, fotografías, dibujos, valoraciones arqueológicas y patrimoniales, evaluaciones de impacto y medidas correctoras, proyectos, actuaciones, diarios de campo, etc.
- Capacidad de tratar con volúmenes de información que, si bien no pudieron ser estimados con exactitud desde el principio, se suponían grandes.
- Acceso a la misma información desde diferentes lugares de modo simultáneo.
- Uso sencillo e intuitivo, al mismo tiempo que seguro frente a utilizaciones indebidas.
- Funcionamiento en ordenadores asequibles y de fácil instalación y configuración.

Estas especificaciones se convirtieron en un producto finalizado en Septiembre de 1993, y el SIA comenzó a funcionar como sistema de uso cotidiano. Un año más tarde, el SIA contenía información acerca de 1.500 puntos arqueológicos, 500 yacimientos, 30.000 piezas, 1.100 estructuras, 200 valoraciones patrimoniales, 450 evaluaciones de impacto arqueológico, además de muchos otros objetos. Contaba con herramientas de entrada de datos, búsqueda y elaboración de informes, y exportación de información cartográfica, y era accesible desde 10 ordenadores.

## VI.1.2. La Evolución Necesaria

### VI.1.2.1. La Necesidad

Dos años más tarde, a mediados de 1996, las carencias del SIA comenzaron a pesar demasiado como para ser ignoradas. Estas carencias eran fundamentalmente de cuatro tipos:

1. El trabajo del LAFC, diversificado y mucho más intenso en este momento, necesitaba de nuevos ámbitos de información que el SIA no contemplaba.
2. La necesidad de estándares terminológicos formales se hizo inevitable.
3. Apareció claramente la necesidad de una fundamentación teórica que sirviese de respaldo a la estructura y funcionalidad del SIA.
4. El número de puestos de usuario en el LAFC había crecido, doblándose prácticamente desde que el SIA comenzó a funcionar.

La situación descrita en el punto 1 fue consecuencia inevitable del crecimiento que el LAFC estaba experimentando en aquellos momentos. Esto también influyó en la aparición de la necesidad de estándares terminológicos tal como se describe en el punto 2, ya que era necesario comunicarse con cada vez más personas en el ámbito interno (nuevos trabajadores del LAFC) y en el externo (empresas, administración, etc.). Además, los razonamientos utilizados para fundamentar la incorporación de nuevos ámbitos de información al SIA comenzaron a necesitar de una base teórica sólidamente establecida y consensuada, tal como se expresa en el punto 3. Finalmente, el número de ordenadores y usuarios del LAFC había pasado de 11 a 19 desde 1993 hasta 1994.

## VI.1.2.2. Los Resultados

De este modo, y a la vez que un pequeño equipo de personas dentro del LAFC comenzaba una línea de trabajo centrada en la aplicación de las tecnologías de la información a la gestión de los recursos culturales, se decidió diseñar y construir una segunda versión del SIA que mejorase notablemente las capacidades de éste, y que fue bautizado SIA+. Las principales novedades del SIA+ fueron las siguientes:

- Se pasó de 24 tipos de entidades a 32.
- Se rehizo completamente el interface de usuario, mejorando notablemente la facilidad de uso e integrando en un mismo sistema las diferentes herramientas accesorias del viejo SIA.
- Se introdujo el concepto de "proyecto de trabajo", de modo que cualquier usuario puede trabajar en un momento dado adscrito a un proyecto, y teniendo acceso solamente a la información relacionada con el mismo.
- Se incorporó un sistema fácil y rápido para enlazar entidades entre sí, que posibilita una sencilla navegación en la red de relaciones.
- Se incorporaron ayudas a la introducción de datos, tales como la expansión de abreviaturas y la validación de formato de los códigos de entidades.
- Se mejoró sustancialmente la herramienta de Búsqueda Total, aumentando el número de parámetros de usuario de 7 a 15.
- Se introdujeron nuevas herramientas de búsqueda y gestión de información, tales como marcadores y colecciones.
- Se integraron en el sistema funcionalidades accesorias pero fuertemente relacionadas, como el acceso a la Intranet del LAFC.

El desarrollo del SIA+ comenzó en Enero de 1997, y en Agosto del mismo año se realizó el cambio definitivo de SIA a SIA+. Actualmente, el SIA+ alberga información acerca de, entre otras cosas, 4.800 puntos arqueológicos, 3.400 yacimientos, 37.300 piezas, 2.400 estructuras, 11.800 fotografías, 800 secuencias de vídeo, 1.300 valoraciones arqueológicas, 3.000 descripciones de situación patrimonial, 2.000 evaluaciones de impacto arqueológico, y 170 proyectos.

# VI.2. Análisis Teórico-Metodológico

El SIA+ ha sido construido teniendo en cuenta algunos fundamentos teóricos importantes, como una estructura de información apropiada, una adecuada gestión espacial (y la aparejada tecnología CVS), y una gestión de temporalidad y subjetividad demandada por la necesidad. Al mismo tiempo, se han considerado también las bases metodológicas relativas a la disponibilidad de la información y la dinámica de trabajo.

## VI.2.1. Estructura de la Información

El conocimiento amplio y profundo de la estructura de la información relativa a un sistema de información es fundamental para el éxito del mismo, de modo que, ante la necesidad de modelar los conceptos y relaciones arqueológicas definidas por los futuros usuarios del SIA+, el equipo de desarrollo recurrió a algunos desarrollos anteriores. En concreto, se disponía de modelos de clases con más de 280 clases (González y Bóveda 1998) y de un glosario con unos 420 términos. Se eligió un enfoque totalmente orientado a objetos para el modelado, utilizando una versión modificada del método Fusion (véanse Coleman et al. 1994 y Malan et al. 1996) y Microsoft Visual Basic como lenguaje de implementación. Visual Basic es, en general, un buen entorno de desarrollo, pero su orientación a objetos es bastante especial; por ejemplo, no proporciona mecanismos de herencia, de modo que las jerarquías de especialización han de ser implementadas mediante agregación de interfaces[196], lo cual ha demostrado ser más lento y trabajoso que el enfoque convencional basado en herencia. Finalmente, se utilizó el motor de bases de datos relacionales Microsoft Jet para almacenar la información. El proceso consistente en cambiar el paradigma, desde totalmente orientado a objetos hasta puramente relacional a lo largo de la marcha de un proyecto, es habitualmente conocido como *impedance mismatch*[197], e hizo del desarrollo del SIA+ un trabajo mucho más complejo de lo que hubiese sido en un entorno totalmente orientado a objetos.

Los modelos de clases mencionados cubrían prácticamente todas las necesidades del producto y, de hecho, fueron simplificados para construir el SIA+. Se utilizaron algunos trucos convencionales para asociar clases y relaciones con tablas relacionales, como, por ejemplo, asociar cada especialización con una "tabla padre", correspondiente a la superclase, y una o más "tablas hijas" correspondientes a las subclases. Se utilizó un mecanismo de clave única diseñado *ad hoc* para garantizar la identidad de los objetos.

En cuanto al interface de usuario, cada clase es representada por una ficha específica, que contiene los campos y listas apropiados, los cuales pueden ser fácilmente comprendidos por los usuarios en términos de los atributos y relaciones de la clase. Es posible establecer relaciones arrastrando y soltando con el ratón, y romperlas pulsando un botón.

## VI.2.2. Gestión Espacial y CVS

Como ya se ha explicado en *Modelos del Paisaje*, pág. 128, un sistema integrado de gestión cartográfica potente y fácil de usar es fundamental en prácticamente cualquier sistema orientado al trabajo en arqueología. Como requisitos ante la construcción del SIA+, este sistema debería ofrecer un enfoque de "superficie continua" a la hora de representar la superficie del terreno, evitando la necesidad de cambiar de hoja cartográfica tras llegar a un borde. Al mismo tiempo, el sistema debería ser capaz de trabajar a diferentes escalas cartográficas, aproximadamente desde 1:2,000,000 hasta 1:10. El usuario no debería tener que preocuparse de cambiar la hoja dependiendo de la escala deseada. Finalmente, el sistema debería ser suficientemente rápido y ágil. Todos estos factores han sido discutidos en González 1998b.

Tomando todas las necesidades enumeradas, se desarrolló la tecnología CVS, o Car-

[196] Existe una buena razón para esta carencia. Visual Basic se basa en la tecnología COM de Microsoft, la cual utiliza agregación de interfaces en vez de herencia.

[197] Este término se ha tomado prestado del campo de la ingeniería eléctrica y electrónica, en el cual denota un desajuste entre dos dispositivos interconectados.

tografía Vectorial Segmentada, la cual se incorporó al SIA+ de inmediato. Esta tecnología se compone de un formato de archivo, una librería de acceso, y algunas herramientas adicionales (véase González 1999a). CVS ofrece *integración cartográfica horizontal*, ya que es capaz de recuperar para su visualización o proceso cualquier segmento del área cartográfica disponible mediante un mecanismo de indexación espacial bidimensional que divide el conjunto de datos disponibles en sectores discretos. También ofrece *zoom dinámico*, el cual, de forma automática, proporciona información cartográfica más o menos detallada según la escala de trabajo.

## VI.2.3. Gestión Temporal y de la Subjetividad

Pocos sistemas de información comerciales ofrecen una buena gestión temporal, y menos aún son capaces de gestionar la subjetividad. Ambos puntos, sin embargo, son muy importantes para los sistemas diseñados para trabajar en un contexto de humanidades, y especialmente en arqueología, campo en el cual es difícil reconocer una "verdad absoluta" y donde el flujo del tiempo y las interpretaciones personales son parte del proceso habitual de construcción del conocimiento. Desde un punto de vista práctico, los usuarios del SIA+ necesitaban gestionar los cambios que los objetos de estudio sufren a lo largo del tiempo, y dar cabida simultáneamente a un número arbitrario de puntos de vista subjetivos (véase González 1999c para una propuesta al respecto).

Las soluciones implementadas incluyen versionado de objetos, uso de *timestamps*[198] en cada objeto versionable, y búsquedas sensibles a la temporalidad. El versionado de objetos, tema difícil en sí, ha sido implementado de un modo muy simple, cediendo algo de funcionalidad en aras de la facilidad de uso y el tiempo de desarrollo. Cualquier objeto de las clases valorativas soportadas por el SIA+ (valoraciones arqueológicas, valoraciones de materiales, evaluaciones patrimoniales, situaciones patrimoniales, evaluaciones de impacto y medidas correctoras) puede ser versionado por cualquier usuario pulsando un botón. El sistema guarda los datos recién introducidos junto con la identificación del usuario y un *timestamp*. En cualquier momento, cualquier usuario puede solicitar una lista de las versiones de un objeto, y el sistema muestra el autor y el *timestamp* de cada una de ellas. Por supuesto, los datos contenidos en cualquier de ellas pueden ser recuperados fácilmente.

Las búsquedas en el SIA+ son sensibles a la temporalidad, y el usuario que realiza una de ellas puede elegir entre una búsqueda histórica y una búsqueda puntual. El primer tipo mostraría todas las versiones de los objetos resultantes de los criterios de búsqueda hasta una fecha especificada, mientras que el segundo tipo mostraría la última versión (esto es, la versión "relativamente actual") de cada objeto resultante de dichos criterios a una fecha dada. En ambos casos, estas fechas pueden ser proporcionadas por el usuario, permitiendo de este modo búsquedas en "tiempo arbitrario" que muestran el estado de la información en el momento pasado que se desee.

## VI.2.4. Disponibilidad de Información

La disponibilidad de información en un sistema debe responder a una buena relación señal/ruido[199], evitando situaciones en las cuales la información necesaria existe en el sistema pero es difícil de encontrar o usar. Además, hacen falta buenas capacidades de búsqueda y navegación para facilitar el acceso a información relacionada.

El principio teórico de interacción contextual (véase González 1999b) fue utilizado para modelar el interface de usuario del SIA+, de modo que el usuario activo pudiese restringir la información disponible en el sistema a la relativa al proyecto en el cuál se halle trabajando en cada momento; este proyecto puede elegirse a partir de una lista maestra. El resto de la información, no con-

[198] Un *timestamp* es una marca que indica un momento en el tiempo; por ejemplo, el momento en el que fue creado o modificado un objeto. No hemos encontrado un término adecuado en castellano.

[199] Este término ha sido tomado de las telecomunicaciones, e indica la facilidad con la que la información relevante puede ser distinguida de la información no relevante.

cerniente al proyecto seleccionado, permanece completamente oculta al usuario, de modo que el "ruido" disminuye, mientras que la "señal" permanece inalterada.

El SIA+ dispone además de varias herramientas de búsqueda de información, con grados de complejidad y orientaciones diferentes. Existe una herramienta de búsqueda en texto completo, así que cualquier palabra o frase puede ser buscada a lo largo y ancho de toda la información disponible. También existe una lista de "favoritos", de modo que cualquier usuario puede incluir en ella los objetos más visitados en el sistema para un posterior acceso rápido y directo. En tercer lugar, es posible establecer filtros sobre cada una de las clases del sistema, de modo que solamente son mostrados en las fichas los objetos que se ajusten a dicho filtro. Los criterios de los filtros pueden ser especificados por el usuario mediante un interface gráfico y fácil de usar. El conjunto de objetos resultantes de un filtro puede ser designado como "colección", estando disponibles además algunas operaciones capaces de unir, intersecar y sustraer una colección de otra.

Finalmente, el SIA+ incorpora un motor de búsqueda altamente configurable, denominado "Búsqueda Total", que permite al usuario especificar un objeto raíz a partir del cual dicho motor de búsqueda explora relaciones y recolecta información acerca de cada objeto visitado, componiendo finalmente un documento de Microsoft Word con los resultados. Existen dieciséis opciones diferentes que el usuario puede ajustar, entre las cuales se encuentra el tipo de temporalidad de la búsqueda (descrito ya en *Gestión Temporal y de la Subjetividad*, pág. 147) o la anchura y profundidad de la exploración de relaciones.

Como modo adicional de mejorar la disponibilidad de información, el SIA+ dispone de la capacidad de gestionar hipervínculos[200]. Cualquier campo o lista de una ficha que represente una relación posee un botón asociado que puede ser pulsado para acceder al objeto relacionado. Además, cualquier código de objeto que aparezca en cualquier campo de texto puede ser utilizado como hipervínculo pulsando sobre él. Estos mecanismos resultan en un modo extremadamente rápido y cómodo de navegar a través de las relaciones existentes entre los objetos almacenados por el sistema.

Finalmente, todas las preferencias y configuraciones de cada usuario, incluyendo la lista de favoritos y los parámetros de interacción contextual, son almacenados como parte del perfil móvil de Windows NT[201], de modo que "viajan" con el usuario de ordenador en ordenador, garantizando la máxima adecuación del sistema a su usuario.

## VI.2.5. Dinámica de Trabajo

Una demanda muy temprana en el desarrollo del SIA+ se refería a la necesidad de un sistema no solo estructural, sino también funcional. Los sistemas de base de datos típicos ofrecen al usuario un modelo, más o menos afortunado, de su dominio de aplicación, el cual dicho usuario puede utilizar para dar soporte a su trabajo cotidiano. Un sistema funcional, además de ofrecer este soporte, conocería, implementaría, gestionaría y mediría los procesos rutinarios que tienen lugar en el día a día. Un punto clave a la hora de perseguir este objetivo es, por supuesto, una buena comunicación interpersonal.

Se ha realizado algún trabajo cara al modelado de procedimientos, y se ha construido y probado un motor de flujos de trabajo experimental[202]. Las soluciones implementadas en el SIA+ incluyen por ahora el acceso a especificaciones basadas en intranet y listas de tareas multi-usuario.

Disponer de especificaciones en una intranet puede ayudar a conseguir una buena calidad en la información generada, aportando reglas y directrices que los usuarios han de seguir a la hora de describir objetos e introducir información en el sistema. La intranet del LAFC contiene especificaciones acerca de cómo describir diferentes tipos de

200 Un hipervínculo (*hyperlink* en inglés) es una referencia a un fragmento de información relacionada que no solo puede ser leído o visualizado, sino que además es capaz de proporcionar acceso directo a dicha información (mostrándola, por ejemplo) al ser tocado, pulsado o activado del modo apropiado.

201 El perfil móvil (*roaming profile* en inglés) de Windows NT consiste en un conjunto de datos que son almacenados de forma distribuida en una red de ordenadores, garantizando la disponibilidad de los mismos independientemente del ordenador que en cada momento utilice una persona.

202 Véase *Comunicación y Flujo de Trabajo*, pág. 135, para una descripción detallada de estos conceptos.

objetos, un amplio glosario, y formularios para informar de sugerencias y problemas. Es posible acceder a ella mediante un explorador web convencional o directamente desde el propio SIA+, permitiendo de este modo que los usuarios puedan consultar las especificaciones sin la necesidad de abandonar su entorno de trabajo.

Por otra parte, las listas de tareas proporcionan el principal modo de cooperación entre usuarios. Cualquier usuario puede asignar una tarea pendiente a otro usuario (o a sí mismo), indicando su prioridad, plazo y proyecto asociado. Una luz roja se enciende cuando el usuario tiene tareas pendientes, y pulsando un botón es posible revisar la lista de tareas y marcar como completadas algunas de ellas.

## VI.2.6. Resumen

El SIA+ es un sistema complejo y amplio, utilizado por numerosas personas a lo largo de varios años en un entorno de trabajo integrado y bien definido. Creemos que gran parte de su éxito se debe a los fundamentos teóricos y metodológicos que subyacen a él, aunque las carencias de sus infraestructuras tecnológicas, como se verá en la sección siguiente, comienzan a hacerle mella.

# VI.3. Análisis Tecnológico

Esta sección describe las tecnologías utilizadas para el diseño y la construcción del SIA+.

## VI.3.1. Modelado y Diseño

El SIA+ fue realizado por una sola persona a lo largo de varios años de trabajo. La consiguiente falta de necesidad de comunicación interpersonal en el equipo de desarrollo hizo del SIA+ un proyecto bastante especial, durante el que se pudo experimentar con diversas técnicas de modelado y diseño.

El análisis de la información relevante fue llevado a cabo mediante técnicas orientadas a objetos, utilizando modelos de clases y diagramas de eventos. Se caracterizó cada clase mediante sus atributos y relaciones con otras clases, siendo éste un punto especialmente delicado, ya que, en nuestro dominio de aplicación, es habitual que la importancia de un objeto venga dada más por sus relaciones con otros objetos que por sus atributos.

Habiendo tomado previamente la decisión tecnológica de utilizar bases de datos relacionales, el diseño de detalle necesitó de una conversión entre paradigmas, que llevase los modelos de clases obtenidos a esquemas de tablas y campos. Este *impedance mismatch* habría sido evitado si se hubiesen utilizado bases de datos orientadas a objetos, sueño inalcanzable en 1996.

El proyecto SIA+ generó muy poca documentación[203], en parte debido a la característica unipersonal del equipo de desarrollo, pero también a causa de la ausencia de una metodología reglada. Aunque este hecho ha permitido reducir el tiempo de desarrollo del SIA+ frente a lo que cabría esperar de un sistema de su calibre, no es habitual ni recomendable seguir esta práctica en proyectos convencionales. De hecho, la escasa documentación técnica del proyecto hace del SIA+ un sistema difícilmente ampliable.

[203] En torno a los 2.1 BpLOC (bytes de documentación por línea de código), frente a una cifra típica de unos 80 BpLOC.

## VI.3.2. Almacenamiento de Información

La información manejada por el SIA+ reside, casi en su totalidad, en una base de datos relacional gestionada por el motor Microsoft Jet, que posee en la actualidad un tamaño aproximado de 90 MB, unas 107 tablas y 31 consultas predefinidas.

Además de utilizar los mecanismos de integridad referencial proporcionados por el motor Jet, se ha diseñado e implementado un sistema de "enlaces variables" que permite enlazar cada registro de una tabla a un registro de una de entre un subconjunto de las tablas de la base de datos, siendo este subconjunto modificable mediante metainformación sin necesidad de cambiar el código fuente del sistema o alterar la estructura de la base de datos. Esta característica permite simular un comportamiento polimórfico muy útil para implementar las jerarquías de especialización de clases obtenidas durante el modelado.

En varias ocasiones nos hemos planteado la posibilidad de migrar el sistema de persistencia del SIA+ a un gestor de bases de datos más potente, como Microsoft SQL Server; la gran cantidad de trabajo que necesario para el cambio, así como la buena respuesta del motor Jet, nos han empujado a no acometer el cambio por ahora.

## VI.3.3. Lenguajes de Programación

El lenguaje de programación empleado ha sido Microsoft Visual Basic 6, aunque algunos componentes utilizados por el sistema (la librería de acceso a archivos CVS, por ejemplo) han sido escritos en Microsoft Visual C++. Visual Basic ha permitido conjugar un tiempo récord en el desarrollo de un interface de usuario limpio y coherente con una potencia envidiable en cuanto a la gestión de bases de datos, la cual se ha conseguido mediante la librería DAO 3.51.

## VI.3.4. Resumen

Las tecnologías utilizadas para el diseño y construcción del SIA+ han comenzado a mostrar sus carencias, debidas principalmente al paso del tiempo y al aumento de volumen y complejidad de la información manejada. Sin embargo, y de forma sorprendente, el SIA+ sigue respondiendo muy bien tanto al trabajo cotidiano como a diversas modificaciones y extensiones que le han sido practicadas.

En cualquier caso, la presencia de una metodología de desarrollo adecuada, un equipo dos o tres personas y la disponibilidad de algunas tecnologías adicionales, tales como bases de datos orientadas a objetos, habrían hecho del SIA+ un producto mucho más robusto, usable y extensible.

# VII. Consecuencias

*To hell with computer literacy. Study mathematics.*
*Learn to think. Read. Write.*

Butler Lampson, en "Programmers at Work"

Este último capítulo presenta, en primer lugar, una recapitulación de las ideas fundamentales elaboradas a lo largo de este trabajo, de modo que pueda comprenderse y estudiarse el problema tratado de forma global y rápida. Después, y tras una crítica al propio trabajo, se analizan las necesidades a las que dichas ideas dan lugar, tanto de investigación básica como tecnológicas. Finalmente, nos atrevemos a aventurar cómo puede ser el futuro próximo en lo tocante a los sistemas de información para recursos culturales.

# VII.1. Recapitulación

A lo largo de los capítulos II y III de este trabajo hemos enunciado cuatro principios básicos que proporcionan sustento a numerosas elaboraciones posteriores:

- **Principio de la Estructura Preexistente:** es imposible diseñar una función concreta independiente de toda estructura (pág. 11).
- **Principio de Sencillez Científica:** los procesos de construcción de representaciones en el contexto del saber científico pueden ser expresados como un subconjunto restringido de su contrapartida humanística (pág. 27).
- **Principio de Usabilidad:** la capacidad de un individuo para utilizar un sistema de información que trabaja sobre un dominio de aplicación conocido está determinada en gran medida por la fidelidad del modelo que dicho sistema alberga sobre dicho dominio (pág. 36).
- **Principio del Desarrollador como Usuario:** el desarrollador de software está en condiciones de percibir y, por tanto, de poder evaluar y mejorar, los factores de calidad internos y externos (pág. 57).

El Principio de la Estructura Preexistente indica la necesidad de centrar nuestros esfuerzos en determinar estructuras antes que funciones, esquemas antes de procedimientos, y arquitecturas antes que transformaciones. El Principio de la Sencillez Científica, por su parte, nos lleva a saber que hay más territorio por explorar en disciplinas de humanidades que en ámbitos científicos, y que por tanto son necesarios nuevos fundamentos y nuevas herramientas que puedan servir en estas nuevas áreas[204].

A su vez, el Principio de Usabilidad nos empuja a buscar modos apropiados de representar la realidad observada, que combinen las ventajas de una subjetividad compartida entre desarrolladores y usuarios, un fuerte hincapié en los modelos estructurales del dominio de aplicación (a partir del Principio de la Estructura Preexistente), y tecnologías que cubran los huecos que el Principio de Sencillez Científica pronostica. Finalmente, el Principio del Desarrollador como Usuario indica que solamente personas especialmente preparadas están en condiciones de obtener los requisitos necesarios, elaborar los modelos apropiados, y construir los sistemas de información ajustados a las necesidades de los usuarios finales, garantizando una calidad inexcusable[205].

A partir de estas ideas, podemos decir que el desarrollo de sistemas de información para recursos culturales necesita de:

- Metodologías de desarrollo de software capaces de obtener modelos del dominio de aplicación, centrándose en su estructura, e incorporando los condicionantes subjetivos y temporales necesarios.
- Equipos de personas capaces de poner en práctica dichas metodologías.

Nuestras respuestas a estas necesidades son claras: metodologías orientadas a objetos y formación de equipos de personas multidisciplinares. Como hemos explicado a lo largo de este trabajo, las metodologías orientadas a objetos pueden ayudarnos a generar modelos estructurales de alta calidad. En concreto, el método Fusion adaptado constituye una opción fundamentada y probada por la que es posible apostar. Por otra parte, los equipos de personas multidisciplinares (las personas, y por lo tanto los equipos) son el caldo de cultivo idóneo en el que ejercitar dichas metodologías[206].

Basándonos en los principios descritos, y utilizando metodologías de desarrollo de software y equipos de personas adecuados, hemos presentado un modelo de clases para el dominio de aplicación de la gestión de recursos arqueológicos, que fácilmente puede ser generalizable a la gestión de recursos culturales. Este modelo de clases sirve como

204 En concreto, estas nuevas áreas vienen dadas, como ya se ha discutido, por los condicionantes subjetivos y socioculturales de los procesos de representación.

205 Recuérdese que, sin embargo, solo el usuario final del sistema está capacitado para evaluar la adecuación final del mismo.

206 Puede encontrarse una excelente descripción de las características de un "equipo perfecto" en DeMarco y Lister 1987.

primer peldaño en el proceso de construcción de un sistema de información vertical especializado, tarea que solamente se podrá llevar a cabo satisfactoriamente utilizando las tecnologías adecuadas. En concreto, hemos presentado la siguiente propuesta tecnológica:

- La arquitectura de un sistema de información para recursos culturales debe utilizar diferentes capas de abstracción, dada la profundidad y amplitud del dominio de aplicación. El modelo MEAP ofrece una arquitectura flexible y ajustada al planteamiento general de los sistemas de información como sistemas de representaciones.
- La información manipulada por tales sistemas ha de ser almacenada en bases de datos que ofrezcan interfaces orientados a objetos, pero que respondan al paradigma subestructurado para eliminar metainformación redundante y maximizar la interoperabilidad con otros sistemas. Además, es necesario un sistema de gestión temporal y de versiones integrado al nivel de base de datos, así como un interface de usuario fundamentalmente proactivo.
- Dichos sistemas han de presentar la información en su contexto geográfico, debiendo hacerlo mediante subsistemas cartográficos integrados, y nunca a través de productos externos. Estos subsistemas integrados han de poseer una arquitectura de tres capas y ofrecer integración cartográfica espacial, de escala y temática.
- Finalmente, y dada la gran importancia de la información documental, estos sistemas deben proporcionar los mecanismos necesarios para formalizar la estructura de los documentos manejados tanto a nivel léxico como sintáctico, permitir la gestión de versiones documentales, y formalizar y gestionar los flujos de trabajo cotidianos.

Si bien ninguna de las tecnologías planteadas es revolucionaria, sí es cierto que muchas de ellas no están suficientemente maduras como para poder ser utilizadas de forma directa, mientras que otras evolucionan a ritmos desiguales e incluso sorprendentes. Las secciones siguientes tratan estos problemas con más detalle.

## VII.2. Crítica

Criticar el trabajo propio es a menudo una tarea agridulce; por una parte, tememos encontrar demasiados puntos débiles en nuestra argumentación, o poner muy de manifiesto nuestras inseguridades. Por otra parte, sin embargo, cierta dosis de autocrítica brinda al autor la oportunidad de expresar, antes que nadie, las carencias y defectos conocidos del trabajo, y ganar confianza de este modo que evita sorpresas. Esta sección, además de ejercer en las dos direcciones mencionadas, practicará un tercer tipo de labor, la de especificar las necesidades de investigación y desarrollo tecnológico que surgen a raíz de este trabajo, y que habrán de ser cubiertas para que trabajos futuros hayan de reescribir su crítica y no heredar esta.

### VII.2.1. Infraestructura

El autor de este trabajo es consciente de que tanto su formación académica como su experiencia laboral e investigadora hacen de él una persona de características poco habituales: una licenciatura en Ciencias Biológicas con tesina en adquisición de datos para biología marina, un máster en Electrónica Aplicada, un *Diploma in Computing*, un puesto de analista-programador de la administración autonómica durante algo más de tres años, un doctorado en arqueología, y la coordinación del área de tecnologías de la información en el LAFC durante siete años, entre otros factores, dan lugar a una infraestructura mental y a unos recursos cognitivos atípicos que, en nuestro caso, nos llevan a subrayar, una vez más[207], los criterios utilizados para el diseño y elaboración de esta tesis.

La mayor diferencia entre este trabajo y otros más habituales en las áreas de arqueología o prehistoria viene probablemente dada por el escaso contenido netamente arqueológico del presente trabajo. Como ya hemos dicho, esta tesis ha de ser considerada un trabajo de integración de diferentes dominios, que prima la amplitud frente a la profundidad, ya que así ha sido concebida.

[207] Véase *Prólogo*, pág. vii.

Defender un trabajo como bueno y reconocer al mismo tiempo su escasa profundidad puede ser, sin embargo, difícilmente justificable, y este es el momento de reconocer que una mayor profundización en algunos temas de fondo (antropología estructural, semiótica, sicología cognitiva, técnicas de investigación arqueológica) habrían dotado de más valor a esta tesis. Sin embargo, y ateniéndonos a un criterio estrictamente práctico, hemos tratado de encontrar un equilibrio aceptable (o más que aceptable) entre profundidad y recursos, entre tiempo y resultados, y creemos firmemente que la calidad del trabajo que se presenta, si bien no es óptima, sí es muy buena.

De todos modos, es cierto que, a lo largo de este trabajo, se elaboran construcciones teóricas complejas, se plantean las consiguientes necesidades tecnológicas, y se describe cómo ha de ser un sistema de información para que resulte adecuado. No se demuestra, sin embargo, que los principios teóricos de partida[208] sean válidos, ni que las presuntas implicaciones tecnológicas que de ellos nacen sean las únicas posibles. Tampoco se justifica la recomendación de metodologías concretas. Y mucho menos se dan recetas directamente utilizables que puedan mejorar rápidamente la calidad de los sistemas de información para gestión de recursos culturales.

Salvando la última crítica, podemos responder aceptablemente a las demás diciendo que nos encontramos ante un problema (la escasa calidad de dichos sistemas de información) con múltiples soluciones, y por lo tanto, no buscamos *el* modo sino *un* modo. También, utilizamos el "principio de fiabilidad", que nos lleva a confiar en los resultados obtenidos por otras personas en numerosos campos; no es el objetivo de esta tesis estudiar, analizar, criticar o ratificar las posturas de sicólogos, filósofos, arqueólogos u otros especialistas, sino integrar ideas, hilar conceptos y establecer puentes entre dominios diferentes. Por todo esto, no se estudian en profundidad los trabajos de los mencionados investigadores, sino que se parte de su adecuación y se trabaja a partir de ella.

[208] Véase *Recapitulación*, pág. 154, para un resumen de los mismos.

## VII.2.2. Fundamentación y Desarrollo

Probablemente, la principal crítica que se le puede hacer a este trabajo desde un punto de vista práctico es, precisamente, su escasa aplicabilidad. Como hemos dicho, esta tesis no proporciona recetas directamente aplicables a los problemas tratados. Recuérdese, sin embargo, que el principal objetivo de este trabajo consiste en *desarrollar una tecnología para el diseño y construcción de sistemas de información aplicados al campo de la gestión de recursos culturales*, no en concretar tecnologías existentes en procedimientos específicos. La tecnología propuesta, a su vez, ofrece un marco teórico, metodológico y contextual, pero, obviamente, ha de ser reforzada, probada, contrastada y madurada suficientemente para que pueda convertirse en herramienta de utilidad. Somos conscientes (desde el principio) de que, por lo tanto, no hemos desarrollado una tecnología completa, sino una propuesta tecnológica aún incipiente.

En cualquier caso, es cierto que nuestra propuesta se apoya en tecnologías ya existentes, e incluso plantea nuevas necesidades de desarrollo e investigación básica. No nos debemos dejar llevar por un nominalismo demasiado estricto y caer en la falacia comercial de afirmar que "ya existen sistemas de información geográfica" o "el paradigma orientado a objetos está superado". Habiendo defendido que la comprensión humana sucede gracias a la intersubjetividad compartida de los individuos que se comunican, debemos tratar de esclarecer si estas tecnologías que, aparentemente, existen, son tan reales como las pintan, o si, por el contrario, son espejismos producidos por un viaje demasiado largo a través de un desierto demasiado árido. No confundamos productos con tecnologías, ni fundamentos con resultados. Quizás esta tesis no ofrezca resultados ni productos, pero sí ofrece una buena cantidad de fundamentos y propuestas tecnológicas que, con tiempo y recursos, podrán dar lugar a productos y resultados más sólidos y con mayor calidad que los actuales. Esta es una carrera de fondo, y solo si tenemos paciencia, siendo honestos y cautos, podremos alcanzar la meta.

## VII.3. Nuevas Necesidades

Convertir la presente propuesta tecnológica en una tecnología aplicable necesita aportes de dos tipos: investigación básica y desarrollo tecnológico. Somos conscientes de que, aún con unos buenos fundamentos y una planificación sólida, solo el paso del tiempo permitirá que la tecnología madure lo suficiente como para permitirnos construir los sistemas de información descritos en este trabajo.

### VII.3.1. Necesidades en Investigación Básica

Existen cuatro grandes áreas que necesitan de fuertes inversiones en cuanto a investigación básica:

- Gestión de representaciones
- Normalización y normativización terminológica
- Metodologías de desarrollo de software
- Interacción entre humanos y máquinas

Desde los primeros capítulos de este trabajo hemos propuesto la idea de ver a los sistemas de información como sistemas de representaciones. Recuérdese que el término "representación" denota el *proceso* de obtener un referente a partir de un sustrato (y no el referente en sí); de este modo, un sistema de representaciones es un sistema que constantemente necesitará generar referentes a partir de sustratos. Una entidad abstracta, denominada gestor de representaciones, será la encargada de realizar estos procesos. Cómo construir estas entidades, cómo pensar en ellas, cómo inyectar en la máquina el contexto de representación, son temas poco o nada tratados en la literatura técnica al respecto.

Al mismo tiempo, un sistema de representaciones necesita un conjunto de sustratos sobre los que trabajar, y estos sustratos han de conformar un modelo adecuado de la realidad observada. Solo es posible diseñar y modificar modelos complejos de realidades complejas mediante el uso de una terminología normalizada (de uso habitual y frecuente) y normativizada (reglamentada). En este sentido, es necesario decir que la existencia de intersubjetividades que permitan la comunicación entre diferentes individuos y máquinas solo puede darse en un contexto de normalización y normativización terminológica.

En cuanto al dominio informático, y a pesar de los esfuerzos de este trabajo por dar coherencia al método Fusion adaptado, es imprescindible desarrollar metodologías de desarrollo de software más amplias. Numerosos autores hacen hincapié en la profundidad (o nivel de detalle) al que sus metodologías llegan; nosotros creemos, sin embargo, que de poco vale destinar cientos de páginas a describir la forma de las flechas de cierto tipo de diagramas si las metodologías actuales no contemplan aspectos del desarrollo de software tan importantes como el diseño y construcción de interfaces de usuario, la elaboración e integración de ayuda en línea, la gestión de sistemas de instalación, o la integración con bases de datos. El autor de este trabajo ha adquirido un compromiso personal con este campo de investigación, y pretendemos ofrecer, en un futuro no demasiado lejano, resultados interesantes fundamentados en el MFA.

Finalmente, y quizás con mayor importancia, surge la necesidad de profundizar en los entresijos de las interacciones entre humanos y máquinas. Comprender los modos de comunicación entre unos y otros, facilitar el acercamiento de ambos, despojar a las máquinas de ese halo de agentes extraños de dioses oscuros, tan fomentado por muchos profesionales de la informática, son labores que a todos nos atañen y sin cuyos resultados poco podemos esperar.

### VII.3.2. Necesidades Tecnológicas

Cuatro son las áreas tecnológicas a desarrollar:

- Bases de datos subestructuradas
- Versionado de objetos
- Representaciones cartográficas
- Gestión documental

Las bases de datos subestructuradas, tal y como se han descrito en *Reducción en Base de Datos*, pág. 118, constituyen nuestra elección en cuanto al método de persistencia de cualquier sistemas de información. La supremacía del paradigma relacional, la existencia de un nuevo horizonte a alcanzar (las bases de datos orientadas a objetos), y el bajo rendimiento típico de estos sistemas, hacen de las bases de datos subestructuradas entes escasos y fuera de previsión. Aunque algunos de los productos de bases de datos orientadas a objetos que existen en el mercado hoy en día pueden solucionar muchos de los problemas planteados por el paradigma relacional, insistimos en la solución subestructurada por su capacidad para eliminar las redundancias de metainformación y facilitar, consecuentemente, el diseño de sistemas con interfaces de usuario emergentes[209].

Por supuesto, un sistema de persistencia subestructurado ha de presentarse, al nivel de abstracción apropiado, como un sistema orientado a objetos; es a este nivel donde debe situarse un gestor de versiones que integre, de modo infraestructural, la funcionalidad necesaria para manipular diferentes versiones de los objetos almacenados. Algunos productos disponibles en el mercado proporcionan sistemas de versionado, pero siempre en el contexto de productos determinados y opciones tecnológicas muy específicas. Es necesario desligar la gestión de versiones de productos concretos, y convertirla en una funcionalidad tan omnipresente y habitual como la gestión de bloqueos en sistemas de bases de datos relacionales.

Por otra parte, creemos que es necesario definir y promover una auténtica tecnología de representaciones cartográficas, ya que los numerosos productos disponibles en la actualidad no hacen más que vender funcionalidad equivocada a usuarios equivocados. El GIS implícito[210] no es una utopía, sino lo mínimo que podemos esperar de un entorno tan avanzado como este de finales de milenio.

Finalmente, y encontrándose en una situación comercial y de uso similar a los productos GIS, pero quizás más exagerada, los sistemas de gestión documental necesitan de un fuerte empujón que los haga accesibles humana y económicamente a organizaciones de todos los calibres.

---

[209] Véase *Sistemas Basados en Metainformación con Redundancia Mínima*, pág. 117.

[210] Véase *El GIS Implícito*, pág. 129.

# VII.4. El Futuro Próximo

*Visualize this:*
*All eight-month-old babies are supplied with motorized wheelchairs.*
*They will quickly learn to push the right buttons and gain a "control over their own destiny" that leaves crawlers in the dust.*
*And given enough power, they'll leave behind their own parents.*
*So what if they will never walk?*
*Oh, brave new world!*

Max J. Schindler, en "Wheelchairs for the Brain" (Computer Magazine, Enero de 1996)

No, no corremos el peligro de convertirnos en bebés motorizados, porque los interfaces de usuario de los actuales sistemas de información son muchísimo más complejos que los de las sillas de ruedas. Sin embargo, podemos caer fácilmente en un *So what if they never walk?*, ya que, como seres funcionales que somos, preferimos malas soluciones *ahora* antes que buenas promesas para mañana. No olvidemos que la gestión de recursos culturales constituye una disciplina humanística y, por lo tanto, terriblemente compleja, para la cual no hay máquina especialmente concebida. No olvidemos que los fundamentos y tecnologías que rigen el diseño de los ordenadores que conocemos provienen de un mundo mucho más simple, sin subjetividades, sin preocupaciones relativas al patrón de racionalidad de las personas que dieron lugar a los objetos acerca de los cuales se almacena información, sin necesidad de separar dato y estructura. No olvidemos que son los usuarios, y no los desarrolladores de software, los que pueden evaluar y decidir acerca de la calidad de un sistema de información.

Mañana, según hayamos recordado u olvidado estas premisas, tendremos control sobre nuestro destino o bien nos habremos convertido en *crawlers in the dust*.

# Bibliografía


Agsteiner, K. 1997. Knowledge Based Synthesis of Computer Architectures. TU Chemnitz.

Alschuler, L. 1995. *ABCD...SGML*. London: International Thompson Computer Press

Bermejo Barrera, J. C. 1987. *El Final de la Historia. Ensayos de Historia Teórica.* Madrid: Akal

Bermejo Barrera, J. C. 1994. *Entre Historia y Filosofía.* Madrid: Akal

Bielawski, L. y Boyle, J. 1997. *Electronic Document Management Systems.* Upper Saddle River, NJ: Prentice-Hall

Bochenski, B. 1994. *Implementing Production-Quality Client/Server Systems.* New York: John Wiley & Sons, Ltd.

Booch, G. 1994. *Object-Oriented Analysis and Design with Applications.* Redwood City, CA: Benjamin/Cummings

Bosque Sendra, J. 1992. *Sistemas de Información Geográfica.* Madrid: Ediciones Rialp

Burrough, P. A. y Frank, A. U. (ed.) 1996. *Geographic Objects with Indeterminate Boundaries.* GISDATA:2. Londres: Taylor & Francis

Buschamnn, F., Meunier, R., Rohnert, H., Sommerland, P. y Stal, M. 1996. *A System of Patterns.* Chichester, Reino Unido: Wiley

Computer Associates 1997. *Jasmine Concepts.* Islandia, NY: Computer Associates International, Inc.

Coates, E. 1998. *The Bright Light of Analysis: Why Analysis is Key.* http://www.access.digex.net/~ell/

Coleman, D., Arnold, P., Bodoff, S., Dollin, C., Gilchrist, H., Hayes, F. y Jeremaes, P. 1994. *Object-Oriented Development: The Fusion Method.* Englewood Cliffs, NJ: Prentice-Hall

Collins, 1988. *Diccionario Collins Español-Inglés y English-Spanish.* Barcelona: Grijalbo

Coombs, J. y Coombs, T. 1999. *The Old Gray DBMS ain't what it Used to Be.* Byte.com http://www.byte.com

Cooper, A. 1999. 14 Principles of Polite Apps, en *Visual Basic Programmer's Journal*: 7. Palo Alto, CA: Fawcette Technical Publications

Cotton, T. 1996. Evolutionary Fusion: A Cutomer-Oriented Incremental Life Cycle for Fusion, en *Object-Oriented Development at Work: Fusion in the Real World*, cap. 6, Malan, R., Letsinger, R. y Coleman, D.

Criado Boado, F. 1993. Visibilidad e Interpretación del Registro Arqueológico, en *Trabajos de Prehistoria*: 50. Madrid: CSIC

Criado Boado, F. 1998. Proyecto de Investigación de Cátedra. Santiago de Compostela: LAFC, IIT, USC

Criado Boado, F. 1999. Del Terreno al Espacio: Planteamientos y Perspectivas para la Arqueología del Paisaje, en *CAPA (Criterios y Convenciones en Arqueología del Paisaje)*: 6. Santiago de Compostela: LAFC, IIT, USC

Criado Boado, F. 2000. Introducción, en *MAPA (Monografías en Arqueología del Paisaje)*: 1. Santiago de Compostela: LAFC, IIT, USC

Criado Boado, F. y González Pérez, César A. 2000. El Registro y su Representación: Diseño de Sistemas de Información para la Gestión del Patrimonio Arqueológico, en *MAPA (Monografías en Arqueología del Paisaje)*: 1. Santiago de Compostela: LAFC, IIT, USC

Dahl, O. y Nygaard, K. 1966. SIMULA: An Algol-based Simulation Language, en *Communications of the ACM*: 9: 9

Dartnall, T. 1996. Redescription, Information and Access, en *Forms of Representation.* Peterson, D. (ed.). Exeter, U. K.: Intellect, Ltd.

DeGrace, P. y Stahl, L. H. 1993. *The Olduvai Imperative.* Englewwod Cliffs, NJ: Prentice-Hall

DeMarco, T y Lister 1987. *Peopleware.* Dorset House

Doelker, C. 1982. *La Realidad Manipulada.* Barcelona: Gustavo Gili

Dr. Dobb's 1998. *Numerics and the Year 2000*, nº 285. San Francisco, CA: Miller Freeman

Eco, U. 1977. *Tratado de Semiótica General.* Barcelona: Lumen

Gamma, E., Helm, R., Johnson, R. y Vlissides, J. 1995. *Design Patterns: Elements of Reusable Object-Oriented Software.* Reading, MA: Addison-Wesley

Gates, B. 1999. *Los Negocios en la Era Digital.* Barcelona: Plaza & Janés

LAFC, 1997. Programa CCAPPA. Santiago de Compostela: LAFC, IIT, USC

González Pérez, C. A. 1995. Hacia un Sistema de Información Arqueológica basado en la Arqueología del Paisaje, en *Actas del XXII Congreso Nacional de Arqueología.* Vigo.

González Pérez, C. A. 1996. Desarrollo de Sistemas de Información para Recursos Culturales: El Caso de Cidadela. Trabajo de Investigación de Tercer Ciclo. Santiago de Compostela: Universidade de Santiago de Compostela

González Pérez, C. A. 1997a. Theoretical Foundations and Enabling Technologies for Cultural Resources Management Systems, en *Archaeology in the Age of Internet (Proceedings of the 25th Conference CAA 97)*, BAR International Series 750. Archaeopress, Oxford.

González Pérez, C. A. 1997b. El Archivo Digital del Registro Arqueológico, en *TAPA (Trabajos en Arqueología del Paisaje)*: 3. Santiago de Compostela: LAFC, IIT, USC

González Pérez, C. A. 1997c. SIA+: Manual del Usuario, en *CAPA (Criterios y Convenciones en Arqueología del Paisaje):* 3. Santiago de Compostela: LAFC, IIT, USC

González Pérez, C. A. 1998a. Submarines, Classification, and the Fusion Method, en *Fusion Newsletter*: 6.1. Palo Alto, CA: Hewlett-Packard Company

González Pérez, C. A. 1998b. Modelos de Paisaje para Arqueología: GIS y Teoría, en *gamdds (Grupo de Amigos do Museu D. Diogo de Sousa)*: 6. Braga, Portugal: Museu D. Diogo de Sousa.

González Pérez, C. A. 1999a. The CVS Data Format, en *Dr. Dobb's Journal*: 299. San Francisco, CA: Miller Freeman

González Pérez, C. A. 1999b. Proactive User Interfaces for Cultural Resources Management Systems, en *New Techniques for Old Times (Proceedings of the 26th Conference CAA 98),* BAR International Series, 757. Barceló, J. A., Briz, I. y Vila, A. (ed.). Oxford: Archaeopress

González Pérez, C. A. (coord.) 1999c. Tecnologías de la Información y Patrimonio Cultural 1: El Paradigma Orientado a Objetos, en *CAPA (Criterios y Convenciones en Arqueología del Paisaje)*: 10. Santiago de Compostela: LAFC, IIT, USC

González Pérez, C. A. y Bóveda López, M. M. 1998. Un Modelo de Clases para el Registro Arqueológico, en *Boletín del Instituto Andaluz de Patrimonio Histórico*: 22. Sevilla: Junta de Andalucía

González Pérez, C. A. y Criado Boado, F. 1998. Telemática y Gestión de Recursos Culturales: Aproximación al Proyecto CRISys, en *Gallaecia*: 17. Santiago de Compostela: Universidade de Santiago de Compostela

González Pérez, C. A., del Río Pose, J., Bóveda López, M. M. y Criado Boado, F. 1997. Tecnologías Orientadas a Objetos en la Gestión de Recursos Culturales, en *Boletín del Instituto Andaluz de Patrimonio Histórico*: 21. Sevilla: Junta de Andalucía

Guidec, F. 1994. *Programmation par Objets et Parallélisme de Données dans Paladin.* Rennes, Francia: Institut de Recherche en Informatique et Systemes Aleatoires

Henderson-Sellers, B. 1992. *A Book of Object-Oriented Knowledge.* Englewood Cliffs, NJ: Prentice Hall

Hewlett-Packard Company, 1998. *Engineering Process Summary.* Hewlett-Packard Company

Hohmann, L. 1997. *Journey of the Software Professional.* Upper Saddle River, NJ: Prentice-Hall

Hughes, J. G. 1991. *Object-Oriented Databases.* Hemel Hempstead, Hertfordshire: Prentice-Hall

IAPH, 1998. *Tesauro de Patrimonio Histórico Andaluz.* Sevilla: Instituto Andaluz del Patrimonio Histórico

Infante Roura, F. y Fernández López, G. 1991. Herramientas Informáticas: Estructura de los Datos y Datos para una Estructura, en *Arqueología del Paisaje. El Área Bocelo-Furelos entre los Tiempos Paleolíticos y Medievales.* Arqueoloxía-Investigación: 6. Criado Boado, F. (dir.). Santiago de Compostela: D. X. De Patrimonio Histórico e Documental

Ingalls, D. H. H. 1978. The Smalltalk-76 Programming System: Design and Implementation, en *Proceedings of the ACM*

*Principles of Programming Languages Symposium*

Jacobson, M., Christerson, M., Jonsson, P. y Overgaard, G. 1992. *Object-Oriented Software Engineering: A Use Case Driven Approach.* New York: ACM Press

Karmiloff-Smith, A. 1996. Internal Representations and External Notations: A Developmental Perspective, en *Forms of Representation.* Peterson, Donald (ed.). Exeter, U. K.: Intellect, Ltd.

Kim, W. 1990. *Introduction to Object-Oriented Databases.* Cambridge, MA: The MIT Press

Knudsen, J. L., Löfgren, M., Lehrmann-Madsen, O. y Magnusson, B. 1994. *Object-Oriented Environments: The Mjølner Approach.* Prentice-Hall

Knuth, D. E., 1974. Structured Programming with go-to Statements, en *ACM Computer Surveys*: 6. ACM

Korfhage, R. R. 1997. *Information Storage and Retrieval.* New York: John Wiley & Sons

Leach, E. 1993. *Cultura y Comunicación.* Madrid: Siglo XXI

Lima Olivera, E. y Prieto Martínez, M. P. 2000. La Arqueología en la Gasificación de Galicia 12: Intervenciones en Yacimientos de la Prehistoria Reciente, en prensa para *TAPA (Trabajos en Arqueología del Paisaje)*: 16. Santiago de Compostela: LAFC, IIT, USC

Maffezzoni, C. 1995. *Object-Oriented Approach to Hybrid Systems Modelling and Simulation.* Politecnico di Milano

Malan, R., Letsinger, R. y Coleman, D. 1996. *Object-Oriented Development at Work: Fusion in the Real World.* Upper Saddle River, NJ: Prentice-Hall

Maler, E. y el Andaloussi, J. 1996. *Developing SGML DTDs.* Upper Saddle River, NJ: Prentice-Hall

Martin, J. y Odell, J. J. 1992. *Object-Oriented Analsysis & Design.* Englewood Cliffs, NJ: Prentice Hall

McCall, J. (ed.) 1977. *Factors in Software Quality.* General Electric

McConnell, S. 1993. *Code Complete.* Redmond, WA: Microsoft Press

McConnell, S. 1996. *Rapid Development.* Redmond, WA: Microsoft Press

McCormick, H. W. y Malveaux, R. 1998. AntiPatterns, en *Dr. Dobb's Journal*: 286. San Francisco, CA: Miller Freeman

McKeehan, J. y Rhodes, N. 1997. *Programming for the Newton.* Boston, MA: AP Professional

Méndez Fernández, F. 1998. Definición y Análisis de Poblados en la Edad del Bronce en Galicia, en *A Idade do Bronce en Galicia: Novas Perspectivas.* Caderno do Seminario de Sargadelos: 77. Fábregas Valcarce, R. (ed.). A Coruña: Ediciós do Castro

Meyer, B. 1988. *Object-Oriented Software Construction.* Hemel Hempstead, Hertfordshire: Prentice-Hall

Meyer, B. 1991. *Eiffel: The Language.* Hemel Hempstead, Hertfordshire: Prentice-Hall

Meyer, B. 1994. *An Object-Oriented Environment.* Hemel Hempstead, Hertfordshire: Prentice-Hall

Meyer, B. 1995. *Object Success: A Manager's Guide to Object Technology, its Impact on the Corporation, and its Use for Reengineering the Software Process.* Englewood Cliffs, NJ: Prentice-Hall

Meyer, B. 1997. *Object-Oriented Software Construction*, 2nd Edition. Upper Saddle River, NJ: Prentice Hall

Mikkelsen, E. y Larsen, J. H. 1992. Recording Archaeological Sites in Norway, en *Sites and Monuments National Archaeological Records.* Larsen, C. U. (ed.). Copenague: National Museum of Denmark, DKC

Microsoft Corporation, 1996. Microsoft SQL Server Books Online. Microsoft Corporation

Nag, B. N. y Lari, A. R. 1998. *Object-Oriented Model Management of Network Models for Decision Support.*

Norman, D. A., 1988. *The Psychology of Everyday Things.* Basic Books.

Parsons, J. J. y Oja, D. 1996. *Computer Concepts.* Cambridge, MA: CTI

Partridge, C. 1996. *Business Objects: Reengineering for Re-use.* Oxford: Butterworth-Heinemann

Pauly, B. 1992. Protected Monuments, en *Sites and Monuments National Archaeological Records.* Larsen, C. U. (ed.). Copenague: National Museum of Denmark, DKC

Peterson, D. (ed.) 1996. *Forms of Representation.* Exeter, U. K.: Intellect, Ltd.

Piaget, J. 1969. Génesis y Estructura en Psicología, en *Las Nociones de Estructura y Genésis.* de Gandillac, M., Goldman, L. y Piaget, J. (ed.). Buenos Aires: Proteo

Potts, T. C. 1996. The Projection of Semantic onto Syntactic Structures, en *Forms of Representation.* Peterson, Donald (ed.). Exeter, U. K.: Intellect, Ltd.

Preece, J., Rogers, Y., Sharp, H., Benyon, D., Holland, S. y Carey, T. 1994. *Human-Computer Interaction.* Wokingham, Reino Unido: Addison-Wesley

Rational Software Corporation, 1997a. *UML Summary.* Santa Clara, CA: Rational Software Corporation

Rational Software Corporation, 1997b. *UML Semantics.* Santa Clara, CA: Rational Software Corporation

Rational Software Corporation, 1997c. *UML Notation Guide.* Santa Clara, CA: Rational Software Corporation

Rine, D. C. (ed.) 1995. *Readings in Object-Oriented Systems and Applications.* Los Alamitos, CA: IEEE Computer Society Press

Rumbaugh, J., Blaha, M., Premerlani, W., Eddy, F. y Lorensen, W. 1991. *Object-Oriented Modeling and Design.* Englewood Cliffs, NJ: Prentice Hall

Schach, S. R. 1996. *Classical and Object-Oriented Software Engineering.* Chicago: Irwin

Sloman, A. 1996. Towards a General Theory of Representations, en *Forms of Representation.* Peterson, Donald (ed.). Exeter, U. K.: Intellect, Ltd.

Stroustrup, B. 1986. *The C++ Programming Language.* Menlo Park, CA: Addison-Wesley

Swaine, M. 1998. A Chat with Bob Bemer, en *Dr. Dobb's Journal*: 285. San Francisco, CA: Miller Freeman

Tabachneck-Schijf, H. y Simon, H. A. 1996. Alternative Representations of Instructional Material, en *Forms of Representation.* Peterson, Donald (ed.). Exeter, U. K.: Intellect, Ltd.

Thornton, C. 1996. Re-presenting Representation, en *Forms of Representation.* Peterson, Donald (ed.). Exeter, U. K.: Intellect, Ltd.

Thorton, G. 1996. *Getting Results with the Object Oriented Enterprise Model.*

Tschan, A. P. 1999. An Introduction to Object-Oriented GIS in Archaeology, en *New Techniques for Old Times (Proceedings of the 26th Conference CAA 98).* BAR International Series: 757. Barceló, J. A., Briz, I. y Vila, A. (ed.). Oxford: Archaeopress

Villoch Vázquez, V. 1995. Monumentos y Petroglifos: la Construcción del Espacio en las Sociedades Constructoras de Túmulos del Noroeste Peninsular, en *Trabajos de Prehistoria*: 52: 1. Madrid: CSIC

Whitby, B. 1996. Multiple Knowledge Representations: Maps and Aeronautical Navigation, en *Forms of Representation.* Peterson, Donald (ed). Exeter, U. K.: Intellect, Ltd.

Woodman, M. y Heal, B. 1995. *Introduction to VDM.* Berkshire, England: McGraw-Hill Europe

Yourdon, E. y Constantine, L. L. 1979. *Structured Design: Fundamentals of a Discipline of Computer Program and Systems Design.* Englewood Cliffs, NJ: Prentice-Hall

Yourdon, E. 1989. *Modern Structured Analysis.* Englewood Cliffs, NJ: Yourdon Press

# Apéndices

# Glosario

A continuación se indica el significado de algunas palabras y expresiones utilizadas en el texto.

| Término | Significado |
|---|---|
| Abstracción | Mecanismo por el cual es posible desprenderse de información detallada para quedarse solamente con la más genérica. |
| Agregación | Tipo de →relación← en la cual los →objetos← de una o más →clases← (clases componentes) forman parte de (o están contenidos en) un objeto de una clase mayor (clase compuesta). |
| Ámbito de información | Conjunto de →conceptos← relacionados. |
| Análisis | Proceso mediante el cual se obtienen uno o más →modelos← de la →realidad observada← con ánimo de describir ésta estricta y detalladamente. |
| Aplicación | En general, →programa← cuyo objetivo es manipular datos de forma interactiva en un contexto funcional determinado; por ejemplo, un procesador de textos o una hoja de cálculo. |
| | En el modelo MEAP, →capa← que implementa la funcionalidad deseada sobre una →estructura← preexistente. |
| Arquitectura | →Estructura← de un →sistema←. |
| Asociación | Tipo de →relación← en la cual los →objetos← de una o más →clases← interactúan entre sí a través de sus →interfaces←. |
| | Un tipo muy concreto de asociación, la →agregación←, es considerado a menudo como un tipo de relación diferente. |
| Atributo | →Dato← que caracteriza a un →objeto←; es decir, cada propiedad o característica atómica individualmente nombrable de una →clase←, que puede tomar valores diferentes para diferentes objetos. |
| Avatar | Instancia de un →rol←, o papel específico que toma un determinado →objeto←. |
| Bien | →Elemento pretérito persistente← dotado de valor sociocultural gracias a la realización de un proceso de →rentabilización← sobre un →elemento patrimonial←. |
| Cadena valorativa | Instrumento de normalización y normativización de los principales procesos interpretativos necesarios para la gestión de recursos culturales. |
| Capa | Conjunto de →clases← y →relaciones← con un grado de →abstracción← similar. |
| Ciclo de vida | En desarrollo de →software←, tipo de organización temporal adoptada para convertir los →requisitos del sistema← iniciales en un producto funcional. |
| | En análisis de sistemas, conjunto de las posibles secuencias de →estados← que puede atravesar un →sistema← a lo largo del tiempo. |
| Ciclo de vida evolutivo | →Ciclo de vida← en el cual el →sistema← se entrega al →usuario← en fases sucesivas, cada vez con más funcionalidad. |
| Clase | Representación formal de las características comunes de los →interfaces← de diferentes →objetos←; si varios objetos muestran similitudes de cualquier tipo en sus interfaces, pueden pertenecer a la misma clase. |
| | →Referente← software de un →concepto←. |
| Clasificación | Mecanismo por el cual se asignan →objetos← a →clases← determinadas; es decir, se determina qué clase es representativa de cada objeto. |
| Cliente | →Objeto← que solicita y utiliza →servicios← de otro objeto. |
| Código fuente | Texto de un →programa← de ordenador tal y como ha sido escrito por los desarrolladores de software. |
| Código ejecutable | Secuencia de órdenes directamente ejecutables por un ordenador. Habitualmente, es el resultado de que un ordenador procese →código fuente← previamente escrito. |
| Concepción | Idea o percepción que un individuo posee acerca de una →entidad← o grupo de entidades similares. |
| Concepción clasificatoria | →Concepción← que →representa← a la formalización de diferentes →entidades← similares. |
| Concepción de entidad | →Concepción← que →representa← a una →entidad← concreta. |
| Concepto | →Concepción← compartida por un número suficiente de individuos, de tal modo que es posible presumir su comprensión generalizada. Véase →intersubjetividad←. |
| Concepto clasificatorio | →Concepto← que →representa← a la formalización de diferentes →entidades← similares. |
| Concepto de entidad | →Concepto← que →representa← a una →entidad← concreta. |
| Contexto de representación | Entorno subjetivo y de validez temporal en el que se produce una →representación←. |

| Término | Significado |
|---|---|
| Corrección | Capacidad de un →sistema← para realizar adecuadamente aquellas tareas contempladas en su →especificación←. |
| Dato | Unidad de información atómica en su contexto semántico. |
| Definir (un concepto) | Colocar un →concepto← en un marco estructural adecuado o, lo que es lo mismo, describir las →relaciones← en las que participa y los →roles← que puede asumir. |
| Diseño | Proceso mediante el cual se obtienen uno o más →modelos← de la →realidad observada← (normalmente a partir de los modelos obtenidos durante el →análisis←) con ánimo de definir y construir los medios y mecanismos concretos que permitirán su →implementación←. |
| Dominio | Conjunto de →ámbitos de información← relacionados. |
| Dominio de aplicación | →Dominio← correspondiente a una aplicación específica de la →informática←. |
| Ejecutar | Acción de llevar a cabo las instrucciones de un →programa←. |
| Elemento del registro | Elemento concreto constituyente del →registro←, o →elemento pretérito persistente← sobre el cual se ha realizado un proceso de →valoración←. |
| Elemento patrimonial | →Elemento pretérito persistente← dotado de valor patrimonial gracias a la realización de un proceso de →evaluación patrimonial← sobre un →elemento del registro←. |
| Elemento pretérito persistente | Elemento proveniente de una sociedad pretérita pero existente en la actualidad. |
| Encapsulación | Característica de los →objetos← por la cual los →atributos← de éstos (globalmente hablando, su →estado←) permanecen ocultos en su interior, siendo accesibles solamente a través de sus →interfaces←. |
| Ente | Algo que existe previa e independientemente de cualquier percepción, conocimiento, →representación← o interpretación.<br>En caso de que existan, los →entes← no son directamente accesibles para los individuos; debemos utilizar →entidades← para representarlos y acceder a ellos. |
| Entidad | Porción de la →realidad observada← cuyo →grado de autocontención← es suficiente como para presentar →identidad← propia.<br>Normalmente, los individuos utilizamos →entidades← para representar y acceder a →entes← subyacentes. |

| Término | Significado |
|---|---|
| Especialización | Mecanismo por el cual una →clase← genérica, al serle aplicadas las restricciones adecuadas, da lugar a una o más clases especializadas. Es opuesto de →generalización←. |
| Especificación | Descripción exhaustiva de la funcionalidad y calidad de servicio de un →sistema←. Se basa principalmente en los →requisitos del sistema←. |
| Estado | Punto en un espacio *n*-dimensional, donde cada dimensión corresponde a una variable de un sistema dado.<br>El estado de un →objeto← corresponde a un punto en el espacio n-dimensional en el cual cada dimensión corresponde a un →atributo← del objeto. |
| Estructura | Conjunto formado por las →relaciones← que se dan entre una serie de →entidades←, y los →roles← que éstas toman en dichas relaciones. |
| Evaluación patrimonial | Proceso interpretativo que construye un →referente← de tipo →elemento patrimonial← a partir de un →sustrato← de tipo →elemento del registro← al calcular el valor actual de éste desde un punto de vista patrimonial. |
| Extensibilidad | Capacidad de un →sistema← para ser modificado, ampliado y mejorado. |
| Función | En un ámbito teórico, acción positiva sobre una →entidad←, que a menudo cambia el →estado← de la misma.<br>En →informática←, fragmento de un →programa← que realiza alguna acción concreta sobre ciertos datos. |
| Generalización | Mecanismo por el cual una o más →clases←, al ser abstraídas sus características, dan lugar a una clase más genérica. Es opuesto de →especialización←.<br>Tipo de →relación← entre una clase especializada y su clase abstracta. |
| Grado de autocontención | Relación entre la cohesión interna de una porción de la →realidad observada← y la intensidad de la relación de dicha porción con otras fracciones; a mayor cohesión interna y menor intensidad de relación, mayor autocontención. |
| Hardware | Componente tangible de un sistema →informático←; es decir, circuitos electrónicos, cables, y otros dispositivos físicos integrantes del sistema. |

| Término | Significado |
|---|---|
| Identidad | Característica definitoria de las →entidades←, que las hace únicas y diferenciables entre sí aun en el caso de poseer aspectos iguales. |
| Implementación | Traslación de un →modelo← de un nivel de abstracción mayor a uno menor.<br>En especial, proceso mediante el cual se traducen los →modelos← obtenidos durante el →diseño← a →programas← informáticos. |
| Información al nivel de instancia | Información relevante para el dominio de aplicación de un sistema. |
| Información al nivel de tipo | Información relevante para el dominio informático, pero que resulta de gran utilidad indirecta para el dominio de aplicación. |
| Informática | Disciplina que estudia el tratamiento automático de la información. |
| Instancia | Caso concreto y específico de un caso genérico, patrón o molde. |
| Instanciación | Tipo de →relación← en la cual un →objeto← de una →clase← es instancia de un objeto de otra clase. |
| Interface | Parte de un elemento →software← cuya misión es servir de canal de comunicación entre dicho elemento y otros elementos. |
| Interface de usuario | Parte de un elemento →software← visible desde el exterior, a través del cual los →usuarios← pueden interactuar con dicho elemento. |
| Intersubjetividad | Conjunto de →subjetividades← equivalentes entre sí a cierto nivel cognitivo. |
| Lenguaje de programación | Lenguaje formal utilizado para escribir →programas← de ordenador. |
| Mercancía | →Elemento pretérito persistente← dotado de valor económico gracias a la realización de un proceso de →mercantilización← sobre un →bien←. |
| Mercantilización | Proceso interpretativo que construye un →referente← de tipo →mercancía← a partir de un →sustrato← de tipo →bien← al dotar a éste de cierto valor económico e introducirlo en el mercado. |
| Metainformación | Información de un →sistema← compuesta por →referentes← cuyos →sustratos← son →objetos← del propio sistema. |
| Método | En un ámbito teórico, forma de contrastar la validez del discurso en un →dominio← determinado.<br>En el paradigma orientado a objetos, implementación específica de una →operación← que realiza una clase. |

| Término | Significado |
|---|---|
| Metodología | Conjunto de procedimientos y notaciones capaces de ayudar a la consecución de unos objetivos tipo en un →dominio← determinado. |
| Modelo | →Referente← de un →sistema←. |
| Modularidad | Característica de un →sistema← que permite definir y manipular cada subconjunto del mismo, o →módulo←, con relativa independencia del resto. |
| Módulo | Conjunto de →objetos← relacionados. |
| Mundo | Conjunto de →entes← a los que podemos acceder a través de las →entidades← correspondientes.<br>A menudo, se utiliza referido al conjunto de las mencionadas entidades. |
| Nivel de abstracción | Una →entidad← se halla a un nivel de abstracción inferior al de otra si es un →subtipo← de ésta, y ésta es su supertipo. |
| Nivel de clasificación | Una →entidad← se halla a un nivel de clasificación inferior al de otra si es una →instancia← de ésta, y ésta es su tipo. |
| Nivel de representación | Una →entidad← se halla a un nivel de representación inferior al de otra si es un →sustrato← de ésta, y ésta es su →referente←. |
| Notación | Conjunto de →símbolos← con sintaxis y semántica determinadas. |
| Objeto | →Instancia← de una →clase←, que representa a una →entidad← de la →realidad observada← a través de la →concepción← adecuada. |
| Operación | →Función← asociada a una clase, capaz de actuar sobre el →estado← de los →objetos← de la misma. |
| Patrón | →Estructura← que aparece repetidamente en diferentes →sistemas←, y que por tanto es susceptible de ser reutilizada durante el diseño de sistemas nuevos. |
| Proactividad | Capacidad de un →sistema← para actuar antes que su →usuario← cuando la decisión es inequívoca. |
| Proceso | Instancia activa de un →programa←. |
| Programa | Secuencia de instrucciones escrita en un →lenguaje de programación← determinado que dirigen a un ordenador hacia la consecución de algún objetivo concreto. Puede encontrarse como →código fuente← o bien como →código ejecutable←.<br>Es necesario que un ordenador obtenga un →proceso← a partir de un programa para poder →ejecutar← dicho programa. |

| Término | Significado |
|---|---|
| Pseudocódigo | Lenguaje similar a un →lenguaje de programación←, pero que admite una mayor flexibilidad y nivel de abstracción mediante el uso de lenguaje natural. |
| Realidad observada | Realidad aparente a un individuo. |
| Red local | Conjunto de ordenadores y otros dispositivos informáticos independientes, interconectados entre sí. |
| Referente | →Entidad← que representa a otra. |
| Registro | Conjunto de →elementos (del registro)← formales originados por la acción social pretérita, que restan después del efecto sobre ellos de procesos deposicionales y postdeposicionales de carácter natural y/o cultural, y que resultan accesibles al arqueólogo a través de una operación de análisis realizada dentro de un determinado contexto social e institucional. |
| Relación | Posibilidad de que los →objetos← de dos →clases← interactúen entre sí. |
| Representación | Proceso de generación de un →referente← a partir de un →sustrato←, en un →contexto de representación← concreto. |
| Requisitos del sistema | Descripción, elaborada en estrecha colaboración con los futuros →usuarios← del →sistema←, de la funcionalidad y características que éste ha de poseer. |
| Revalorización | Proceso interpretativo que construye un →referente← de tipo →bien← a partir de un →sustrato← de tipo →elemento patrimonial← al calcular el valor sociocultural actual de éste. |
| Robustez | Capacidad de un →sistema← para comportarse de modo predecible en circunstancias no contempladas en su →especificación←. |
| Rol | Papel específico que puede tomar una →clase← bajo ciertas condiciones, modificando sus características. |
| Servicio | Funcionalidad que un →objeto← puede suministrar a otros. |
| Servidor | →Objeto← que puede proporcionar →servicios← a otros objetos. |
| Símbolo | →Referente← visible de una →entidad← perteneciente a un →dominio← que interesa modelar. |
| Sistema | Conjunto de →objetos← y las →tuplas← que los interrelacionan. |
| Sistema de información | Conjunto de herramientas especializadas para trabajar en un →dominio de aplicación← concreto. |
| Sistema horizontal | →Sistema← aplicado a un →dominio de aplicación← genérico y de amplio uso, como un procesador de textos. |
| Sistema vertical | →Sistema← aplicado a un →dominio de aplicación← específico y de uso restringido a un colectivo reducido, como un gestor de clínicas dentales. |
| Situación de rol | Situación en la cual una →clase← juega un →rol← específico. |
| Software | Componente no tangible de un sistema →informático←; es decir, →programas← y →datos←, normalmente almacenados en la memoria de un ordenador. |
| Subjetividad | Conjunto de →concepciones← de un individuo. |
| Sustrato | →Entidad← sobre la cual se realiza una →representación←. |
| Tecnología | Segmento concreto de conocimiento disponible, a menudo en forma de productos o servicios, que permite llevar a la práctica diseños en un →dominio← específico. |
| Temporalidad | Característica de la →realidad observada← que la hace sensible al paso del tiempo. |
| Texto software | Representación textual de uno o varios →programas← de ordenador, o de un fragmento de uno de ellos. |
| Tiempo de diseño | Estado de un →modelo← en el cual éste reside en papel, en la mente humana, en soporte informático no activo, o en cualquier otro medio, pero en cualquier caso en forma de definición o conjunto de →entidades← tipo.<br>Mediante procesos de instanciación, este modelo podrá pasar al estado denominado →tiempo de ejecución←. |
| Tiempo de ejecución | Estado de un →modelo← en el cual éste reside en la memoria de un ordenador (como →proceso←) o de cualquier otro modo activo, pero en cualquier caso en forma de conjunto de →entidades← instancia de entidades tipo definidas en →tiempo de diseño←. |
| Tupla | →Instancia← de una →relación←, que incluye a →objetos← específicos. |
| Usuario | Individuo que utiliza un →sistema←. |
| Validez (del referente) | Similitud entre las →estructuras← de un →referente← y su →sustrato←. |
| Valoración | Proceso interpretativo que construye un →referente← de tipo →elemento del registro← a partir de un →sustrato← de tipo →elemento pretérito persistente← al descubrir el valor original de éste y estimar su valor actual. |

# Lista de Abreviaturas Utilizadas

A continuación se indica el significado de las abreviaturas utilizadas en el texto.

| Abreviatura | Significado |
|---|---|
| ADRA | Archivo Digital del Registro Arqueológico |
| DAO | Data Access Objects |
| GIS | Sistema de Información Geográfica |
| GRC | Gestión de Recursos Culturales |
| I+D | Investigación y Desarrollo |
| ITU | International Telecommunications Union |
| LAFC | Laboratorio de Arqueología y Formas Culturales |
| MB | MegaByte, aproximadamente un millón de bytes |
| MFA | Método Fusion Adaptado |
| MEAP | Mundo, Estructura, Aplicación, Presentación |
| SGBDOO | Sistema de Gestión de Bases de Datos Orientadas a Objetos |
| SIA | Sistema de Información Arqueológica |
| SIA+ | Sistema de Información Arqueológica, versión mejorada |
| UTT | Unidad Temporal de Trabajo |
| WWW | World-Wide Web |

# Índice

Los números en cursiva indican entradas en el glosario.

## A



## B



## C



## D



## E



## F



## G

## H



## I



## L



## M



## O



## P



## R



## S



## T

# Information Systems for Cultural Resources Management: Theory, Methodology and Technologies

*César A. González Pérez*

Santiago de Compostela, December 1999

# Table of Contents

# Preface

This work aims to develop a technology that will allow the design and construction of information systems applied to cultural resources management. Including terms such as technology, design, information systems, management and cultural resources in the same sentence, and making this the main goal of a thesis implies approaching the task from a multidisciplinar, self-critical and humble viewpoint. Therefore, this work dives deep into topics such as cultural resources management or theoretical computing, gets close to some others such as human-computer interaction, and merely scratches the surface of others such as philosophy and software development. At the same time, and partly as a consequence, this work often regrets deep research in benefit of concept integration, or searching for the primary source of an idea to deal with its new applications in new fields. We must not consider this as a lack of merit but as an alternative way of working, which prefers widening instead of diving.

This work is structured as follows:

- Chapter I, *Introduction*, presents the objectives of the thesis and reviews the current state of the art.
- Chapter II, *Theoretical and Methodological Proposal for the Application Domain*, describes our conceptual scheme for the practice of cultural resources management.
- Chapter III, *Theoretical and Methodological Proposal for the Computing Domain*, explains our ideas on how to tackle information systems for cultural resources management.
- Chapter IV, *Information Models*, presents the models obtained from the contents of chapter II by applying the constructions developed in chapter III.
- Chapter V, *Technological Proposal*, deals with which technologies can be used to implement the concepts developed so far. Some of these technologies alrady exist so how to use them is described; some others don't, so research guidelines are given.
- Chapter VI, *The Archaeological Information System*, describes a specific information system developed by the author of this work, and uses it to verify the positions posed in previous chapters.
- Chapter VII, *Consequences*, presents the consequences of this work, centering on both basic research and technological needs towards a near future.

Finally, a note on document conventions: "quoted" words or expressions refer to the term they express; *italicized* words or expressions refer to the concept they want to mean.

# I. Introduction

## I.1. Objectives

The main objective of this work is *to develop a technology for the design and construction of information systems in cultural resources management*. We can define *technology* as a specific body of available knowledge, usually in the form of products or services, that allows putting into practice theoretical designs. This definition makes us to deal with theoretical, methodical, methodological and contextual components during the development of such technology:

- Theoretical, because every mature technology needs supporting foundations beyond its commercial success or degree of applicability.
- Methodical, that permit verifying the coherence and adequacy of the discourse against the proposed goals.
- Methodological, because they allow to apply the technology to problems to get solutions.
- Contextual, because we must consider the development and application environment of a technology to make it work.

The proposed technology serves to design and build information systems, that is, specialized tool sets that deal with information in a specific field or subject and, in particular, obtain *information* from *data*. The realm of applicability or *application domain* of the proposed technology is the management of cultural resources, and this comprises much more implications than it may seem. In fact, *the appropriate application of information systems to humanities* accounts for the major body of this work, due to both its volume and the amount of innovation we believe it brings, and we think it must be taken as an underlying and abstract objective of this thesis.

## I.2. State of the Art

Humanities pose a new set of problems concerning the application of information technologies, such as subjectivity and temporality. Altough there exist many computer applications for humanities, even for cultural resources management, which have been more or less functional and successful, we must take into account those new issues fully and avoid a "shoehorn approach" that would try to make existing technologies fit new needs beyond adequate standards.

We have reviewed more than thirty software products specially designed for cultural resources management, focusing in four variables:

- System width, measured by the number of information ambits involved. Very "narrow" systems do not require solid teoretical foundations to stay coherent, but wide ones do.
- System depth, determined by the number of different abstraction and classification levels in the system. This variable is a good indicator of the cognitive complexity of the system.
- System size, measured by the amount of money invested, number of people involved, or other suitable metric.
- Degree of technological innovation, gauged by the occurrence of the following technologies during the product's lifetime: object-oriented databases, evolutionary project lifecycle, application-domain theoretical transfer, document and workflow management, object-oriented modeling techniques, client-server infrastructures and geographical information systems.

The results of our analysis state that:

- System width ranges from small to medium. Large projects have been approached by building several more-or-less interconnected smaller systems. This is not necessarily a bad choice, but we would have liked finding some cases of wide systems.
- System depth is nearly always minimal, involving information at a single abstraction or classification level.
- System size is usually medium or large, often involving dozens of people, long development schedules and high funding resources. There were also small systems designed and built by even a single person, but scarcely.

- The degree of technological innovation is very low. Traditional technologies such as relational databases and word processors were almost the only tools used to construct the reviewed information systems.

From the information exposed, we think that *information systems for cultural resources management are being developed by non-specialized people and with insufficient technological support, consequently resulting in projects that, independently from their success or failure, demand excessive amounts of time, people and money.*

To solve this problem, we believe that some effort must be made to achieve:

- A wide theoretical framework that allows to insert, at a middle abstraction level, the structure and function found in the daily work of cultural resources managers.
- A methodological body capable of supporting the processes of information systems design and construction.
- A number of technological developments to help the information technology practitioner in his daily work.

This thesis will try to advance in the three above-mentioned directions.

# II. Theoretical and Methodological Proposal for the Application Domain

The term "application domain" usually means the subject to which information technologies are applied. In our case, it always refers to cultural resources management, so in this chapter we will explore a proposal to get close to cultural resources management from a computer spacialist's perspective.

## II.1. The Way of Theorizing

Knowledge production is not independent of the models it uses. Therefore we think that a strong relationship can be established between the application domain and the information technologies (or "computing") domain, using the actual process of modeling as link. Figure II-1 shows this relationship and its direct consequences.

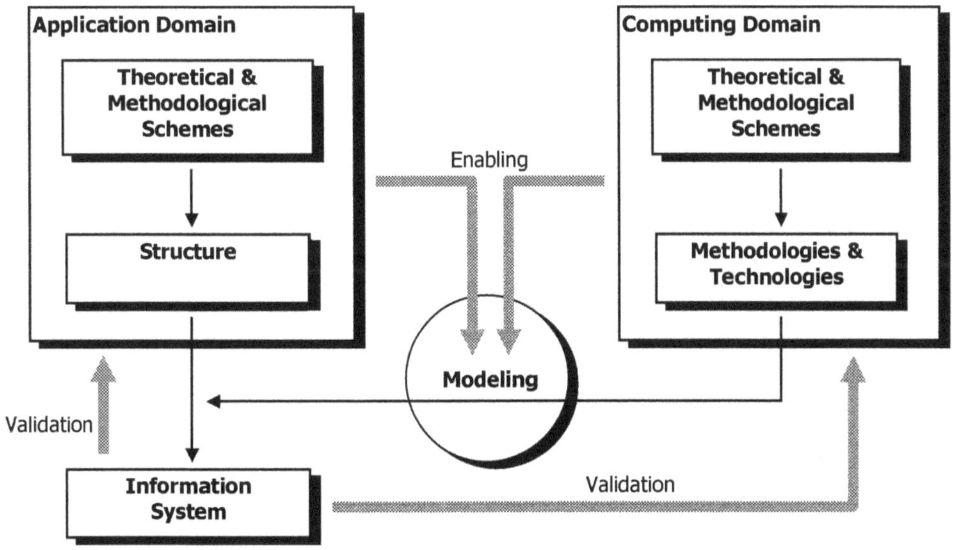


Figure II-1. Enabling-validation relationship between the application and computing domains. Theoretical and methodological schemes in both the application and computing domains, as well as the structure of the application domain and the methodologies and technologies used within the computing domain *enable* the construction of information systems through a modeling process. Simultaneously, the resulting information system *validates* the mentioned elements in both domains.

However, we must say before continuing that the "Information System" box in Figure II-1 does not show that every information system, in addition to reflecting the *structure* of the application domain on which it works, must provide some *functionality* that makes it a useful tool. This functionality must take place within the mentioned structure, giving rise to some relationhips between these two parts as shown in Figure II-2.

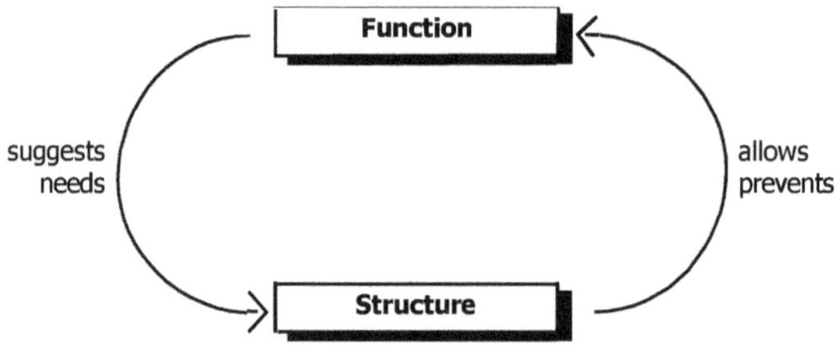


Figure II-2. Relationships between structure and function. Certain structures may allow or prevent certain functions; each function suggests or even needs certain structures.

Although the relations between the two parts are bi-directional, structure can be pre-existent and function can't: in general, *it is possible to build a generic structure with no function in mind, but it's impossible to design a function without referring to a supporting structure.* We will call this assertion Principle of the Pre-Existing Structure.

Figure II-1 and Figure II-2 will outline our journey from now on.

# II.2. Theoretical Foundation

Starting at box "Theoretical & Methodological Scheme" inside "Application Domain" in Figure II-1, the thoretical foundation that we propose for cultural resources management is based in the *valorative chain* and its most direct consequence, the concept of *representation.*

Following Criado, three parts are involved in the formation of the archaeological record: a past society, some post-depositional processes, and a current social and institutional context. The archaeological record does not exist before perceiving it, but is created through a number of interpretative stages. Figure II-3 shows these stages and the processes that take place among them. merchandise

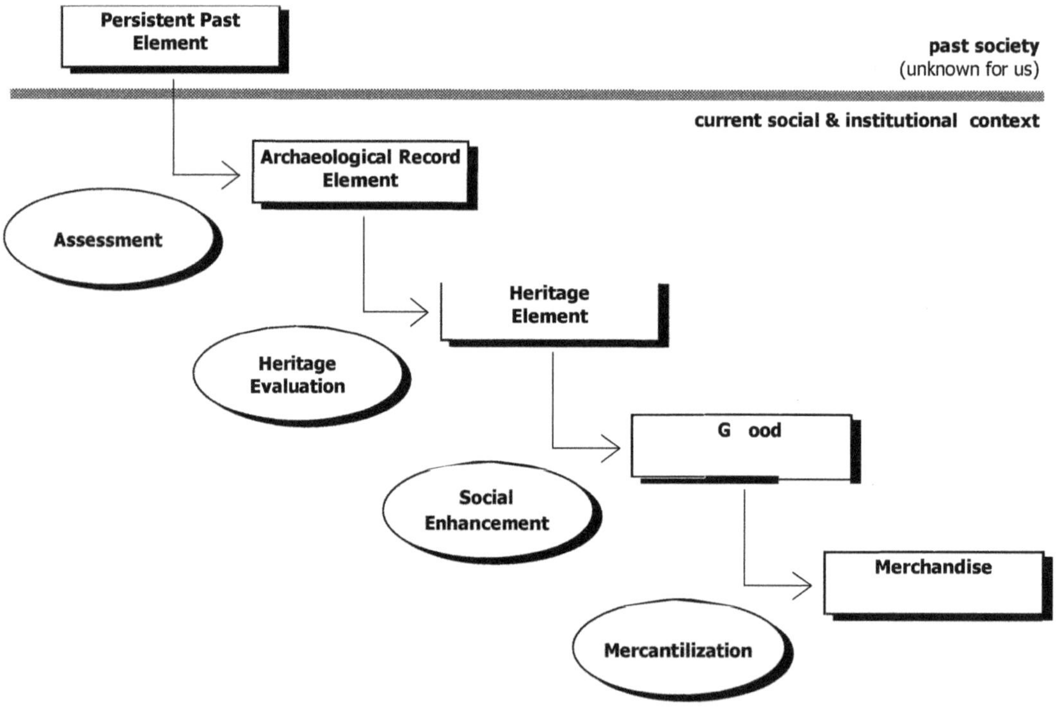


Figure II-3. The valorative chain. Ellipses represent interpretative processes, and boxes correspond to specific kinds of states in which a persistent past element can be found.

Each possible state of a persistent past element along the valorative chain is what we could colloquially call a "representation" of that element. We can detect two problems with this. First of all, what are the nature of things involved in representations?. Secondly, the term "representation" can mean something that exists and acts in the place of other thing, or the process of constructing that "something".

We can answer the first question introducing the concept of *entity*, that can be defined as *any portion of the observed reality with a degree of self-containment high enough as to possess its own identity*. We solve the ambiguity posed in second place by reserving the term "representation" for the process, and calling the product of this process a *referent*. The object on which representation processes work to produce a referent may be called a *substrate*. Notice that the very same object can act as referent and substrate, even at the same time; in fact, referent and substrate are not kinds of things themselves, but different roles that entities can play. Also, we must introduce the concepts of *conception* and *concept*. A conception is *an idea or perception that an individual has about an entity*, while a concept is *a conception shared by a sufficient amount of people as to assume a certain degree of intersubjectivity*.

Representation processes live within specific contexts, or semantic environments, that can be analyzed. FFF shows the parts involved in such representation contexts.

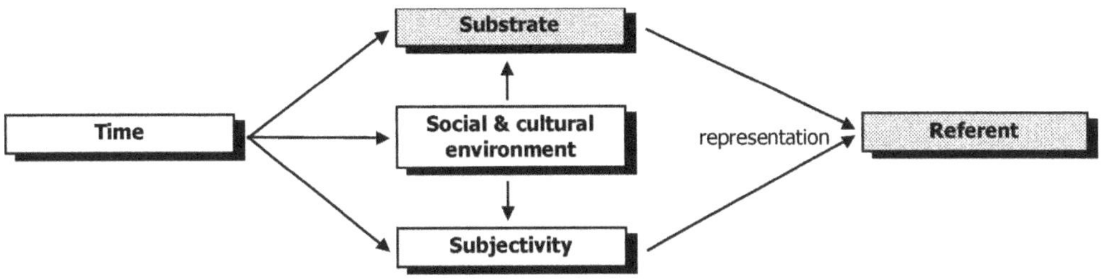


Figure II-4. Representation and its context. Arrows can be read as influence relationships. Substrate and referent are the main parts in the representation process. Time shapes substrates (destroying, changing and revealing entities), affects the social and cultural environment (by letting cultures change their values and knowledge assets), and also touches subjectivities (because individuals learn and change the way they act and think through their lives). The social and cultural environment selects substrates (giving birth to things) and powerfully moulds subjectivities. Finally, subjectivities create referents from substrates.

Finally, some words on structure and science. We can define structure as *the set of relationships that arise among some entities, plues the roles they play in these relationships*. Following this definition, we can describe referent validity in terms of similarity between its structure and the structure of its substrate. The closer they are, the more valid the referent is.

At the same time, scientific disciplines maintain two principles that are simultaneously goals: objectivity and reproducibility. Representation processes within sicentific realms cannot vary along the subjectivity or the temporality axes, letting referents change only accordingly to their substrates. Therefore, *representation processes in the context of scientific knowledge can be modeled by a subset of the concepts that are needed in humanities fields*. We will call this assertion Principle of the Scientific Simplicity.

# II.3. Methodology

Our methodological approach to the practice of cultural resources management, corresponding to box "Theoretical & Methodological Scheme" inside "Application Domain" in Figure II-1, involves the following areas of activity:

- Cataloguing, location, and delimitation of cultural resources: you can only protect what you know.
- Evaluation, study and understanding of the historical and current meaning of resources: you can only know what you understand.
- Action and protection of cultural resources: you can only understand what you analyze.
- Restoration and enhancement of resources: you can only analyze what you evaluate.

# II.4. The Observed Reality

The basic concepts that shape the structure of the application domain, corresponding to box "Structure" inside "Application Domain" in Figure II-1 are the following:

- Archaeological Record
- Archaeological Action
- Archaeological Find
- Archaeological Structure
- Stratigraphic Unit
- Site

- Archaeological Point
- Heritage Group
- Archaeological Assessment
- Heritage Evaluation
- Impact Assessment
- Corrective Measures

# III. Theoretical and Methodological Proposal for the Computing Domain

This chapter explains our point of view on how the information technologies must be applied to the cultural resources management field from a theoretical and methodological perspective.

## III.1. Theoretical Foundation

Referring to box "Theoretical & Methodological Scheme" inside "Computing Domain" in Figure II-1, we can say that an information system is a specialized set of tools designed to work within a specific field and obtain information from data. Figure III-1 shows how information systems relate to their environment.

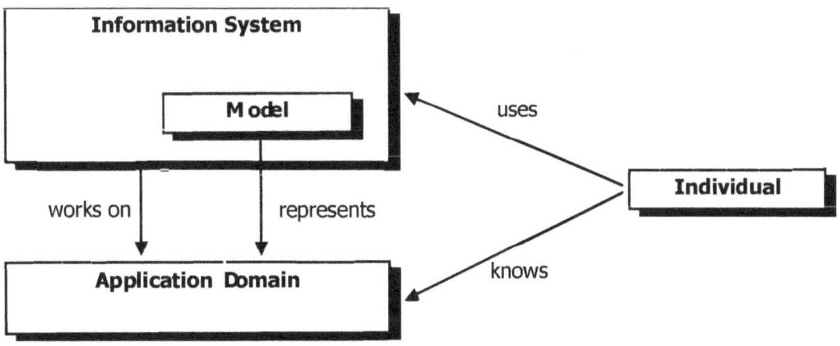


Figure III-1. Every information system must model the application domain on which it works to allow individuals who know the latter to use the former.

From Figure III-1 we can say that *an individual's ability to use an information system working on a specific application domain is largely determined by the validity of the model that this system has about the mentioned application domain.* We will call this assertion Principle of Usability.

The object-oriented paradigm, a "storm in a teacup" for some but a big turn in software conception for others, may help to build better models, so we can increase the usability of the information systems we make. Nevertheless, it lacks some concepts that are necessary in order to apply it to humanities disciplines, but we believe that it can be easily extended in the appropriate directions.

## III.2. Methodology

The Fusion method, an industry-accepted methodology to build object-oriented information systems, has been adopted by us and modified to better fit our needs. We have proposed and published the Metis methodology, previously called the Adpated Fusion Method (MFA), that captures the best from Fusion and adds specific notation and process in the following areas:

- User-interface design and construction.
- Persistent storage design.
- Collaborative teamwork.
- User-documentation composition.
- System measuring.

# IV. Information Models

Once we have developed a suitable methodology to build information systems, we can formalize the information often found during archaeological practice and document the models generated during the process called "Modeling" in Figure II-1.

## IV.1. Abstract Classes

At a very high level of abstraction, we can consider three different types of objects:

- Locatable objects, the target of the archaeological practice.
- Documental objects, that document and describe locatable objects.
- Organizative objects, that give an organizative structure to support other objects.

Locatable objects can be furthermore classified as:

- Geographical objects, or geographical locations with no implicit archaeological interest.
- Archaeological record objects.
- Action objects, that represent actions on other locatable objects.
- Contextual analysis objects, with indirect archaeological interest because they offer information on other locatable objects.

Documental objects can be also subclassified as:

- Descriptive objects, that describe other objects in a more or less objective and timeless way, so they are *not versionable*.
- Valorative objects, that describe other objects in a subjective and time-related way, so they are *versionable*.

## IV.2. Geographical Objects

They include points, lines and areas as geometric simplifications with no one-to-one correspondence between these classes and their potential substrates: for example, a river may be represented as a line or as an area, depending on scale and interest.

## IV.3. Archaeological Record Objects

They include spatial, stratigraphic and material objects. Spatial objects often correspond to sites or site sets. Material objects include both structures and finds.

## IV.4. Action Objects

They include aggressive and non-aggressive actions on other objects. Aggressive actions can be excavations or restorations, which usually involve a significant alteration of the object on which they act. On the other hand, non-aggressive actions include surveying and probing, which seldom modify their targets.

## IV.5. Contextual Analysis Objects

Archaeological samples and descriptions of environmental conditions are subtypes of this kind of objects.

## IV.6. Descriptive Objects

Many subtypes of descriptive objects can be considered: cartographic objects, terrain models, drawings, photographs, video clips, stratigraphic matrix diagrams, cards, etc. Furthermore, cartographic objects may be classified as maps, map layers and map entities.

## IV.7. Valorative Objects

They include reports and state modifiers. Reports inform on other objects, while state modifiers change the valorative chain state (see *Theoretical Foundation*, p. 184) of their target.

## IV.8. Organizative Objects

Resources (both human and material), functions, projects and tasks can be included as organizative objects.

# V. Technological Proposal

This chapter develops the ideas underlying the box "Methodologies & Technologies" inside "Computing Domain" in Figure II-1.

## V.1. The WSAP Architecture

The WSAP model defines a high-level architecture for information systems, specially useful in humanities applications. Its specificity lives in the introduction of the concept of representation at the architectural level: each letter in WSAP stands for a conceptual layer at which the system may be described:

- World. Captures and describes the entities and relationships of interest for the application domain.
- Structure. Includes the computerized referents that give access to the entities included in the World layer. A system may keep several referents for the same world entity, depending on time, purpose, etc. It is important to avoid functional semantics at this layer.
- Application. Involves the objects and relationships regarding the specific application intended for the information system; this is a functional description made on top of the structural one given by the Structure layer.
- Presentation. Includes all the objects necessary to display information to the final user and let her interact with the system.

Figure V-1 shows the general layout of an information system following the WSAP architecture.

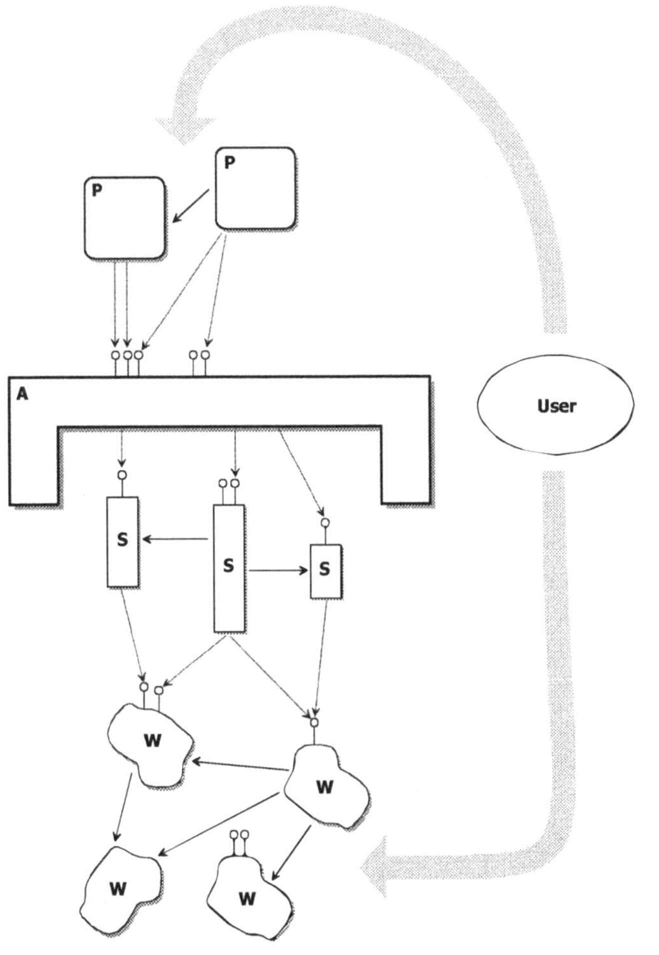


Figure V-1. Layers and relations in the WSAP architecture. The user knows the application domain ("knows" the world) and uses the information system through its presentation layer. See *Theoretical Foundation*, p. 187 for a explanation of these interactions.

The WSAP model implies the existence of a *representation manager* into the information system. When the user requests access to an application-domain entity (such as a river on a map, for instance) through the presentation layer, the representation manager must get a suitable referent from the application and structure layers. The same underlying entity might be represented in different ways depending on representation context (subjectivity, time), purpose or other factors. For example, the same river could be shown as a line on a map, as an area on a map, as a text description on a report, as an entry in a table, etc.

## V.2. Object-Oriented Databases

The most currently used paradigm in database management systems is the relational one, which presents some lacks in expresiveness and is difficult to integrate with object-oriented programming languages. We think that object-oriented databases would make information systems much more affordable and usable.

A very important issue is that of metainformation. Metainformation can be defined as the set of referents in a system whose substrates are *also* inside the system. Although conventional relational database management systems provide metainformation in varying degrees, object-oriented ones would be able to offer a wider and richer metainformation scheme. Usually, information systems present metainformation mirrored at threee different levels:

- The database scheme "knows" its structure, be it in the form of tables and relations or classes and relationships.
- The processing logic of the system must also "know" the structure of the data it is using.
- Finally, the user interface must fit the same structure, presenting data organized in the same fashion.

This redundancy makes any change difficult and costly: for instance, adding a new attribute to a class in a system implies, with the conventional architecture, changing the database scheme, changing accordingly the processing logic, and updating the user interface so it shows the new attribute. A good use of metainformation can ease this work, if we build systems that only keep metainformation at one level. We have proposed that metainformation should live only at the processing logic level. The database should be *substructured*, or based upon very simple concepts such as slots (single data items in the form of a pair name-value, such as "Age: 32") and frames (sets of related slots, such as ["Name: César"; "Age: 32"; "Lives in: Santiago"]). The processing logic in the information system can access substructured data through metric layers that inject specific semantics on top of the data, tipically based in the concepts of *class* and *relation*; of course, different metric layers may be used by the same or different systems in order to get different views of the same data. Also, the user interface should avoid storing metainformation. *Emergent user interfaces* must be used, so nearly every presentational element (dialog boxes, toolbars, menu structures, etc) are dynamically synthesized at run-time from the system's unique copy of metainformation.

Finally, we believe that a suitable object versioning subsystems should be integrated into the database, seamlessly offering time-management services to upper layers.

## V.3. Landscape Models

Geographical information systems (GIS) have been extensively used in archaeology with different degrees of success. We believe that a wrong approach is often used, because cartographic visualization and geographic analysis are functions that must be integrated into a more generic information system and not pursued as goals themselves.

Any information system built around the WSAP architecture can obtain cartographic referents in a similar way as it obtains textual ones (see *The WSAP Architecture*, p. 191), so we believe that an "implicit GIS" approach would be much more useful and coherent than the so often found "GIS-centric" alternative. The representation manager in the system would provide features such as, for example, automatically adding or removing detail from the cartographic referents depending on scale, purpose and user preferences.

## V.4. Document Management and Cooperative Work

A lot of information is stored in documents, and good lexical, syntactical and semantic conventions must be established in order to guarantee intersubjective understanding. Lexical and semantic conventions must be achieved by constructing thesauri and integrating them with the information system, so, for instance, a search for the word "river" would also consider searching for "water stream". Syntactical conventions may be reached by using a structure-oriented document authoring system, which could be based on the

ISO standard SGML or on the much more popular and affordable XML. Document type definitions should be developed and consistently used, and presentation templates or stylesheets could be used for rendering documents to different devices (screens, printers, web pages, voice synthesizers for the hear-impaired, etc.). Document contents should be stored as part of the structure layer in the WSAP architecture, so they can act as substrates of representations within the information system and ber versioned and managed through time as any other objects.

Also, providing the appropriate documents to the appropriate people just in the moments they are needed could be the goal for a workflow management system built around the same premises.

# VI. The Archaeological Information System

The SIA+ (Archaeological Information System, enhanced version) is an integrated system developed by the author for the Laboratory or Archaeology & Cultural Forms (LAFC) of the University of Santiago in Spain. It has been in use for several years now, storing information on hundreds of thousands of archaeological entities and supporting the daily work of over twenty people.

## VI.1. Functional Description

The first version of the SIA (Archaeological Information System) was conceived in spring 1993, and involved storing and managing information on entities such as sites, excavations, structures, finds, drawings, valorations and projects. It should be able to serve several users simultaneously and work on affordable computers. In autumn 1993 the system started to work, and a year later in contained data on 500 sites, 30.000 finds, 1.100 structures among other things. It also had search and reporting tools as well as cartographic export capabilities.

Two years later, the SIA could not keep up with the growing needs at the LAFC, so a total re-write was considered. The SIA+ was born on 1997, and included over 32 different types of entities, a new user interface, work contextualization capabilities, navigational searches, data entry tools, a new highly customizable report generation tool, and integrated cartographic visualization. Currently, the SIA+ manages information on over 3.400 sites, 120.000 finds, 2.400 structures, 11.800 photographs, 6.700 valorations and 170 projects.

## VI.2. Theoretical and Methodological Analysis

The application domain was modeled using object-oriented methodologies and techniques, so class models and event models were obtained. This conceptual framework has been cross-checked a number of times within different contexts, and still stays valid. Cartographic information was included through the use of the CVS technology (see below), so geographic substrates were linked to cartographic referents into the system through a representation manager. Versionable entities were considered, and a very simple time and subjectivity management subsystem was designed. Finally, the theoretical principle of contextual interaction was used to give the system work contextualization capabilities.

## VI.3. Technological Analysis

The SIA+ stores data into a relational database. Mapping class diagrams to a relational scheme was a difficult task, but some strict conventions helped. Microsoft Visual Basic and Microsoft Visual C++ were used to develop different components of the system. The Microsoft Windows NT platform was chosen because of its wide acceptance, affordability and wide range of tools in the market.

# VII. Consequences

Four areas must be further developed in order to make us able to build information systems in the propsed ways:

- Substructured databases and access metric layers.
- Object versioning.
- Cartographic visualization.
- Document management.

All four areas are strongly interrelated (see *Technological Proposal*, p. 191) but may be developed within independent efforts.

Having defended that human understanding happens thanks to shared intersubjectivity among communicating individuals, we must try to ellucidate whether apparently existing technologies are in fact real or just water-mirrors produced by a too long journey through a too barren desert. Let us not confuse products with technologies, or foundations with results. Perhaps this thesis does not offer results nor products, but it surely provides a good amount of foundations and technological proposals that, with enough time and resources, will be able to render products and results with higher quality and more solid than current ones. This is a long run, and we will only get to the finish line by being honest and patient.

www.ingramcontent.com/pod-product-compliance
Lightning Source LLC
LaVergne TN
LVHW072253300926
849160LV00018B/1662